数读清史

李治亭 杨东梁 主编

雍正变革

邹建达 著

壹

「天下第一闲人」
镇铜开关一枝独秀
数百年之贱籍一朝废除
九州之大归于一统
以一人治天下

肆

完善密折制度四措施
「忠、公、实、能」四字标准
设置四省观风整俗使
雍正四年旗正民选官定
四项突出政治品行

辽宁民族出版社

图书在版编目（CIP）数据

雍正变革 / 邹建达著. —沈阳：辽宁民族出版社，2020.1
（数读清史丛书 / 李治亭，杨东梁主编）
ISBN 978-7-5497-2018-7

Ⅰ. ①雍… Ⅱ. ①邹… Ⅲ. ①中国历史—清代 Ⅳ. ①K249

中国版本图书馆CIP数据核字（2019）第141996号

雍正变革
YONGZHENG BIANGE

出版发行者：辽宁民族出版社
地　　　址：沈阳市和平区十一纬路25号　邮编：110003
印　刷　者：辽宁新华印务有限公司
幅 面 尺 寸：180mm × 250mm
印　　　张：21
字　　　数：320千字
出 版 时 间：2020 年 1 月第 1 版
印 刷 时 间：2020 年 1 月第 1 次印刷
责 任 编 辑：李　璜
助 理 编 辑：杜璐珊
封 面 设 计：杜　江
责 任 校 对：王　荷

标 准 书 号：ISBN 978-7-5497-2018-7
定　　　价：58.00 元

网址：www.lnmzcbs.com　邮购电话：024-23284335
淘宝网店：http://lnmz2013.taobao.com
如有印装质量问题，请与出版社联系调换　联系电话：024-23284340

前言

李治亭　杨东梁

《数读清史丛书》经构思、组稿、成稿、定稿，历经数年，现在终于可以与读者见面了，这首先要感谢辽宁民族出版社的鼎力相助。

那么《数读清史丛书》究竟是一部什么样的书呢？为什么把“数字”与“清史”联系在一起？这是必须要首先交代清楚的。

提起清史，人们并不陌生，但清朝全史的研究及有关清史图书的出版，在中华人民共和国建立前后一段时间内却显得较为冷清（部分涉及中国近代史、农民战争史者除外）。进入改革开放时期后，清朝的历史和故事受到社会的广泛关注，一方面，学术界不断掀起研究清史的热潮，从地方到全国，国家级暨国际性的研讨会频频举行，研究成果如论文、著作、资料、通俗读物等层出不穷；另一方面，文艺界如戏曲、小说、评书、电影、电视等，也介入清史领域，将其演绎成一部部艺术作品推向社会，从而使清史故事和知识普及千家万户。至今，自20世纪80年代掀起的“清史热”不减不退。可以说，清史的普及率是其他断代史无法比拟的。清史一跃成为史学界之“显学”，不能不使各断代史相顾“失色”！这与改革开放前数十年相对冷清的局面形成鲜明对照。

清史研究的大发展和空前繁荣，实非偶然。清朝距我们当代社会最近，自其亡国至今，也只有百余年；说起清朝的人和事，似在昨天，如在眼前，很容易引起人们更大的兴趣。清朝的历史漫长，经历的时代多变，其丰富多彩的内容，为文学艺术创作提供了取之不尽的素材。坦率地说，把清史故事搬上舞台、银屏，也许比创作关于现实生活的作品来得容易些。因为编导者们受到的约束较少，创作发挥的天地较为广阔，这是不是也算一种“捷径”呢？

对于史学界来说，清史园地既广大又富饶，还有许多待开垦的“处女地”，确有强烈的吸引力。学者们为之付出辛勤劳动，研究成果难以计数，近40年所取得的进展，远胜前60年的总和！

有清一代，比它以前任何一代王朝更受到当代人的重视与关注，这也许是清朝的幸运。但其中也有颇多是非曲直、重重疑点，现在学术界还在争论不休，难以达成共识。不同观点已成对峙状态，能延续多久，尚难预料。不过，争论绝不是一件坏事，学术就需要百花齐放，百家争鸣。如果没有争论，学术也就失去了它的生命力。

现在的问题是，有关清史的歧见，已远远超出了学术争论的范畴。例如，文艺小说及影视、戏剧“戏说”成风，更有甚者，某些清宫影视剧，荒诞无稽，莫此为甚！诚然，文艺作品既然是艺术创作，自然允许虚构，但不能脱离生活，特别是历史题材的作品，更不能天马行空，颠倒、篡改历史，我们常说的“大事不虚，小事不拘”，就是这个道理。文艺界的“戏说”风也刮进了学术界，一些“学者”跟风而上，打着学术的幌子，对三国史、清史，乃至孔子、庄子恣意解读。特别是清史，标榜“正说”者未必不是邪说，其公开宣扬历史唯心主义，信口开河，实则搞乱了清史。任意涂改历史，胡乱编造之风必须煞住，因为不得民心，终将被弃之如垃圾。

尽管“戏说”荒诞，谬说悖理，却仍在社会中流传，清史难“清”。这促使我们决意写一部“新清史”，阐明我们的“清史观”，表述对清史的基本认识，希望能尽量做出科学评断，向社会传达准确的历史信息。这大抵是我们编纂本丛书的初衷，是否如愿，有待实践检验。

撰写一部王朝断代史，首先遇到一个问题，即王朝的起始与终结时间。这似乎是个常识，无须讨论。清以前的历代王朝姑且不论，只说清朝，确有特殊之处。它的终结时间，为宣统三年（1911），清帝宣布退位，清朝统治就此结束。对此，没有任何疑义。那么，清朝的历史又始于何时呢？说法有三：一说，以清顺治元年（1644）入主北京为其始，清有国应为268年；一说，以明万历四十四年（1616）努尔哈赤创建后金政权为清史开端，至终结，共296年；一说，从努尔哈赤于明万历十一年（1583）起兵算起，直至清亡，共历329年。

这三种说法都有一定道理。正如一个人的人生历程，如从参加工作算起，至退休，强调其人的工作时间。如从出生算起，直到去世，这是表示一个人的寿命。清朝的三个“开始”时间，各有所重。学术界采用的是第一种说法，约定俗成，从未受到质疑。因为从入关后清朝才开始统治全国，到其退出历史舞台，就是清朝统治中国的全史。入关前的历史只是清史的序曲，被视为清史的楔子，可不计入清史的时间统计。

我们的意见，取第三种说法：从努尔哈赤创业，到确立在全国的统治，直到溥仪退位，这是清朝历史的一个漫长而完整的过程。其中各个时期，都是清史不可分割的一部分，而各个部分的总和，就是清史的全部。可以说，清史的绝对时间应为329年，举其概数，可称“清史三百年”。同大多数王朝一样，清朝三百年经历了兴、盛、衰、亡的漫长过程。考察清朝三百年，可以说有其独特的经历，这就是：创业、盛世、衰亡，而这三段恰恰是各占百年左右。

先说创业。如前指出，明万历十一年（1583），努尔哈赤起兵，为被害的父祖报仇，即为清朝创业之始，已无疑问。那么，创业于何时完成？进一步问：创业完成的标志是什么？很简单，全国完全统一之日，就是创业完成之时。清在关外时期，仅占有东北与内蒙古地区，统一大业远未完成。清军入关后，于顺治十八年（1661）消灭南明最后一个政权——永历政权，至此，已完成对中华大陆的统一，但台湾仍被郑氏集团控制，故清之创业还不能说完成。直至康熙二十二年（1683），郑氏政权兵败投降，台湾归入清朝版图，至此，清朝才完成了创业。收复台湾，是一个标志。到收复台湾之时，清朝创业正好历时一百年。所谓百年创业，名副其实。

那么何谓百年“盛世”？“盛世”是指最好的历史时期。经济全面发展，文化繁荣昌盛，社会长治久安，国力空前强大等，都是构成盛世不可缺少的条件。清史学界主流意见，认定康熙、雍正、乾隆三朝为清之盛世，史称“康乾盛世”。这个“盛世”，从何时开始？何时结束？学界并无具体界定，学者们见仁见智，但整体上差异不大。我们认为，无论开始、结束，必有一标志性事件，为其时间的界标。进入盛世的标志，恰好是收复台湾的第二年，即康熙二十三年（1684），圣祖首次南巡，非为娱乐，而是专程亲临治理黄河工地，阅视河工。黄河之重要，实关中国历代王朝兴衰，亦为中华民族之命脉。在以农业立国的时代，治理黄河水患，如同治国，是国家头等大事。在收复台湾后，圣祖立即转入治河，说："今四海太平，最重者治河一事。"[1]治河即治国，国家形势已由前期的战乱转为相对稳定，此即盛世开始之时。从大乱走向大治，治河是标志。

盛世何时结束呢？嘉庆元年（1796），高宗刚退位还不到一年，就发生了一个重大的事件，即川、楚、陕、豫白莲教大起义，引发社会矛盾总爆发，社会动乱。以此事件为标志，宣告"盛世"结束。至此，盛世历时112年，取其概数，称为"百年盛世"。

以嘉庆元年为由盛转衰的时代分界线，清朝转入衰落。历嘉庆、道光、咸丰、同治、光绪、宣统等六朝，经时115年，可称"百年衰亡"。

清朝全史，三个"百年"，并非是人为机械地划分，恰恰是清朝本身自然形成的"三段式"，此说只是我们的一种看法，有待学界形成共识。

我们就是依据上述认识，按照三个百年的历史时期，设计出三个阶段，每个阶段各由3册书组成，共计9册，约180万～200万字。

这套丛书，可以说是一部完整的新清史。清朝灭亡百年来，研究清朝历史的成果不断问世，近30年最为突出，已出版长短不一的清朝全史不下10部。本套丛书则有自己的独特之处：其一，给清史定位三百年，按百年创业、百年盛世、百年衰亡"三段式"撰写清朝全史，似乎尚无先例。其二，予清史以新的解释，反映近30年学界清史研究的新认识、新水平，不落俗套，并非老生常谈，而是对清史的一种新解读，着重阐述我们新的清史观。其三，我们在理论上坚持求

① 《圣祖仁皇帝祖训》卷33，"治河一"。

实求真的中国优良学术传统，吸收已有的研究成果，抵制西方史学中的败笔和不良影响，不跟风，不媚俗，也不接受所谓“山寨”的“雷人”之语，更与“戏说”划清界限。一句话，坚定文化自信，坚守中国学风中的优良传统，挡住学术歪风之诱惑，坚定地走自己的路！其四，本丛书的体例与以往不同。近代以来写史多采取西方的章节体，千篇一律，有的节以下再设目、小目，结果节、目重叠，不胜繁杂。本丛书体例设计打破惯例，采用更为灵活的纪事本末体，每件事都是一个故事，通过将这一件件大小事串联起来，以展示清朝三百年历史长编，再现清朝波澜壮阔的历史画卷。

本书更为明显的特点还在于用数字写清史。前文已指出，近40年来，学界或文艺界对清史颇多“创造”，如“戏说”风，风靡各界，以致清史学界也不能幸免！跟“风”而起，“戏说”起来。当“戏说”渐失市场时，又有“正说”“实说”相继出笼。所谓“实”“正”不过是作者主观意识的表达，能否真做到“正”、做到“实”，那就得看作者的史识、史才、史德如何了。事实表明，标明“正说”者，未必正；声明“实说”者，未必实。凡此种种，一个共同特征，就是作者或编导顽固地表现其主观随意性，却弃事实于不顾。我们则希望坚持以历史事实为依据，并通过数字来述说清史之由来。

数字之重要，在于它是代表人类存在的一种符号！在社会生活中，如果没有数字，人类社会将会怎样？毫无疑问，人类必将重返蒙昧时代。考察历史，可知数字与历史的关系至关重要，不容忽视。从《史记》到《清史稿》共26部所谓“正史”中，留下了大量用数字论述历史的资料，在其他各种史书，包括私人著述中，也留下了不少数字的记录。应当承认，我们的祖先对数字远不如西方人那么重视，故史书中有关数字的记录并不多。以数字为基础的统计，其涵盖面颇受局限，而且所记数字也未必都准确。如同文字记述之不确，当考者必考之，以求其真。尽管缺憾多多，但史籍中所留数字仍弥足珍贵。数字与文字记述同等重要，两者互证且互补，数字表明事物存在的形式、规模与质量，是人类从事政治、经济、军事及生产、生活实践活动的依据，亦是政府决策、做出判断的参数；而文字是对数字的说明，如果没有文字的解读，数字也就失去了意义。

如上所言，中国古代不如西方那样重视数字，历来不重视数学发展，数学古称“算数”，即便出现过祖冲之、刘徽这样杰出的算数家，国家整体科技还是没有发展起来。因为古人治国不靠科技，唯专仰经书而已。已故美籍华人、历史学者黄仁宇就晚清百年中国动乱做出独特的分析，称“中国过去百多年来的动乱，不是所谓章法不良、人心不古，也不是全部军人专横、政客捣乱”，却是因为中国未能像西方那样实行“在数目字上管理”的治国手段。

当然，中国古代也并非完全不重视数学，如把“数”列为六艺之一，以数字为基础的学问称“算数”。清朝人对算数的认识颇为深刻，大学者阮元曾说过一段很精彩的话：“数为六艺之一，而广其用，则天地之纲纪，群伦之统系也。天舆星辰之高远，非数无以效其灵；地域之广轮，非数无以步其极；世事之纠纷繁赜，非数无以提其要。通天地人之道曰儒，孰谓儒者而事以不知数乎！”[①]阮元一席话，可知数字无处不在：上经天，下通地，社会生活不可离。阮元之数字论，无疑是对几千年数字之用的正确总结。

① 阮元：《揅经室三集》卷5，“里堂学算记序”。

回顾历史，历代史籍对数字的应用、用数字记述史实的例子，俯拾皆是。如《史记·高祖本纪》载：刘邦率大军攻入咸阳，金银财宝、后宫美女皆不取，独取户籍、地亩、图册，此意是在掌握全国的土地与人口数，以备将来治国之用。其后历代史书皆记载本朝的人口、土地及税收等大量人文经济信息，及至国家各级官吏设置、行政区划、军队及军事活动等，均有数目统计。这些宝贵的具体数字，为后世展开学术研究提供了实证。清代所载各项数据，远比前代更为全面而丰富，如官方编纂的《清实录》、国史及其他官书（如《四库全书》等），还有大量的地方志书、私人著述，无不包含用数字记述的史实。特别是清朝诸帝在位的每一年都要统计并公布该年度的土地增长面积及人口变化，乃至国库存储、蠲免钱粮、水利工程投资、军费支出、官员薪俸等情况，可见数字在国家政治、经济与社会生活的一切领域都占据重要地位。

毫无疑问，数字就是史料，是各种史料最值得重视的组成部分。数字同文字记录一样，都是历史的载体，其独特之处在于，它把历史的内涵具体化，彰显其真实的存在。

数字与历史的关系如此密切，对于史学研究不是可有可无，而是必不可少。应当承认，我们的史学研究往往不那么看重数字，总是偏重于研究事件始末、人物的实践活动、是非的评断，数字只是其中的附属，很少有人把它视为主要依据。这里，还有一个认识误区，即以为"摆弄"数字与统计，是经济史学家的事，似乎跟史学其他方面的研究无关。这一认识显然有失偏颇。我们应当树立"数字历史"的新思维，重新认识数字在史学研究中的特殊价值，若能如此，将深化我们对历史的理解，并做出新的判断。

基于以上认识，我们提出了用数字写清史、读清史的学术概念。同时，清代个别学者对数字的重视与分析，无疑给予我们很多启发，促使我们对这个问题的认识又有了新的升华，具有新的学术意义。

本文开头就提出何谓“数读清史”的问题，现在可以回答：简言之，即以数字为纲，将清史中的各种事件与人的实际活动用具体数字加以量化，展开对清史的叙述。说得更明确些，就是应用数字史料来写清史、读清史。本丛书共9册，每册的标题全用数字表述，此即“数字标题”，体现数字为纲之意。一个“标题”中的数字，构成一个历史事件的中心内容，叙其始末，如此相互衔接，清史全通。试举几例说明之：

例一，努尔哈赤于后金天命三年（1618）率八旗伐明，发动抚（顺）清（河）之役，揭开了明清（后金）战争的序幕。伐明前，发布“七大恨”檄文，阐述其伐明的正当性，此 “七大恨”之数字“七”即构成此事件的本质内容，故列题“以‘七大恨’伐明”（见第一册《清朝兴起》）。

例二，康熙中期，国家已进入“盛世”，为与万民同享“盛世”太平，圣祖两度举办“千叟宴”，招请全国60岁以上老人代表共4000余人至京，参加他举办的盛宴，这是“盛世”中的盛事，反映了中国封建社会发展到顶峰的盛况，故以“盛世两举千叟宴”为题，记述其事之始末（见第四册《开创盛世》）。

例三，高宗刚即位，还不到一年，监察御史孙嘉淦上疏，陈述他的治国之见，提出防止“三习”之恶俗与杜绝“一弊”之办法。此疏向新即位的乾隆帝发出了警告。其识见之深、文笔之犀利、预见性之强，一时震动朝野，士子争相阅读。清人即誉此疏为“三习一弊疏”。书中以此为题，评叙其事，为此卷之必不可少，故照此疏之名录下为标题（见第六册《乾隆鼎盛》）。

例四，“103天变法”又称“百日维新”，是晚清时期一次重要的政治变革。“百日”足见其时间短促，反映了顽固派与改良派力量对比之悬殊，也说明当时资产阶级改良派政治上之不成熟。此一数字包含了深刻的政治内涵（见第八册《危局求变》）。

例五，“江楚会奏变法三折”，此折是光绪二十七年（1901）湖广总督张之洞、两江总督刘坤一联合向清政府提出的全面改革方案。三份奏折共计三万多字，代表了朝野上下改革派政治改革的基本框架和思路，成为“清末新政”的纲领性文件。“三份”和“三万”的数字足见其内容之丰富（见第九册《清朝覆亡》）

“数字标题”，涉及如何选用数字。可以肯定地说，我们不会随意采用。如同选择史料，必选有重要价值、内涵丰富、具有代表性的，且数据可靠的数字。具体筛选数字的方法，可概括为三种：

一是直接取用于清官方各书中的准确数字。如以上例证中，“七大恨”“千叟宴”“三习一弊”等，皆来源于《清实录》中的明确记载。

二是归纳或统计后得出的数字。如努尔哈赤先后三次征讨乌拉部，最后一次将乌拉部灭掉，由此归纳为“三征乌拉”；世祖去世前，命索尼、遏必隆、苏克萨哈、鳌拜等为“辅政大臣”，辅佐年幼的少年皇帝圣祖，即成“四大臣辅政”；余类推。

三是概数，将不确定的数字，予以约定。高宗执政时，诛杀多名贪官，有的已计入“实录”，有的则未入录，不能完全确定诛杀贪官的数目，便用“众贪官”表述。因为“众”字及“多”“少”等字，也是数字概念，只是不甚具体而已。如“盛世修书百余种”，其“百余种”系作者据史籍的统计，而“余”字则表明为概数。

数字之用，在于无隐晦，不夸张，不修饰；看数字即识内容，不露作者的主观意图，亦不直接反映作者的观点倾向，一切都通过数字来反映历史的真实客观，其是非、长短，概由读者自行判断，不致被作者表述失当而误导。

书中每一个数字都不是凭空捏造的，甚至可以引申出一篇精彩的故事，读来饶有情趣。那么，为写好每一篇数字故事，采取什么样的体例最适合？比较再三，最后，我们认为采取纪事本末体为好。前已说到，当代盛行的章节体例，过于复杂而烦琐。纪事本末体，为我国传统史书的体例之一，更简捷、明快，尤其便于记述事件的过程，娓娓道来，有引人入胜之效。

与此相适应，本书的文字表述，力求通俗易懂而不失生动，朴实无华而不失美感。时下，文风、学风颇多不端之处，尤其是文风浮华，玩弄“概念史学”，把文字写得晦涩难懂；更有甚者，将中国话“洋化”，引来时尚名词，写的是中国字，讲的却不是“中国话”。我们坚决反对这种坏文风，并与之划清界限，要坚持体现中国传统的优良学风与文风，体现当代中国特色的史学新风。本丛书的各位作者共同约定：要写自己的话，也就是要用自己的语言文字把每件史实写明白，以让读者读懂为最高要求。至于能否做到，效果如何，我们不敢自夸，只能以此为努力目标，并有待广大读者检验。

研究历史，撰写史学著作，目的是经世致用，正如清代学者所倡导：“夫学不经世，非学也！”如果下笔成书，还不明白对社会、对读者有何价值，写书又有何用呢？我们明确宣示：撰写本套丛书，除意在正确传播清史知识外，更重在总结清史中的经验教训，把人生感悟与历史启示贯穿于本丛书的各个篇章，让人读后，多有获益。读者是否有此感受，只可待读后而论也。

以数字写清史、读清史，是我们的大胆尝试，不完美、不完善是必然的。我们不知，此举是否是清史研究和清史著述的新通道，如果这条路径行得通，“数读”对任何一代王朝都适用的话，就会有“数读唐史”“数读明史”等。果真如此，那么中国通史的写法能否跳出原有形式，有所创新呢？

本丛书既然是一种新尝试，难免有诸多不足之处。读者诸君如发现不当，尚祈给予教正。

2019年4月6日于北京

目录

一

角逐大位　龙飞九五

『两立两废』皇太子

太子初立　正位东宫

中国封建社会是家天下的社会，皇位的承袭，关乎着王朝的兴衰、社会的安定和许多人的命运，是国本问题。在中国封建社会的历史上，尽管较早就已形成较为完备的皇位继承制度，但围绕皇位和皇权的争夺，仍然出现过许多血腥的场面。

清朝是由崛起于白山黑水之间的少数民族入主中原建立的王朝，在皇位的承袭上，与之前的各封建王朝相比，表现出很大的差异，特别是在初期，曾出现过混乱。清太祖努尔哈赤生前没有指定汗位继承人，他死后，在汗位的继承上，其诸子有过一番较量，最后由八和硕贝勒公推四贝勒皇太极继承汗位。清太宗皇太极在位17年，由汗称帝，采取了不少措施以巩固皇权，但没来得及选择好继承人便过世，他的兄弟睿亲王多尔衮和他的长子肃亲王豪格为争夺皇位展开激烈的争斗，甚至剑拔弩张。由于实力相当，僵持不下，最后各方妥协，立皇太极第九子，年仅6岁的福临为帝，由睿亲王多尔衮和郑亲王济尔哈朗共同辅政，避免了一场一触即发的危机。清朝入关后，顺治时期，在朝臣中曾有过请求立太子以固国本的呼声，但未被采纳。顺治十八年（1661），年仅24岁的清世祖福临临终前，在其母后孝庄文皇后的干预下，册立出过天花的第三子玄烨为嗣皇帝，以“四大臣”辅政。清太宗、清世祖、清圣祖都不是以嫡子或长子，更不是以嫡长子的身份即位的，说明清朝初期嗣君的选择不是在老皇帝在世时就确定好的，而是在其死后才选定的，并且没有嫡庶或嫡长子的观念，也并非立贤，而是根据当时的具体情况在众皇子中选取。

康熙皇帝自幼受到儒家思想熏陶，具有强烈的君主郅治思想，他懂得像其他汉族统治者一样确立储君对于稳固爱新觉罗家族的世代统治有着重大的意义。因此，在康熙十四年（1675），当“三藩之乱”初起，吴三桂打出“反满复汉”的旗号，建立吴周政权，并占领长江以南及四川大部分地区，严重威胁到清朝对全国的统治时，康熙皇帝为安定人心、巩固清朝统治、祈求大清国国祚绵长，遂改变之前太祖、太宗、世祖不立储君的习惯，按历代汉族统治者的方式，册立刚满两岁的嫡长子胤礽为皇太子，正位东宫。他认为，“自古帝王继天立极，抚御寰区，必建立元储，懋隆国本，以绵宗社无疆之休”，希望通过设立储君，以达到“以重万年之统，以系四海之心”的目的[①]。

康熙帝立胤礽太子后，为培养太子，花费了许多的心血。除了指派理学家汤斌等教授太子外，每天都要先亲自听太子背完书后才去御门听政，并亲自圈改他写的字。在父亲和师傅的教导下，太子胤礽具备了优秀的才能，8岁时射弈可左右开弓，读书能熟诵《四书》，“骑射、言词、文学无不及人之处”[②]。法国传教士白晋称，皇太子胤礽博览群书，熟谙汉学，有一副英俊

① 《清圣祖实录》卷58，康熙十四年十二月丁卯。

② 《清圣祖实录》卷234，康熙四十七年九月己丑。

端正的仪表。康熙帝为太子制定了储君的制度，在着装、仪仗、器物使用等方面都做了规定，遇元旦、冬至和太子生日，王公和百官给皇帝进贺表后，同样的仪式还要在太子宫中进行一次，行比向皇帝所行三跪九叩之礼低一等的二跪六叩之礼。康熙皇帝为培养太子处理政事的能力，在胤礽还不到10岁时，便带着他四处巡幸，还让他参与政务。在三次亲征噶尔丹期间，太子坐镇京师，代表皇帝行政。《清史稿》记述太子胤礽代康熙帝行政的情形："居守京师，处理政务井然有条，举朝大臣皆称其善。"说明在此期间，太子较好地发挥了应该起到的作用。

日渐跋扈　一废太子

由于太子的地位特殊，加之胤礽两岁就被立为太子，做太子的时间很长，在他的周围便逐渐聚集起一帮人，并渐渐发展成太子党，以索额图为首。索额图是胤礽生母孝诚仁皇后的亲叔父，即太子的叔外公，康熙八年（1669）就出任大学士，二十五年（1686）改任领侍卫内大臣，是康熙朝前期的重臣。胤礽长期处于一人之下万人之上的地位，加之太子党人的支持，权势欲逐渐膨胀，希图能早日即位，性情也变得暴戾不仁、贪财好胜。康熙帝虽然不时对太子表现出不满，但为了稳固国本，仍旧尽力保护太子，维护其地位。康熙二十七年（1688），清圣祖罢斥了与太子党对立的另一权臣明珠。明珠的亲妹妹是康熙帝的惠妃纳拉氏，生有皇长子胤禔。明珠联络一帮朝臣，支持大阿哥，与索额图等对立，形成严重党争。康熙二十九年（1690），圣祖在第一次亲征噶尔丹归途中生病，想念太子，命其驰驿见驾。但胤礽见到病中的父皇，"略无忧戚之意"，圣祖指责他"绝无钟爱君父之念”，没有孝心，当即令他返回[1]。圣祖行仁政，注重孝道，太子的表现，实在令其失望，父子间有了不小的隔阂。

康熙四十七年（1708），发生了第一次废太子事件。据《清圣祖实录》（卷234）四十七年九月丁丑条记载，是年九月四日，康熙帝向诸王及副都统以上大臣发表讲话，指斥太子不仁不孝，主要为：

> 今观胤礽，不法祖德，不遵朕训，惟肆恶虐众，暴戾淫乱，难出诸口。朕包容二十年矣！乃其恶愈张，僇辱在廷诸王贝勒大臣官员，专擅威权，鸠聚党与，窥伺朕躬，起居动作，无不探听。朕思国惟一主，胤礽何得将诸王贝勒大臣官员任意凌虐，恣行捶挞耶？……今更滋甚，有将朕诸子不遗噍类之势。……更可异者，伊每夜逼近布城裂缝，向内窃视。从前索额图助伊潜谋大事，朕悉知其情，将索额图处死。今胤礽欲为索额图复仇，结成党羽，令朕未卜今日被鸩，明日遇害，昼夜戒慎不宁。似此之人，岂可付以祖宗弘业？

这次事件直接的原因是，这年圣祖到木兰秋狝，太子胤礽及其他皇子随行，返京途中，皇十八子胤祄突患重病，胤礽漠不关心，圣祖以兄弟之义责备他，他不改过，反而暴怒。更主要的是，胤礽每到夜间，就在圣祖所住的帐篷外转悠，并从帐篷的缝隙处窥探圣祖的动静。圣祖很紧张，认为太子要谋害自己，命令大阿哥胤禔保护自己，并明确表达废黜太子之意。

九月十六日，圣祖在返回北京后，正式宣布废黜太子，命令将胤礽监禁，并诛杀索额图之子格尔芬、阿尔吉善等太子党羽；二十四日，正式以废

① 《清圣祖实录》卷147，康熙二十九年七月癸丑。

太子之事颁诏天下。

圣祖指责太子暴戾肆恶、结党妄行，想要谋害自己，替死去的索额图报仇。太子确实做出了许多出格的事，他凌辱宗亲贵族，责打王公大臣，甚至当着圣祖的面，把官员推入水中；服用、仪仗等物大为过制，竟然与皇帝的相同。康熙三十九年（1700），索额图被家人告发其结党。康熙四十年（1701），索额图提出退休申请，得到圣祖同意。康熙四十二年（1703），圣祖指责索额图“议论国事，结党妄行”，将他囚禁致死，并说他是“本朝第一罪人”[①]。圣祖说太子要害自己为索额图报仇，这有些臆想的成分。因此，对圣祖的指责，胤礽辩解说：“皇父若说我别样的不是，事事都有，只是弑逆的事，我实无此心。”[②]皇帝与太子之间的矛盾由来已久，双方矛盾的焦点实则是在权力的分配上。胤礽曾抱怨说：“古今天下，岂有四十年太子乎？”[③]道出他急于接班的心情。而圣祖说自己对太子“包容了二十年”，还说虽然自己儿子众多，但没有一个如自己的。他还不想放权，因此把太子的行为看成是“欲分朕权柄”，并明确表示：“岂知大权所在，何得分毫假人？”即使是太子也不行。据《清圣祖实录》卷235记载，废太子后，圣祖曾说：

> 朕每思自古帝王，抚世承平、历年久远，未有如朕者。朕无日不向皇太子胤礽言治理天下、爱育黎庶、维系人心之事。又尝慕宋孝宗之孝养高宗，语胤礽曰“将以政事付汝，朕当择居水土佳处，时闻汝之令名，以优游养性”。迨后见其所行不善，难托重器，遂绝此望。

① 参见《清史列传》卷8，《索额图传》，王钟翰点校本，第530页；《清圣祖实录》卷253，康熙五十二年二月庚戌。

② 《文献丛编》第六辑，《胤禩胤禟集》。

③ 《李朝实录·肃宗实录》卷54，三十九年（康熙五十二年）十一月二十日丙寅。

圣祖此语是表达自己曾想过像宋高宗一样让位太子，只因胤礽没有宋孝宗一样的孝心，遂才打消此念。圣祖此话很难说是发自肺腑。他接着说，在其第三次亲征噶尔丹时，“皇太子听信匪言，素行遂变，自此朕心眷爱稍衰，置数人于法。因而外人窃议皇太子不孝，及所行不善者，遂自此始”①。时年圣祖46岁，正是壮年，之前不可能有上述想法，此后已开始对太子的孝心、品行产生怀疑，指责其行为，对其表现出了不信任，最后见胤礽“所行不当、难托重器”，才决定废黜其太子之位。

处理胤禔　圈禁胤禩

太子被废黜了，这是清朝的重大政治事件，圣祖为此心身忧悴，大病了一场。储位空缺，为防止诸阿哥树党相倾，谋夺储位，在废黜太子的当月，圣祖连发两道上谕，加以警告：“诸阿哥中如有钻营谋为皇太子者，即国之贼，法断不容。”②“今胤礽事已完结，诸阿哥中倘有人借此邀结人心，树党相倾者，朕断不姑容也。”③为断绝阿哥们谋立太子的念想，圣祖发出最严厉的警告，但接下来发生的事，却是他始料未及的。

胤礽被拘禁，圣祖命令由大阿哥胤禔、四阿哥胤禛等负责看守。胤禔向圣祖提出，如要诛杀胤礽，不必由父皇动手，自己可帮助解决。并告诉其父，有相面人张明德为八阿哥胤禩看相，说他日后必大贵。之后，三阿哥胤祉向圣祖告发胤禔曾利用厌胜之术诅咒胤礽之事。胤禔地位特殊，作为庶长子，有许多优秀品质和极好的天性，英俊、聪明、富有才华，深得圣祖喜爱，三次随圣祖征讨噶尔丹，且受命为副将军，被封为直郡王，是当时除

① 《清圣祖实录》卷235，康熙四十七年十月戊子。

② 《清圣祖实录》卷234，康熙四十七年九月壬寅。

③ 《清圣祖实录》卷234，康熙四十七年九月庚寅。

皇太子以外唯一拥有王爵的皇子，也是众皇子中参与政务最多的皇子。胤禔与皇太子胤礽不和，从他的母舅大学士明珠与支持太子的索额图闹党争以及他自己的行为看，他一直有谋夺储位的企图。胤礽出事后，圣祖命令胤禔保护自己，回京后，又命令他和其他阿哥一起看守太子。这可能给了胤禔一个错觉，令他误以为父皇重视自己，只要胤礽不在了，以自己的地位和才干，便会理所当然地成为皇太子，因此才会干出上述荒唐之事。圣祖对胤禔的荒唐行为感到十分惊异，认为之所以会如此，是因为他为人下贱，无耻不堪。像他这样素行不端，气质暴戾，凶顽愚昧，不谙君臣大义、不念及父子之情的人，是乱臣贼子，于天理国法所不容。于是下令革去其王爵，终身监禁。胤禔的政治生命就这样结束了，从此成为一具政治僵尸，苟活到雍正十二年（1734）。

另一个被圣祖处理的是皇八子胤禩。胤禩自幼以仁爱自励，为人“颇有识量”，在士大夫中口碑很好，“文士都说胤禩极是好学，极是好王子”，连圣祖的亲哥哥裕亲王也赞其“有才有德”[①]。胤禩在诸皇子中很有威信，与皇九子胤禟、皇十子胤䄉、皇十四子胤禵交好，又因少时为胤禔生母惠妃所扶养，因此与大阿哥也相接纳，但与皇太子的关系不好，因胤礽曾向圣祖告发过胤禩，双方交恶。胤禵也是圣祖所喜爱的一位皇子，康熙三十七年被封为贝勒，时年仅18岁，是当时受封此爵位的皇子中年龄最小的，废太子后，受命署理内务府总管。

胤禩也有谋取储位的愿望。相面人张明德称他日后会大贵的同时，还说只要胤禩发话，自己便可以招来16条好汉，只需二三人就可以将废太子暗杀。胤禩听了高兴，将此话转告与他交好的胤禟等，却没有报告圣祖，此情节后来由张明德招供。内务府前任总管凌普，是皇太子胤礽乳母的丈夫，他依仗太子

① 《文献丛编》第六辑，《胤禩胤禟集》。

的势力，贪赃不法。胤禩审理此案，不予深究，准备草草结案。圣祖说“八阿哥到处妄博虚名，凡朕所宽宥及所施恩泽处，俱归功于己，人皆称之”，说这“是又出一皇太子矣”，指责胤禩柔性成奸，妄蓄大志，并结成党羽，谋害胤礽，命令将胤禩锁拿，交议政处审理。圣祖处理胤禩，是不能容忍胤禩与自己争人心，更不能容忍裕亲王、胤禔等变相推荐胤禩为皇位继承人。他说：“大宝岂人可妄行窥伺者耶？”谁能成为继承人，只能是皇帝一个人说了算。

太子被废，大阿哥、八阿哥遭圈禁，圣祖心中很是难过，对大臣们说，自己幸巡南苑，回忆往昔皇太子及诸阿哥随行时的情景，不禁伤怀，于是召见了八阿哥，之后又两次召见废太子，并说胤礽发疯暴戾，是受厌胜巫术所致，宣布视其病情再做安排，表现出原谅胤礽的迹象。群臣揣摩圣祖可能有意要复立太子，左副都御史劳之辨抢先上书保荐废太子胤礽正位东宫。圣祖看出他心术不正，以图拥立之功，将其革职回籍。随后于康熙四十七年（1708）十一月十四日，圣祖面谕满汉文武大臣，说自己渐感虚弱，而人生难料，托付无人，“倘有不虞，朕此基业非朕所建立，关系甚大。因踌躇无代朕听理之人，遂至心气不宁，精神恍惚”[①]，因此命朝臣于诸阿哥中，除大阿哥外，推荐一人做皇太子，并表示只要众人推举谁，就立谁为皇太子。开始大臣们认为此事关系太大，不是做臣子的能说的，不知如何推举，表示难以遵命。之后大学士马齐、领侍卫内大臣阿灵阿、散秩大臣鄂伦岱、侍郎揆叙、户部尚书王鸿绪等人私相计议，暗中联络，原追随大阿哥胤禔的外戚佟氏族人也转向支持八阿哥，于是朝臣一致举荐胤禩。

圣祖原以为大臣们会推荐废太子胤礽，不料大家一致推荐八阿哥胤禩，与自己的愿望相悖。因此，圣祖说胤禩未尝更事，又刚获罪，而他的母亲出身辛者库贱籍，甚为微贱，不适宜做储君，要大臣们再议。这实际上否决了

① 《清圣祖实录》卷235，康熙四十七年十一月丙戌。

大臣们的意见，收回了自己之前说过的话。接着，圣祖将遭拘禁的废太子释放，历数从三阿哥胤祉到八阿哥胤禩几位年长阿哥的优点，要胤礽亲近他们，并引“古放太甲，卒成令主。有过何妨，改之即是”的佳话，最后说“今日朕意中之事，俱已明白。想明日为始，朕体全愈矣”，明确表示要复立废太子胤礽[①]。圣祖一面为复立废太子做准备，一面追查首倡保荐胤禩之人，以便为胤礽的复位扫清障碍。结果，倡首推举胤禩为储君的马齐、王鸿绪、佟国维等一干人均受到处理。

太子复位　二次见废

康熙四十八年三月初九日，举行仪式，授胤礽皇太子册宝，复位东宫。这次皇太子从被废到复立，历时半年。对皇太子的乍废乍立，按圣祖的说法，是不得已而为之。康熙五十三年（1714），在第二次废太子后，圣祖道出当时缘何复立太子的原因：“朕前患病，诸大臣保奏八阿哥，朕甚无奈，将不可册立之胤礽放出。”[②]说明在圣祖心目中，胤礽已不是理想的储君，复立他，是因为储位虚悬后，闹出很多事，而群臣公举八阿哥胤禩，说明胤禩有威望，有势力，影响大，若立他为储，岂不是找一个更能与自己分享权力之人？其他阿哥又不孚人望，只好再立胤礽，这样大家都能接受。同时，为协调皇太子与其他皇子的关系，安抚诸皇子，对他们大加晋封：封三阿哥胤祉、四阿哥胤禛、五阿哥胤祺为亲王，七阿哥胤祐、十阿哥胤䄉为郡王，九阿哥胤禟、十二阿哥胤祹、十四阿哥胤禵为贝子。唯独对八阿哥胤禩，圣祖有意打压，以其为戴罪之身，没有晋封，只保留他原有的贝勒爵位。

① 《清圣祖实录》卷235。康熙四十七年十一月戊子。

② 《清圣祖实录》卷261，康熙五十三年十一月甲子。

胤礽虽然复位，但地位并不稳固，对此群臣心知肚明，并形成舆论。另据朝鲜《李朝实录·肃宗实录》卷52记载："皇太子经变之后，皇帝操切甚严，使之不得须臾离侧。而诸弟皆在外边游，故恨自己之拘检，猜诸弟之闲逸，怨恨之言及于帝躬。"皇帝对太子越来越不放心，遇事敏感，看管得很紧；而太子心有怨气，内心十分郁闷，牢骚满腹，常说古往今来，哪有做40年的太子！皇帝与太子之间的关系并未因太子复立而得到改善，甚至感情进一步恶化。据《清圣祖实录》（卷248）五十年十月壬午条记载，康熙五十年十月二十日，圣祖在畅春园召集诸王、贝勒等满汉文武大臣，指责步军统领托合齐，尚书耿额、齐世武，都统鄂善、迓图，副都统悟礼等援结朋党，依附皇太子，质问他们"意将何为"。康熙五十一年四月十三日，圣祖就此案发表谈话，明确指出此案因胤礽所致，指斥他行事不仁不孝。同年十月初一日，圣祖发出上谕，罗列皇太子罪状，要点为：第一，"自复立以来，狂疾未除，大失人心"。而自己一直隐忍，望其悛改，但观目今情形，断非能改。第二，秉性凶残，与恶劣小人结党。第三，饮食服饰陈设等物，比之皇帝，"殆有倍之"；凡太子欲做之事，为"感悦其心，冀其迁善"，自己一直俯从迁就，而他却怙恶不悛，毫无可望。第四，群臣在皇帝与太子之间左右为难，有"两处总是一死之言"，人心惶惶。圣祖指出，之前复立胤礽之时就曾有"善则为皇太子，否则复行禁锢"的谕旨，并已详载档册；复立之后，自己"心思用尽，容颜清减"。如果说前次废置圣祖自己着实感到愤懑，"此次毫不介意，谈笑处之而已"，并决绝地说："后若有奏请皇太子已经改过从善，应当释放者，朕即诛之。……日后朕若再行复立，其何以示天下耶？"[1]皇太子第二次被废，就此宣告胤礽政治生命的结束。

① 《清圣祖实录》卷251，康熙五十一年十月壬午。

储位虚悬十年

储位虚悬　竞争者众

胤礽再次见废，圣祖对立储之事愈加谨慎，致使储位虚悬10年，直至他去世，再未立过太子。圣祖不是不想重立太子，而是由于客观条件的限制，始终未能实施。据《清圣祖实录》（卷253）五十二年二月庚戌条记载，圣祖就左都御使赵申乔奏请再立皇太子一事，向满汉大臣发表谈话，表明自己的想法：第一，“建储大事，朕岂忘怀？但关系甚重，有未可轻立者”。第二，就历史上的情况看，“汉唐以来，太子幼冲，尚保无事。若太子年长，其左右群小结党营私，鲜有能无事者”。现在，我的儿子们都已长大，他们的学问见识都很好，已经分封他们，每人都有自己的属人和拥护者，不管立谁，“能保将来无事乎”？第三，“今欲立皇太子，必能以朕心为心者，方可立之，岂宜轻举”？此时，在圣祖的心目中，似乎没有合适的皇太子人选。经过之前立太子的实践，特别是胤礽的两立两废，在圣祖看来，皇太子起码要符合以下三个标准：一是不结党。胤礽被废，其罪状之一就是“与恶劣小人结党”。二是“能以朕心为心”。简单来说就是要仁孝，不与自己争权。三是要有王爵。例如，二次废太子后，八阿哥胤禩自以为有过被群臣公推的经历，情况特殊，奏称自己左右为难，不知该如何处理，情愿在家装病，以省去不必要的麻烦。圣祖认为胤禩这是在试探自己，因而斥责他“以贝勒存此越分之想”。可见，在康熙帝心目中，只有贝勒爵位是不能作为储君人选的，一定要有王爵才行。综上所述，如圣祖要再立储君，最有可能的人选，只会在当时被封为亲王的三阿哥胤祉、四阿哥胤禛、五阿哥胤祺，被封为郡王的七阿哥胤祐、十阿哥胤䄉，以及之后被封为大将军王的十四阿哥胤禵之间产生。

皇太子胤礽二度被废，但仍心有不甘，引发“矾书案”。胤礽虽已被废，但毕竟做过皇太子，仍有一定的政治影响。朝臣中有部分人便死抱住胤礽这具政治“僵尸”不放，不断有大臣冒死奏请复立他为皇太子，被圣祖指为“结党希恩”，遭到处理。胤礽自己也不甘心就这样退出政治舞台，于康熙五十四年（1715），清朝对蒙古准噶尔部用兵之际，用矾水书写信件，嘱托正红旗都统、镇国公普齐保举他为领兵大将军，企图再谋复位，被人告发，涉案之人遭到处罚。此即所谓“矾书案”。胤礽与其父康熙帝之间的芥蒂太深，圣祖没有杀他，只是将他囚禁，是怕落下戾太子的恶名，但绝不会再复立他。

八阿哥胤禩，有着众多的追随者。大阿哥胤禔、九阿哥胤禟、十阿哥胤䄉、十四阿哥胤禵都与之交好，甚至倾心于他，又因相面人张明德曾称他日后必至大贵，还有被群臣公举的经历，引起圣祖警惕，因此蓄意打压他。据《清圣祖实录》卷261记载，康熙五十三年十一月二十六日，圣祖在塞外巡幸途中，指责胤禩，列举了他的罪状：一是不孝，藐视父皇。胤禩办完其母二周年忌辰之事后，不趋附行在，而是命人进呈两架将死的鹰。二是不义，说胤禩曾找人谋杀胤礽。三是与乱臣贼子结成党羽。圣祖说“胤禩因不得立为皇太子，恨朕切骨。伊之党羽亦皆如此”，还将胤禩与胤礽做比较，说“二阿哥悖逆，屡失人心；胤禩则屡结人心，此人之险，实百倍于二阿哥也”，甚至说“此人党羽甚恶，阴险之极，即朕亦畏之，将来必为雅齐布（被康熙帝处死的胤禩乳母之夫）等报仇”。他甚至臆想：“恐后日必有行同狗彘之阿哥，仰赖其恩，为之兴兵构难，逼朕逊位而立胤禩者。若果如此，朕惟有含笑而殁已耳。”并发誓说：“自此朕与胤禩父子之恩绝矣！”康熙帝将话都说到这个份儿上，断绝了胤禩成为储贰的任何可能。

在复立皇太子时，七阿哥胤祐、十阿哥胤䄉被封为郡王。胤祐默默无闻，胤䄉是胤禩的追随者，两人都难以成为储贰人选。三阿哥胤祉、四阿哥胤禛、五阿哥胤祺受封亲王，在阿哥中爵位最高，地位特殊，受圣祖重视，委派他们的差事较多。胤祉是一个学者，颇有文才，康熙五十二年（1713），受命在畅春园开设蒙养斋馆，负责修书。他聚集一帮文人，撰成《古今图书集成》《律吕正义》《数理精蕴》《历象考成》等书。胤礽被废，大阿哥胤禔被拘禁，胤祉作为其他皇子中最年长者，开始担负起责任，想方设法安慰父皇，让他感受天伦之乐。圣祖十分喜爱这位皇子，多次临幸他在京城和热河的花园，父子间感情很好。雍正年间，清世宗曾指责胤祉“希冀储位”和“以储君自命”。学者杨珍曾指出，胤祉是“储位竞争中的一个被忽视者”；冯尔康先生也认为胤祉“想摘取东宫印绶”。从胤祉的地位和圣祖对其的喜爱、重用来看，不能排除他有成为储君的可能。但胤祉缺乏政治能力，不是圣祖心中的理想储君，也没有资料显示他以及他周围的人有谋求储位的活动，很难将他与储君人选联系起来。五阿哥胤祺，其母为圣祖的宜妃，但自幼由皇太后抚养。圣祖称其心性淳善，封他为恒亲王，并让他参与一些皇家事务。但其能力有限，一直未得到重用。康熙五十六年（1717），皇太后病重，胤祺请求去料理，圣祖没有答应。圣祖重病缠身，手足动履都很困难，胤祺奏请“一应事务，臣可代理”，也遭到圣祖拒绝，称“我在，尔何可代耶”？胤祺不像其同母之弟胤禟，他不结党，也没有竞争储位的企图和活动，难以将其与储君人选联系起来。这样，可能的储君人选便集中于雍亲王胤禛，即后来的雍正皇帝，以及他的同母之弟，即后来被封为大将军王的皇十四子胤禵两人。

胤禵出征　仍未受封

孟森先生在《清世宗入承大统考实》一文中指出，“圣祖末年，诸王大臣所默喻上意，知为将来神器之所归者，乃十四阿哥胤禵”。这一推论是有所据的。胤禵出生于康熙二十七年（1688），是圣祖所喜爱的一位皇子。康熙四十八年复立皇太子时，分封诸皇子，胤禵被封为贝子，是受封皇子中年龄最小的，与其同母之兄四阿哥胤禛关系平常，而与八阿哥胤禩、十阿哥胤䄉交好。康熙末年清廷对准噶尔部用兵，给他提供了展示军事才能的机会。

康熙三十六年（1697），原蒙古准噶尔部首领噶尔丹败死之后，他的侄子策妄阿拉布坦便成为新的首领。策妄阿拉布坦一如噶尔丹，具有政治野心，不断吞并其他部落，扩充势力，企图控制西北。康熙五十七年（1718）春，策妄阿拉布坦派遣部属策零敦多卜率兵侵入西藏，杀死拉藏汗，拘禁达赖和班禅。拉藏汗为管理西藏的蒙古和硕特部首领，隶属于清朝，信奉黄教，清廷通过拉藏汗联络青藏地区信仰黄教的蒙古人和藏人。获悉西藏情况后，圣祖派遣侍卫色楞会同驻守青海的西安将军额伦特率兵进藏。同年九月，入藏清军败于喀喇乌苏，额伦特、色楞等阵亡。圣祖决心彻底解决西藏问题，派遣大军“驱准保藏”。鉴于自己已年迈，不能亲征，圣祖决定派皇子挂帅出征。同年十月，任命胤禵为大将军王，遣多名皇室贵胄跟随，调发满洲、蒙古、绿旗兵数万，经一番准备后，于十二月出征。胤禵的出征，具有代天子亲征的性质。大军出发前，圣祖亲往堂子祭告，出师当日，又登太和殿向胤禵亲授大将军敕印，命“用正黄旗旗纛，照依王纛式样”。胤禵由贝子超授大将军王，但圣祖没有赐给他亲王或郡王的正式王号，只能算是虚封，实际的爵位仍是贝子，而准他使用王纛，是让他享受王爵的规格和待遇，树立他作为统帅的权威。圣祖指示和硕特部首领罗卜藏丹津等蒙古王公：大将军王是我的皇子，的确是一良将，有带兵才能，因此命他统领大军，掌生杀重任。包括军务在内，大小事务，你们都要谨遵他的指示，与接受我的当面训示没有分别。

康熙五十八年三月，胤禵到达西宁，着手筹划粮饷，整顿军务，操练士兵，利用六世达赖进行宣传，笼络人心，为清军入藏做准备。五十九年正月，平逆将军延信统兵由青海、定西将军噶尔弼统兵由四川两路进军西藏，胤禵则移驻靠近西藏的穆鲁斯乌苏就近指挥。清军打败策零敦多布部众，驱逐了准噶尔势力，为六世达赖举行坐床仪式，稳定了这一地区，终结了准噶尔人对西藏事务的干预。清军奏凯，圣祖命勒碑纪念。雍正二年（1724），此碑被毁，资料湮没，战争的过程和细节也随之失去。

胤禵被封为大将军王，权重位尊，又立下此大功，舆论普遍认为他有入主东宫的可能，胤禩集团成员也积极为之延誉。在胤禵任抚远大将军后，胤禟就向人说，胤禵才德双全，将来必能大贵。及至胤禵出征，胤禟当面对他说，这次出征皇上这样重视，祝他早成大功，将来得立为皇太子。康熙六十年冬天，胤禵奉命回京商讨对准噶尔部用兵事宜，胤禟担心圣祖不让胤禵再赴军前，说恐怕成功之后，难于安顿他。胤禵自己也有想当储君继而入主大位的想法。出征之前，他对胤禟说：父皇年纪大了，无论如何，时常给我信息，父皇圣体一旦欠安，要立刻带信给我。驻扎西宁期间，胤禵结交文士，招贤纳士，并让一个叫张恺的人给自己算命。张恺说他是元武当权，贵不可言，将来定有“九五之尊”，还说运气到39岁就能大贵。胤禵听了高兴，称张恺说得很对。

儿子建功立业，为国家做出贡献，圣祖自然高兴，证明自己选择胤禵做领兵统率是正确的。世宗即位后，说圣祖任用胤禵，不过是以皇子虚名坐镇，并借此将胤禵这个性急又素不安分的皇子打发到远处，避免生事。这样的说法难以让人信服。统率几十万大军出征，这是何等大事，圣祖绝不会将战争视为儿戏。让胤禵带兵出征，是因为胤禵确有统兵之才，圣祖信任他、喜爱他，并有意培养他。但在胤禵立功后，圣祖并没有给予胤禵正式王爵，更没有表示过要立他为储君或嗣君，这只能说明，胤禵还不是圣祖心目中理想的接班人。

以上所做的论述和分析，仅仅是揣测。二次废太子后，皇子们结党争夺大位，而圣祖始终未确定谁是接班人，没有再立过储君，只是说："朕万年后，必择一坚固可托之人，与尔等做主，必令尔等倾心悦服，断不致贻累于尔诸臣也。"[①]十年间储位一直虚悬。

① 《清世宗实录》卷1，雍正元年八月甲子。

“天下第一闲人”

本书的主人公清世宗雍正皇帝，出生于康熙十七年（1678）十月三十日，是圣祖的第十一个儿子。按清朝皇室的规制，皇子夭折例不叙齿。在之前圣祖的10个儿子中，7个夭折，所以按行次他排为皇四子。圣祖为他起名胤禛，“胤”为辈分用字，“禛”意为“以真受福”，表明圣祖希望这个儿子能够对上天和祖宗真诚而得到福佑。他即位后，以“雍正”为年号，去世后，庙号“世宗”，谥号“宪皇帝”。

闲适皇子　才能初显

《清史稿·世宗本纪》说，世宗“生有异征，天表魁伟，举止端凝”；《清世宗实录》中有记，世宗“天表奇伟，隆准颀身，双耳半垂，目光炯照，音吐洪亮，举止端凝”①。这些无非都要说明他生有异象，生来就是做

① 《清世宗实录》卷1，康熙六十一年十一月。

皇帝的料。然而，在圣祖康熙皇帝的诸皇子中，世宗的地位其实并不特殊。他生为四皇子，在诸皇子中属年长的，具备某些优势条件，能更多地参与一些政事，但他属于非嫡非长非幼，按中国传统观念，于皇位继承不利，其母乌雅氏生他时只是一般秀女，母家家世并不显赫。

幸运的是，孝懿仁皇后膝下无子女，故而抚育世宗，养在圣祖身边。孝懿仁皇后是一等公佟国维的女儿、圣祖生母孝康章皇后的侄女，康熙十六年（1677）封为贵妃，二十年（1681）晋为皇贵妃，二十八年（1689）病逝前被册立为皇后，在后宫中地位尊崇，世宗得到她的抚养，对其成长无疑有很大好处。据《雍正朝起居注》，世宗在登上皇位后回忆，圣祖曾于康熙四十七年（1708）说过："朕之诸子，多令人视养，大阿哥养于内务府总管噶禄处，三阿哥养于内大臣绰尔济处，惟四阿哥，朕亲抚育。"[①]表明世宗与其父康熙皇帝很亲近。康熙三十七年（1698），圣祖授诸子世爵，世宗获封贝勒；四十八年（1709），复立太子时，晋封诸皇子，他被晋封为亲王，后赐封爵号雍亲王，并获赐圆明园。少年以及青年时期，世宗与其他阿哥一样，主要任务是读书学习，在圣祖及师傅们的指导下，掌握了丰富的文化知识，文思敏捷，千言立就。《檐曝杂记》记载，世宗"不惟诗文书画无一不擅其妙，而上下千古成败理乱已了解于胸中"[②]。康熙皇帝注重锻炼皇子，经常让他们参加一些狩猎、行军打仗、治河、祭祀等政治、军事活动。世宗在上述活动中，由于其年岁稍长，得到了比其他皇子多一些的机会，偶尔跟随圣祖巡幸，或办理圣祖交办的某些事务，此外并无太多特别之处。

总之，清世宗雍正皇帝在35岁以前，即在二次废太子之前，主要是读书学习，过着闲适的皇子生活，没有资料显示他有谋夺太子之位的企图和活

① 《清圣祖实录》卷235，康熙四十七年十月戊子。

② 赵翼：《檐曝杂记》卷1，《皇子读书》。

动，但其突出的政治才能也不时有所表现。

据《文献丛编》记载，康熙四十七年（1708），皇太子胤礽第一次被废，圣祖将其拘禁于上驷院旁，命大阿哥胤禔、四阿哥胤禛等几名阿哥看守监视。世宗表现得十分着急，很想要救他。太子废立，这是国家大事，须要举行告天仪式。圣祖在将废太子之事告天之前，命将告天文书先让胤礽观看，而胤礽则说我的太子之位是父皇给的，父皇要废就废，何必告天？胤禔将此话转奏。圣祖说皇帝受命于天，这等大事怎能不告天？废太子如此胡说，以后他的话再不必上奏了。废太子对监视他的阿哥们说："父皇若说我别样的不是，事事都有，只是弑逆的事，我实无此心，须代我奏明。"[①]胤禔以有旨意为由加以拒绝。世宗说此事关系重大，即使因代奏得了不是，也应该替他奏明。胤禔仍不答应。世宗说"你不奏，我就奏"。最后胤禔被迫代奏。人们都说皇帝之家无亲情，此事表明诸皇子间仍有手足之情，对此圣祖非常高兴，称赞他们做得对，并命令将胤礽项上的锁链去掉。

又据《清圣祖实录》（卷235）四十七年十一月辛卯条记载，为此事，圣祖特传谕旨："前拘禁胤礽时，并无一人为之陈奏，惟四阿哥性量过人，深知大义，屡在朕前为胤礽保奏。似此居心行事，洵是伟人。"世宗听后，内心必定高兴，但表面上却表现出诚恐状，说他从来没有保过太子，因此"皇父褒嘉之旨，臣不敢仰承"。此举用意较深！因为当时情况不明，废太子既有复位的可能，也有可能就此一蹶不振，他不愿因此而与废太子牵连太深，想保持一定距离，以便进退自如，也免得成为众矢之的。他还比较注意与其他阿哥搞好关系，替他们说话。康熙四十八年（1709），清圣祖在复立太子的同时，晋封众皇子：封三阿哥胤祉、四阿哥胤禛、五阿哥胤祺为亲王，而九阿哥胤禟、十二阿哥胤祹、十四阿哥胤禵仅获封贝子。世宗奏称，都是皇

① 《文献丛编》第六辑，《胤禩胤禟集》。

子，自己获得的爵位高，其他阿哥获得的爵位低，称愿意降低自己获得的世爵，使众阿哥的地位相当。世宗这样矫情做作，有其政治上的考量。十四阿哥胤禵与世宗是同父同母的兄弟，但两兄弟关系一般，胤禵则与八阿哥胤禩交好，九阿哥胤禟更与胤禩交厚。而此时太子被废，胤禩正觊觎储位，并得到一些朝臣的支持，人气正旺。世宗替胤禵、胤禟等说话，主动向他们示好，以便一旦胤禩集团得势，可对自己有利。此举同样博得圣祖的赞扬，说他“为诸阿哥陈奏之事甚多”。

另外，废太子后，圣祖在羞愤中生了重病，自己并不主动医治，而皇帝的健康是国家的最高机密，皇子和朝臣是不敢过问的。但看到圣祖“圣容清减”,胤禛与三阿哥胤祉挺身而出，劝请圣祖就医，他们的请求为圣祖所接受，命令他们同皇五子胤祺、皇八子胤禩一起负责检视药方和用药。世宗在敏感的时刻，沟通了与父皇、废太子以及其他皇子的关系，展示出他的政治敏锐性和出色的政治才能。

不露声色　暗中聚力

康熙五十一年（1712），太子胤礽再次被废，至康熙六十一年（1722）圣祖去世，没有再立过太子，十年间储位虚悬。皇太子两立两废，造成了朝政的混乱，加剧了皇室内部的矛盾，客观上为诸皇子结党争夺皇位继承权提供了机会。

圣祖为防止儿子们争夺储位，谕令他们要安分守己，不得“借此邀结人心，树党相倾”，并严厉禁止皇子与朝臣结党营私，规定“凡非本王门上之人，俱不许在别王子阿哥处行走”[1]。他宣称对立太子之事已有定见，并语

① 参见《清圣祖实录》卷234，圣祖四十七年九月庚寅；《清世宗实录》卷45，雍正四年六月甲子。

重心长地告诫“众阿哥当思朕为君父，朕如何降旨，尔等即如何遵行，始是为臣子之正理”，要他们听安排，停止争夺活动，并以春秋五霸之一的齐桓公死后五公子停尸争位的事相类比，说诸阿哥照这样争夺不休，自己死后，“必至将朕躬置乾清宫内，尔等束甲相争耳”[①]！但觊觎储位的诸皇子为争夺皇位继承权，不听圣祖的警告，仍然结成党羽，把宗室王公、贵戚、八旗与满汉朝臣，甚至一部分中小官吏和士人以及一些西洋人士都卷了进去，形成不同的集团，明争暗斗，许多人为此下狱，甚至丢掉性命。在此“利害之关，终身荣辱之际”，世宗也加入争夺储位的竞争之中。

太子再次被废，之前与太子争夺储位的大阿哥胤禔被圈禁，两人已基本退出储位竞争，胤禛的主要竞争对手为八阿哥胤禩、十四阿哥胤禵、三阿哥胤祉。胤禩行仁义，得人心，有许多追随者，曾有过被群臣公推为储君之事，能量很大，但锋芒太露，行动过于急迫，遭圣祖打压；胤禵有统兵之才，建功西北，封大将军王，镇守西北，然而虽身居要职，但远离京城，于争储有所不利。早期胤禩呼声最高，后来胤禵机会最大，他们属于同一集团，相互支持，又有胤禟等为之张目，在竞争中处于优势。胤祉年岁最长，“颇通才学，兼通天文”，是一位温文尔雅的学者，为圣祖所喜爱，地位特殊，但缺点是缺乏行政才能。世宗深知与其他竞争者相比，自己在储位的争夺中不占优势，因而采取与其他竞争者不同的策略。

世宗在即位后曾说，“朕在藩邸时坦易光明，不树私恩小惠，与满汉臣工素无交往，有欲往来门下者严加拒绝”，还说“朕向无希望大位之心”[②]。他这段话的意思无非是说明自己之前并没有结党争位。事实上，世宗有着争夺皇位的严密计划和行动。

① 《清圣祖实录》卷235，圣祖四十七年十月丙午。

② 《雍正朝起居注》，雍正二年四月初七日、七月初六日条。

据《文献丛编》第3辑《戴铎奏折一》记载，就在二次废太子后的康熙五十二年，世宗的属人戴铎写给世宗一封书启，为他制订了夺取储位的全面计划：

当此君臣利害之关、终身荣辱之际，奴才虽一言而死，亦可少报知遇于万一也。谨据奴才之见，为我主子陈之。

皇上有天纵之资，诚为不世出之主。诸王当未定之日，各有不并立之心。论者谓，处庸众之父子易，处英明之父子难；处孤寡之手足易，处众多之手足难，何也？处英明之父子也，不露其长，恐其见弃，过露其长，恐其见疑，此其所以为难。处众多之手足也，此有好竽，彼有好瑟，此有所争，彼有所胜，此其所以为难。而不知孝以事之，诚以格之，和以结之，忍以容之，而父子兄弟之间无不相得者。我主子天性仁孝，皇上前毫无所疵，其诸王阿哥之中，俱当以大度包容，使有才者不为忌，无才者以为靠。昔者东宫未事之秋，侧目者有云："此人为君，皇族无噍类矣！"此虽草野之谚，未必不受此二语之大害也。奈何以一时之小忿而忘终身之大害乎？

至于左右近御之人，俱求主子破格优礼也。一言之誉，未必得福之速，一言之谗，即可伏祸之根。主子敬老尊贤，声名实所久著，更求刻意留心，逢人加意。素为皇上之亲信者，不必论，即汉官宦侍之流，主子似应于见面之际，俱加温语数句，奖语数言，在主子不用金帛之赐，而彼已感激无地矣。贤声日久日盛，日盛日彰，臣民之公论，谁得而逾之！至于各部各处之闲事，似不必多于与闻也。

本门之人，受主子隆恩相待，自难报答，寻事出力者甚多。

兴言及此，奴才亦觉自愧。不知天下事，有一利必有一害，有一益必有一损，受利受益者未必以为恩，受害受损者则以为怨矣。古人云：不贪子女玉帛，天下可反掌而定。况主子以四海为家，岂在些须之为利乎！

至于本门之人，岂无一二才智之士？但玉在椟中，珠沉海底，即有微长，何由表见？顷者奉主子金谕，许令本门人借银捐纳，仰见主子提拔人才之至意！更求主子加意作养，终始栽培，于未知者时为亲试，与已知者恩上加恩，使本门人由微而显，由小到大，俾在外者为督抚提镇，在内者为阁部九卿，仰藉天颜，愈当奋勉，虽未必人人得效，而或得二三人才，未尝非东南之半臂也。

以上数条，万祈主子采纳。

戴铎为世宗分析了争夺储位的利与弊，以及全面的行动计划。对戴铎的计划，世宗做出如下批示：

语言虽则金石，与我分中无用。我若有此心，断不如此行履也。况亦大苦之事，避之不能，尚有希图之举乎？至于君臣利害之关、终生荣辱之际，全不在此，无祸无福，至终保任。汝但为我放心，凡此等居心语言，切不可动。慎之！慎之！

世宗称赞戴铎的计划为“金石之言”，但又说于己无用，因为自己并没有争位的心思。事实上，世宗不仅有争位之心，他还接受了戴铎的建议，之后其所进行的争位活动，正是按照戴铎拟订的计划施行的，只不过他做得十分隐秘。

世宗为表明自己无心争夺大位，也不参与其他皇子的争位活动，将自己打扮成“天下第一闲人”，写下“漆园非所慕，适志即逍遥”“千载勋名身外影，百岁荣辱梦中花”等诗句。还把古人宣传恬淡和出世思想的文字辑录成《悦心集》一书，构筑寺院，频繁与僧衲交往，俨然一个怡情自适、与世无争、与山僧野寺为伍的富贵亲王，既未引起圣祖的猜疑，又麻痹了其他竞争对手。暗地里，世宗以“藩邸旧人”为骨干，组成一个小集团，为争位积蓄力量，其中包括十三阿哥胤祥、川陕总督年羹尧、步军统领衙门隆科多、湖广提督魏经国、副都统常赉，以及后来出任云南巡抚的沈廷正、四川布政使戴铎等。世宗将这些人安插在重要岗位，并对其严格控制。这些人死心塌地为世宗服务，他们隐秘活动，制造舆论，联络百官，并在最后关键时刻发挥了作用。特别是年羹尧和隆科多，在世宗顺利登上大位和初政的顺利施行过程中扮演了关键角色。

世宗还善于揣摩和迎合其父圣祖皇帝的心意，增进与父皇及其他皇子的感情。康熙五十三年，八阿哥胤禩受圣祖处罚，世宗独自缮折具奏，为胤禩说好话。胤禩生病，秋狝途中，圣祖问世宗是否派人探望过，世宗照实回答说没有，圣祖说应该派人探视。世宗以为圣祖心念胤禩，即请示先行回京探望，虽获圣祖同意，但随后又指责他不顾扈驾事，急匆匆地赶去探望，甚至怀疑他与胤禩是一党，罚他料理允禩医药之事。世宗急忙赶到圣祖面前认错，说自己不知轻重，实属错误，罪所难免。圣祖以世宗认错真诚，原谅了他。

世宗想方设法增进与圣祖的感情交流，常请圣祖临幸他的花园。圣祖多次临幸圆明园、狮子园，这是世宗获得的荣恩，圣祖也从中得到天伦之乐。他还在圣祖临幸花园时，将伶俐的儿子弘历带到圣祖面前。圣祖见到这个孙子，很是喜爱，谕令送到宫中养育，并带到热河避暑山庄，还传见弘历的生母钮祜禄氏，说她是“有福之人”，并为雍亲王府亲书“五福堂”匾额。世宗一直得到圣祖的重视，虽然一直没有担任过固定的差使，而在康熙末年，所受到的差遣和与圣祖的接触明显增多，特别是在皇家的祭祀上，屡次受命主持大祀，表明他在圣祖心中具有特殊地位，获得圣祖信任，具备了一定竞争皇位的实力。

世宗在35岁到45岁的十年间，表面上是“天下第一闲人”，实则忙于争夺皇位，是在党争中度过的。

龙飞九五

圣祖驾崩　世宗登极

康熙六十一年（1722）十一月十三日，一代英主康熙帝驾崩于离宫畅春园。他留下遗诏："雍亲王皇四子胤禛，人品贵重，深肖朕躬，必能克承大统，著继朕登基，即皇帝位。"[①]选择了皇四子胤禛为他的继承人。雍亲王胤禛在激烈而残酷的皇位竞争中胜出，龙飞九五，登上大位，改年号为雍正，成为清朝入关后的第三位皇帝。

据《清圣祖实录》记载，康熙六十一年（1721）十月二十一日，康熙皇帝往南苑打猎，十一月初七日身体欠安，回到畅春园，初九日命胤禛代行南郊冬至祭天大祀，十三日戌刻死于寝宫。世宗在《大义觉迷录》中有如下记载：

① 《清世宗实录》卷1，康熙六十一年十一月戊子。

> 至康熙六十一年十一月冬至之前，朕奉皇考之命代祀南郊。时皇考圣躬不豫，静摄于畅春园，朕请侍奉左右，皇考以南郊大典，应于斋所虔诚斋戒，朕遵旨于斋所致斋。至十三日，皇考召朕于斋所。朕未至畅春园之先，皇考命诚亲王允祉、淳亲王允祐、阿其那（皇八子允禩）、塞思黑（皇九子允禟）、允䄉、公允祹、怡亲王允祥、原任理藩院尚书隆科多至御榻前，谕曰："皇四子人品贵重，深肖朕躬，必能克承大统。著继朕即皇帝位。"是时，惟恒亲王允祺以冬至命往孝东陵行礼，未在京师。庄亲王允禄、果亲王允礼、贝勒允禑、贝子允祎俱在寝宫外祗候。……其夜戌时，龙驭上宾。朕哀恸号呼，实不欲生。隆科多乃述皇考遗诏，朕闻之惊恸，昏仆于地。诚亲王等向朕叩首，劝朕节哀，朕始强起办理大事。

据《清世宗实录》卷1记载，在废太子后，圣祖曾说："朕万年后，必择一坚固可托之人，与尔等做主。"世宗说其父康熙皇帝对自己早已"天心默定，神器攸归久矣"，自己是圣祖钦定的合法继承人。而事实上，这一"坚固可托之人"究竟是谁，圣祖在世时一直没说，直到弥留之际才最后公布是皇四子胤禛，这为人们质疑世宗即位的合法性并指责他夺嫡、篡位提供了口实。

正视历史　着眼功绩

"雍正夺嫡"以及"太后下嫁""顺治出家"成为清初的三大疑案。对此，清史研究奠基者孟森先生以及前辈学者王钟翰、冯尔康、杨启樵等都有过专门研究，在此不再赘述。时至今日，包括一些历史研究者在内，仍然对

“雍正夺嫡”以及他“谋父、逼母、弑兄、屠弟、诛杀功臣”和他“暴亡”等话题表现出极大的热情，而对世宗作为一个有为的君主所展现出的才干、作为，以及在康乾盛世中所具有的承前启后的历史地位和作用则较少关注。

世宗是否夺嫡，作为一个历史事件，固然有其研究价值，但如果我们一味在这一问题上纠缠，而忽略他统治中国13年的历史成就不是明智的。何况时至今日，对“雍正夺嫡”，人们并未给出过硬的证据。对于历史研究而言，接受历史事实，换一视角，以客观的态度，从整体上分析和把握清世宗这一人物和他在康乾盛世发展中所起的作用，可能会更有意义。再者，皇位的争夺，不只发生在清康熙朝，在整个中国封建社会的历史上屡见不鲜，它是封建专制主义的必然产物。

在封建社会，皇帝具有至高无上的权力，主宰国家的命运。在每一位皇位竞争者的背后，都有一个庞大的利益集团，他们所支持的竞争者是否能最终成为皇帝，关系到很多人的命运。为避免引起混乱，历朝统治者往往通过强化“家天下”的宗法观念，在皇位继承上实行家族内部的嫡长子继承制度，即所谓“父死子继，兄终弟及”，不管继承者有德无德、有才无才，只要满足这一条件，他做皇帝就是合法的，否则就不合法，就要受到指责。清朝是由少数民族入主中原所建立的王朝，原没有嫡长子制的观念，也没有立太子的制度。康熙朝太子的两立两废，被证明是一次失败的政治活动。圣祖在其最后十年内不再立太子，而在弥留之际选择雍亲王胤禛继承皇位，我们可以理解为是对之前以设立太子的方式选择储君的失败行为做出的改正。

清圣祖康熙皇帝是一位雄才大略的封建帝王，他在位61年，殚心竭力，励精图治，擒鳌拜，平“三藩”，统一台湾，和睦蒙藏，三次亲征漠北，平叛止乱，抗击沙俄，重农治河，兴修水利，停止圈地，招徕垦荒，恢复生产，推崇理学，发展文化教育，以其毕生精力将清王朝引向一个政治稳定、国家统一、经济繁荣、文化发展的盛世。他把自己开创的事业，在最后交给了他认为“坚固可托”的清世宗。历史证明，清世宗雍正皇帝没有辜负圣祖康熙皇帝的重托，以45岁的成熟年龄继承皇位，在其13年的统治时间内，刚毅明察，承前启后，乘其余烈，把圣祖开创的盛世向前推进的同时，也为乾隆朝的极盛奠定了坚实的基础，在“康乾盛世”的发展中做出了历史性贡献。

二

扫除朋党　巩固皇权

数读清史雍正变革

清除『八阿哥』朋党

区别对待　分隔瓦解

在圣祖皇帝驾崩的第二天，尚未举行登基大典的世宗皇帝做了两个决定：一是任命贝勒允禩、十三阿哥允祥、大学士马齐、理藩院尚书隆科多四人为总理事务大臣。任命允禩等四人为总理事务大臣，据世宗说，是因为居丧期间，自己心神不宁，要四人帮助接收臣下的奏章，传达皇帝的谕旨，代表皇帝行事。二是传旨征召抚远大将军允禵驰驿来京奔丧，着平逆将军延信驰驿赴甘州，并行文川陕总督年羹尧，共同接替管理大将军印务。接着，又封允禩为和硕廉亲王、允祥为和硕怡亲王、十一阿哥允祹为多罗履郡王、废太子胤礽的儿子弘皙为多罗理郡王，并赐允禩的儿子弘旺贝勒衔，使他们位尊权重。

总理事务大臣四人中，十三阿哥允祥原是圣祖宠爱的皇子，受封贝子，但在废太子事件中失宠，被夺爵圈禁。而在圣祖的众多皇子中，他与胤禛最为交好，由他出任总理事务大臣，总理户部三库事务并监管原雍亲王藩邸事务，当是顺理成章；世宗登极，隆科多出力最多，其出任总理事务大臣，由理藩院尚书改为吏部尚书，仍监管步军统领事务，也顺情顺理；八阿哥允禩是世宗登上大位的主要政敌，且朝中有很多追随者，人气很旺；马齐是允禩的党援，是曾举荐允禩为皇太子人选的主谋，任用此二人为总理事务大臣，并让允禩管理理藩院事务，又相继任用和提拔他们的一些亲属和支持者，让人觉得有些意外，而这正是清世宗深谋远虑的一个战略决策。

世宗任命允禩为总理事务大臣，并提拔和任用了一些允禩的党人，按他自己的说法，实在是不得已，因为“廉亲王其心断不可用，而其人有不得不用之委屈”[①]。他这样做是要稳住允禩和他的集团，一旦时机成熟，必定会下手整治。对此，允禩心里非常明白，他说：目下施恩，皆不可信。又说：皇上今日加恩，谁知道是不是暗含着明日诛杀的意思？他的福晋乌雅氏对前来道贺允禩荣晋王爵的亲戚说：有什么可喜的？不知哪一天就会掉了脑袋！允禩夫妇是当事人，明白政治斗争的残酷性，了解世宗的性格和为人，因此才会说出这样的话。这也说明新皇帝已经掌控了局面，朝中内外重要位置均由新皇帝信赖的人所把持，隆科多、年羹尧成为雍正初年“柱石大臣”，与怡亲王允祥一起，共同支撑着雍正政权的大厦。随着政局逐渐趋于稳定，清除允禩集团，打击朋党的斗争便随之展开。

世宗打击允禩集团的第一步，所采取的策略是分隔瓦解其朋党主要成员。对于集团的首领允禩，不仅晋封爵位，还让他担任重要职务，实际管理事务，而对于该集团的另外几名核心成员，如九阿哥允禟、十阿哥允䄉、十四阿哥允禵等，则以打击为主，目的是断绝他们之间的往来，不让他们聚在一处。

在任命总理事务大臣稳定朝政的同时，世宗想到了在西北手握重兵的

① 《雍正朝起居注》，雍正二年十一月十五日条。

胞弟允禵。允禵是圣祖的第十四子，与世宗是同父同母的兄弟，其生母同为德妃。但两兄弟关系平常，允禵反而同八阿哥允禩、九阿哥允禟交好。允禵有领兵之才，又比较正直、单纯，深得其父的喜爱，圣祖也有意培养和锻炼他。康熙末年，准噶尔部扰乱西北，至康熙五十七年（1718），准噶尔部策妄阿拉布坦部属控制了西藏，署理西安将军额伦特所部全军覆没，西北边疆告急。圣祖任命允禵为抚远大将军，并由贝子超授王爵，俗称“大将军王”，掌西北军事，率师出征。允禵指挥得当，带兵有方，于康熙五十九年（1720）将准部势力逐出西藏，结束了西藏战乱，安定了边疆，为清廷立下大功，圣祖命令立碑纪念。允禵身膺重任，手握重兵，声望日隆，是其他皇子所不能比拟的，他便成为最有可能缵承大统的皇子之一。因此，坊间有世宗的皇位是从允禵手中夺来的传言。面对这样一位具有政治实力的皇弟，刚刚即位的世宗不得不防，所以急召其回京奔丧，命平逆将军延信署理大将军印务，在延信未到甘州军营之前，由世宗心腹川陕总督年羹尧负责军务，及至延信到任，又命令他们二人共同主持军务。不久，授予延信西安将军，仍兼摄抚远大将军印，便把西北军事指挥权交给了他所信赖的年羹尧掌管。

世宗将允禵从西北前线召回，允禵见到世宗，只是远远地叩头，毫无向新皇帝表示祝贺和亲近的意思。世宗认为他桀骜不驯，夺了他的王爵，只保留康熙皇帝所封的贝子爵位。其后，雍正元年（1723）三月底，在恭奉圣祖梓宫至遵化景陵举行奉安大典期间，世宗借机训诫允禵，允禵不服，在允禩的劝说下才勉强接受。大典结束后，世宗传旨要允禵留下看守景陵，并谕令护卫景陵的马兰峪副将李如柏，除大祀外，不准允禵去景陵，实际上是将其囚禁在马兰峪，并惩治其属下。五月二十三日，世宗、允禵两兄弟的生母仁寿皇太后暴卒，从病到死，不过十余小时，其死因，官方说是因哀恸深切和素来的痰疾所致，也就说是病死的，也有说是因不满世宗的所为撞柱自杀的，并成为其后世宗“十大罪状”之一。皇太后薨逝，世宗准许允禵回京奔丧，并封他为恂郡王，之后仍将其囚于马兰峪。

九阿哥允禟为康熙皇帝所宠爱的宜妃所生，是允禩集团的铁杆。世宗对允禟这一同父异母的兄弟异常蔑视，认为他“文才武略一无所取”，在父皇的众多儿子中“无足算数”①，成为重点整治的对象，对他毫不留情。康熙六十一年（1722）十二月，世宗以允禵从前线回京，西北军中不可无人驻扎为由，命允禟前往。允禟推说等过了父皇的百日冥辰再走，之后又说要等送完梓宫到陵寝后再出发。世宗不容其拖延，谕令速行。允禟到了西大通（今青海大通）后，就奏请回京，世宗只批示“知道了”，暗中却命令年羹尧将城内居民迁出，派兵监视，不让他回京。允禟住在西大通，日子并不好过，他遣人到河州买草，宗人府参奏其“违抗军令，肆行不法”，议请革去其贝子爵位。

对于十阿哥敦郡王允䄉，世宗认为其“依附邪党，不便留在京师”。雍正元年（1723）正月，谕令他护送到京拜谒圣祖灵堂而病死的喀尔喀哲布尊丹巴胡克图的灵龛到喀尔喀。允䄉声称无力准备马匹行李，不愿离京，及至出发，走到张家口外，称病不肯再走。世宗于是革了他的世爵，查抄其家产，将其调回京师，永远圈禁，直到乾隆二年才被释放。

允禩朋党　彻底清除

世宗成功将允禩集团的主要成员分开，并分别进行惩治，但尚未开杀戒。他不是不想赶尽杀绝，而是不敢。这是其即位之初的客观形势决定的。即使这样，也落得“凌逼弟辈”“报复私怨”的恶名。翰林院检讨孙嘉淦上疏世宗“亲骨肉”，世宗区别对待善意的建言与恶意的攻击，提升孙为国子

① 《上谕内阁》，雍正三年七月二十六日、二十九日谕。

监司业，而对其他攻击者则威胁说，如再这样，将启自己杀人之端。随着时间的推移和形势的变化，世宗的初政已取得成效，在青海对罗卜藏丹津的战争也取得了胜利，他作为皇帝的威望得到提高，统治极大巩固，因此加紧了彻底清除允禩集团的步伐。

据《上谕内阁》雍正二年四月初七日上谕，世宗开始公开指责允禩"不以事君事兄为重"，说他"大志至今未已也"，即仍然想谋大位，这样的大罪，即使自己想包容宽宥，但国有国法，只得与大臣们一道"共正其罪"，要求诸大臣对允禩据实揭发。七月十六日，世宗发布《御制朋党论》，并附有长篇上谕，从理论上阐明朋党的危害和解散朋党的必要性，誓要将康熙年间流行至今的朋党恶习彻底清除。继而召见宗室王公，明确宣布允禩、允禟、允禵等人"俱各不知本量，结为朋党，欲成大事"[1]。将允禩朋党的性质定为要推翻现在的皇帝，这是大逆之罪，罪在不赦。很明显，世宗就是要将允禩集团置于死地！就在整治允禩集团的大幕拉开后，年羹尧、隆科多案发，世宗因而放慢了打击允禩集团的步子，但仍广泛动员舆论和处理一些允禩党人，雍正二年十一月二十二日发出上谕："自亲王以下闲散人以上，若有归附允禩结为朋党者，即为叛国之人，必加以重罪，决不姑贷，亦断不姑容也！"宣布将以叛国罪处理允禩党人。

允禩集团成员众多，在朝中和社会上也有许多的同情者，世宗对此十分警觉，不断发出上谕警告。据《上谕内阁》雍正二年十一月十三日的上谕："在廷诸臣为廉亲王所愚，反以朕为过于苛刻，为伊抱屈。即朕屡降谕旨之时，审察众人神色，未尝尽以廉亲王为非。"雍正三年四月十六日的上谕："朕于诸王大臣前降旨训诲，视诸王大臣之意，颇有以允禩为屈抑者。"一些人对世宗当上皇帝的合法性始终存有疑虑，对他如此对待兄弟表示不

①《上谕内阁》，雍正二年八月二十二谕。

满。据《文献丛编》卷1和《清世宗实录》四年五月乙巳条记载，有一个名叫蔡怀玺的正黄旗滦州人，跑到景陵去求见被囚的允禵。允禵害怕招事，拒而不见，蔡怀玺就用黄纸书写下“二七便为主，贵人守宗山”“以九王之母为太后”的字条扔进囚禁允禵的院内。他认为“十四爷的命大，将来要做皇帝”。“二七”为十四，指十四阿哥允禵，“九王之母”指的是九阿哥允禟之母宜妃。蔡怀玺的意思是，允禵一定会取代胤禛当上皇帝，而仁寿皇太后已死，就让允禟的母亲、康熙帝的宠妃宜妃做太后。蔡的活动被马兰峪总兵范时绎发现，将其逮捕入狱。又据《永宪录》记载，有天津民人郭允进，自称得大师指点，授得韬略，书写“十月作乱，八佛被囚，军民怨新主”[1]的传单，浙江人欧阳秀臣将其刊刻，广为散布。人们认为允禩仁慈，称其为“八佛”。传单的意思是说，雍正新朝旱涝灾荒不断，民怨沸腾，号召大家反抗，还说不信者将会遭受瘟疫，吐血而死。允禩党人也加紧活动。雍正三年（1725）十一月，允禟命其亲信携带其自制的密字信函到京城交与其子弘旸，弘旸回信，被京师巡捕拿获。鉴于上述情形，在处理完年羹尧、隆科多案后，世宗向允禩集团发起了最后的进攻。

雍正四年正月初五日，世宗召见诸王公和满汉文武大臣，历数允禩等人的罪状，说允禩自绝于天，自绝于祖宗，自绝于当今皇上，是不忠不孝大奸大恶之人；允禟早就有悖逆不臣之心，今又自造密码信函，视朝廷为敌国，无君无父，褫夺了他的黄带子，削去宗籍，逐出宗室，划入正蓝旗。允禩随后被圈禁于宗人府高墙内，他的福晋乌雅氏被令自尽，并被焚尸扬灰。三月，正蓝旗都统德音上奏说，允禩、允禟既然已被削去宗籍，编入该籍，则须更改他们的名字。允禩改名“阿其那”，允禟改为“塞思黑”，允禩子弘旺改名“菩萨保”。“阿其那”“塞思黑”是满语，其意是猪、狗。五月，

① 萧奭：《永宪录》卷4，第284页。

诸王大臣奏请将允禩明正典刑。世宗说允禩“尚非首恶”，与允禩、允禟不同，可“暂缓其诛”，但受奸民蔡怀玺蛊惑，不能再留居马兰峪，将其迁至景山寿皇殿附近继续禁锢，令其思过，直到乾隆帝即位后才被释放。接着，世宗将允禩等人的种种罪行以上谕的形式向世人公布，令京城内外八旗军民等知悉。六月初三日，议定允禩罪状40款、允禟罪状28款、允禵罪状14款。将允禟从西大通押至保定，圈住于直隶总督衙门附近，四面加砌墙垣，将门封死，设转筒传进食物。八月，允禟病死于禁所，九月允禩也病故，雍正说他们是服冥诛而亡。在此前后，允禩集团的其他成员也都遭到清洗，有的被杀，有的被关，有的被流放，一些已经死去多年的人，还遭到戮尸扬灰。

一个为争夺储位而产生、经营多年的强大政治集团，至此被彻底摧毁了。世宗以此强化了自己作为君主的权威。直到乾隆四十三年（1778），清高宗弘历认为允禩、允禟结党妄行，自戾罪愆，但他们并无特别明显的悖逆行为，故仍恢复原来的名字，收入玉牒，子孙也一并叙入。

创设制度　秘密立储

鉴于康熙朝因太子废立而引起皇子结党争夺储位的惨痛教训，为解决好皇位的继承问题，世宗创设了秘密立储制。雍正元年（1723）八月十七日，世宗在西暖阁召见总理事务王大臣、满汉文武大臣，宣布了秘密立储的原因和办法：

> 今躬膺圣祖托付神器之重，安可怠忽不为长久之虑乎？当日圣祖因二阿哥之事，身心忧悴，不可殚述。今朕诸子尚幼，建储一事必须详慎，此时安可举行？然圣祖既将大事托付于朕，朕身为宗社之主，不得不预为之计。今朕特将此事亲写密封，藏于匣

内，置之乾清宫正中世祖章皇帝御书“正大光明”匾额之后，乃宫中最高之处，以备不虞。诸王大臣咸宜知之。或收藏数十年，亦未可定。①

这一立储的方法，储君是谁，本人不知，诸王大臣不晓，只有皇帝一人知道。世宗询问群臣对此有何意见，隆科多奏称：“圣虑周详，为国家大计发明旨，臣下但知天经地义，岂有异议，惟当谨遵圣旨。”秘密立储制就这样确立了。为保证万无一失，世宗除将写有继承人名字的密封锦匣藏于乾清宫“正大光明”匾额后面外，另书同样内容的传位诏书，置于他经常驻跸的圆明园内。雍正八年（1730），世宗染疴，将有此传位诏书之事告诉了大学士张廷玉，雍正十年又告诉了来京任职的鄂尔泰，并对二人说：“汝二人外，再无一人知之。”

雍正十三年（1735）八月二十三日，世宗在圆明园去世，由于之前已确立了秘密立储的制度，宝亲王弘历顺利登上皇位，实现了清朝开国以来皇权的第一次平稳过渡。之后，高宗认为这个办法好，继续实行，嘉庆、道光、咸丰三帝的即位，都是采用这一制度实现的，皇位的交接都很顺利，秘密立储制被证明是一个较好的皇位继承办法。再后来，由于咸丰帝只有同治帝一个儿子，故无须再用此方法。同治皇帝载淳死后无子，皇室确定将醇亲王奕譞之子载湉继为文宗咸丰皇帝之子，入承大统。也就是说，光绪皇帝载湉继承的不是同治帝的皇位，而是咸丰帝的。高宗为他的后世子孙定下了“永、绵、奕、载”四个辈分的排序，之后，道光帝又接续了“溥、毓、恒、启”四个字辈。同治帝死后无子，“溥”字辈中没有合适的继承人，皇室遂决定在载淳同辈的“载”字辈中找一位继承人，因此

① 《上谕内阁》，雍正元年八月十七日谕。

找到了光绪皇帝载湉，他继承的是咸丰帝的皇位。光绪帝也无子，在临死之前，慈禧太后找到了光绪帝的亲弟弟载沣的儿子溥仪来继承他的皇位，即末代皇帝。

在“家天下”的封建社会，“宗社大计，莫如建储一事。自古帝王即位，首先举行，所以重国本而定鸿基也”①。世宗为避免储位争夺给皇室和国家政治带来伤害，创设了秘密立储制度。这是中国历史上从未有过的建储方法，是一项重大的政治改革。通过秘密立储的方法确立储君，在达到立国本以固人心效果的同时，又避免了公开册立储君后，储君与皇帝争夺权力，以及围绕储君所产生的各种矛盾和弊端，让每位皇子都觉得自己有被立为储君的可能，让他们都积极参与国家事务，这也符合清朝开国以来皇子从政的传统。

① 《清史稿》卷10，《本纪十 · 高宗一》。

年、隆二臣宠异败速

“社稷之臣” 赐尽而亡

年羹尧，汉军镶黄旗人，生于官宦之家，其父年遐龄官至湖北巡抚，兄年希尧在康熙末年出任安徽布政使。年羹尧与世宗关系密切，他是雍亲王府的藩邸旧人，妹妹是雍亲王胤禛的侧福晋，即后来的年贵妃，二人既是主奴关系，又是郎舅关系。年羹尧文武双全，20岁中举，21岁中进士，康熙四十八年（1709），未满30岁即出任四川巡抚，其后又授为定西将军、川陕总督，其才具事功在康熙年间已多有展示。世宗即位，抚远大将军允禵奉召回京，世宗将西北的军事指挥权交与时任川陕总督的年羹尧。年羹尧手握重兵，镇守西北，遂成为新政权的核心人物，恩宠无比，赐爵赐物自不必说，除获得与世宗的另一位宠臣隆科多一样的双眼孔雀翎、四团龙补服、黄带及鞍马紫辔外，世宗还御笔题写“青天白日”“社稷之臣”匾额，许之为“社稷之臣”。这是何等殊荣！

雍正元年（1723）八月，青海和硕特部罗卜藏丹津叛乱，世宗特授年羹尧为抚远大将军，发兵进剿。在年羹尧的指挥下，清军节节胜利，出兵半年，于雍正二年（1724）二月就将叛乱平定，并拟订青海善后十三条奏上。

世宗即位不到一年半时间即将青海平定，这对世宗来说有着太多、太大的意义，对稳固朝政和提高新皇帝威望作用巨大，也是对那些质疑他继统合法性的人最强有力的回击。因此，捷报传来，世宗喜不自胜，称年羹尧是自己的“恩人”，加恩晋爵自不待言，还在年羹尧的奏折上批示：“你此番心行，朕实不知如何疼你，方有颜对天地神明也。”[①]并特发上谕，称对年羹尧，“不但朕心依眷嘉奖，朕世世子孙及天下臣民当共倾心感悦。若稍有负心，便非朕之子孙也；稍有异心，便非我朝臣民也”[②]。作为皇帝，说出如此这番话，既让人觉得不伦不类，听起来还有点肉麻，但表明他当时的心情，真是情不自禁。正是在这样的心境下，世宗开始让年羹尧较多地参与朝中政事，这原是作为封疆大吏不该参与的事务。他在给年羹尧的上谕中说：“凡尔之所见所闻，与国家吏治民生有兴利除弊，内外大小官员臧否，随便徐徐奏来，朕斟酌而行。特谕！”[③]在官员的任免上，世宗也给了年羹尧很大的权力。不仅将川陕地区文官自督抚以至州县、武官自提镇以至千把的用人权都交给了年羹尧，即使川陕之外其他地区的官员，凡是年羹尧推荐的，就任用，年羹尧参劾的，就处理。甚至还主动询问年羹尧哪个官员可用，把其他官员的奏折发给年羹尧看，征求他的意见，以便断处，人称“年选”。

谁能想到，仅过去一年左右，即雍正三年（1725）九月，世宗便下令逮捕年羹尧，其后，群臣拟定其92款大罪，请求立正典刑。这92款大罪，包括大逆罪五、欺罔罪九、僭越罪十六、狂悖罪十三、专擅罪六、贪渎罪十八、侵蚀罪十五、忌刻罪四。世宗说，这些罪状中，够得上处以极刑及立斩的有

---

①《掌故丛编》第十辑，“年羹尧奏折”。

②③ 清世宗“朱谕”第12函，中国第一历史档案馆藏。

三十几条，但念及年羹尧青海战功，格外开恩，令其自尽。其父年遐龄、兄年希尧革职，儿子年富斩立决，其余15岁以上儿子发遣西南极边烟瘴之地充军，嫡亲子孙将来长至15岁者，皆次第照例发遣，永不赦回，亦不许为官。案内朋党分别罪情，处以不同刑法。年羹尧迟迟不肯自尽，幻想着皇帝会看在昔日他为主子效力的情分上，在最后下旨赦免他。而世宗在给他的最后谕旨中则说："尔自尽后，稍有含怨之意，则佛书所谓永堕地狱者，虽历劫亦不能消汝罪孽也！"[①]年羹尧遂绝望自尽，叱咤一世的大将军做梦也不会想到自己会有这般下场。

年羹尧从恩宠无比到被迫自尽，短时间内的宠异败速，主要是他居功自傲、妄自尊大、招权纳贿、结党营私所致。

雍正二年（1724）十月，年羹尧携青海之功到京陛见，世宗命礼部拟订迎接大将军仪注。进京途中，沿途督抚、都统在内的地方官跪接，及至京城，诸王大臣郊迎，王公以下官员跪接，年羹尧黄缰紫骝，安然骑在马上，看都不看一眼便径直前行。王公下马致礼，他仅是点点头。世宗虽然宠异他，但所授予的官职仍仅是总督、大将军而已，但年羹尧给其他将军、督抚的信函竟用令谕，把同僚视为下属，在军中，要蒙古诸王跪谒，将世宗发往陕西的侍卫充当下人厮役，给人东西谓"赐"，吃饭称"用膳"，请客叫"排宴"，出行要清道戒严，皇帝恩诏颁到，不设香案跪听宣读，陛见时"箕坐无人臣礼"。年羹尧选编唐人陆贽的《陆宣公奏议》进呈，请皇帝作序，但世宗尚未拟就，他便草拟好，要世宗认可后刊行。年羹尧的做法，已不仅是居功自傲，而是胆大妄为、不守臣道，是自罹祸端。

在用人上，作为大将军的年羹尧，以军功保举官员，滥用私人，而吏部、兵部都给予他特殊照顾，凡是他报功请封的名单，一概准行，有"军中

① 《雍正朝起居注》，雍正三年十二月十一条。

上功，吏部别为一格，谓之‘年选’，尽与先除”[1]之说。他保题官员，营私受贿，赃私巨万，甚至插手巡抚、布政使、按察使、提督、总兵等地方大员在内的官员任用。这类官员本由皇帝特简，年羹尧的插手，无疑是抢夺皇帝权力。由年羹尧保举、推荐的官员很多，这些人感谢他，自然就会聚集在他周围，形成以他为中心的集团，即所谓“年党”。

年羹尧擅作威福、不守臣节，引起了世宗的猜疑和不满，再加上他大开贿赂之门、奔竞之路，并在身边聚集起一帮人，对于皇帝来说是绝对不能容忍的。自雍正二年十一月中旬，世宗便开始有计划地向年羹尧开刀。十一月十三日，世宗发表长篇上谕《为君难》，暗含对年羹尧、隆科多的不满。接着，又向有关人员打招呼，甚至摆明态度，要这些人疏远年羹尧，划清界限，并揭发他、孤立他，意在造出舆论，分化瓦解其党羽。接下来，于雍正三年四月，世宗解除年羹尧的川陕总督职务，命其交出抚远大将军印信，调为杭州将军，并要他“解散党羽，革面洗心”，甚至告知其有“帝出三江口，嘉湖作战场”的谣言，说：“你若自称帝号，乃天定之数，朕也难挽。……上苍在上，朕若负你，天诛地灭，你若负朕，不知上苍如何发落你也。”[2]皇帝说出这样的话，与臣下赌咒发誓，年羹尧的死期就不远了。再接下来就是逮捕、定罪、令其自尽，前面已做了交代。

“稀有大臣”　圈禁而死

年羹尧死后，世宗又展开对另一权臣隆科多的攻势。

隆科多，佟佳氏，满洲镶黄旗人，一等公佟国维的儿子，生于康熙九

① 朱克敬：《暝斋杂识》卷1。

② 《文献丛编》第八辑，《年羹尧奏折·奏谢之周补杭州将军折（朱批）》。

年（1670）。他是皇家外戚，姑母是康熙皇帝的生母孝康章皇太后，他的姐姐是康熙皇帝的孝懿仁皇后，是世宗的养母。在康熙朝，世宗与隆科多并无特殊关系。康熙五十年（1711）秋，隆科多开始担任步军统领，五十九年（1720），又兼理藩院尚书。步军统领一职，主要负责京师及皇宫的安全，责大任重。隆科多任此职务达11年，并利用其特殊身份，在世宗即位的关键时刻出了大力，帮助世宗稳定了局面。世宗即位，给予他无尽的荣宠，成为世宗朝初期的重臣。

康熙皇帝驾崩后的第二天，世宗即任命隆科多为四个总理事务大臣之一，七天后，又将其父佟国维被圣祖褫夺的一等公爵赏给他，再过两天，下令称隆科多为"舅舅"，官方文件书写时，须书为"舅舅隆科多"。从辈分看，世宗与隆科多确系甥舅关系，但这层关系，特别是这样的称呼，要看皇帝承不承认，愿不愿意承认。世宗不仅自己这样称呼隆科多，还要大臣们也跟着这样称呼，这是多么大的荣宠！除了这些虚荣、虚爵外，隆科多还获得许多御笔和实物赏赐，其中御笔亲书"世笃忠贞"匾，表彰其家族对皇家的世代忠诚；所赐"四团金龙"褂子，只有极少数臣子可以获得；而双眼孔雀翎、四团龙补服、黄带及鞍马紫辔，则是非有大功者所不能奢望的。隆科多所得到的权位，有总理事务大臣、吏部尚书、步军统领、《圣祖仁皇帝实录》和《大清会典》总裁官、《明史》检修总裁官，无论哪一个职位，都是人臣所能企及的最高位。至于"口含天宪"传达谕旨、转传臣下奏折，更是皇帝特许的两项权利。具有这种资格的，前一项只有怡亲王允祥、大学士张廷玉及隆科多等数人得到，而后一项只有允祥与隆科多两人得到。在朝臣的心目中，这时的隆科多是朝廷的"柱石大臣"，他参与处理了雍正初年的许多重大事务，深得世宗赏识。在年、隆二人正得宠的时候，世宗在年羹尧奏折中有一则朱批，告诉年羹尧说："舅舅隆科多，此人朕与尔先前不但不深知他，真是大错了。此人真圣祖皇考忠臣，朕之功臣，国家良臣，真正当代第一超群拔类之稀有大臣也。”[1]荣宠已是无以复加。世宗之所以一即位就如此荣宠隆科多，正如孟心史先生在《清史讲义》中所说，是“以报其拥立之功”。

隆科多作为顾命大臣，对世宗即位有拥立之功，因此得到与年羹尧差不多的荣宠。然而，隆科多与世宗的关系并没有如年羹尧与世宗那样深厚的基础，他最早支持的是大阿哥允禔，及至允禔出事后，转而支持八阿哥，与八阿哥集团的允禩关系密切，但最后又在最关键的时刻投向了世宗一边。隆科多参与了雍正初年朝中的许多重大事务，知道太多世宗的秘密，熟知世宗的行事风格和为人。尽管他在吏部尚书任上专断揽权，人们对他经办的铨选称为“佟选”，但他并不像年羹尧那样张狂，对自己的处境也有所认识。他曾说：“白帝城托孤之日，即是死期已到之时。”他将家产分藏各处，并于雍正二年（1724）主动请辞敏感的步军统领职务。但世宗岂能放过他，在指责年羹尧时，不时也捎上隆科多，说他们二人都是植党揽权的奸臣。世宗在加紧处理年羹尧时，于雍正四年（1726）正月，命令隆科多前往阿尔泰岭参与议定准噶尔与喀尔喀的游牧边界，完事后再与俄国使臣会商两国疆界。五年（1727）五月，正当隆科多等与俄国使臣紧张谈判之时，隆科多私抄皇家《玉牒》藏匿在家之事败露，世宗下令将其逮捕回京。《玉牒》即皇家家谱，神圣无比，“除宗人府衙门，外人不得私看，虽有公事应看者，应具奏前往，敬捧阅读”[2]。隆科多私抄《玉牒》，有人认为是里面藏有世宗忌讳、敏感的秘密，隆科多想留为证据，要挟世宗。不管怎样，经此一事，世宗绝不会再放过他。而隆科多在与俄国的谈判中，坚持要求俄国归还侵占中国的大片领土，尽管朝臣曾建议世宗等待隆科多办完与俄国边界事务再将他

① 雍正元年正月初二日署理大将军印年羹尧《奏为密陈今后凡有紧要军务先求圣训批示可免错误事折（朱批）》，中国第一历史档案馆藏，档号：04-01-30-0011-002。

②《雍正朝起居注》，雍正五年六月初八日条。

革职拿问，世宗仍急不可耐地将其逮捕回京。隆科多被逮走后，继任者不能很好地坚持原则，对沙俄做出许多让步，在其后中俄签订的《布连斯奇界约》，即之后中俄双方正式签订的《恰克图条约》的草约中，使中国损失了很多利益。之所以最终出现这样的后果，应当归咎于世宗的自私和狭隘。

雍正五年（1727）十月，朝臣议定隆科多41款大罪，包括大不敬罪五、欺罔罪四、紊乱朝政罪三、奸党罪六、不法罪七、贪婪罪十六。这41款大罪，归结起来，其实就是政治罪和经济罪。政治罪的第一款当然就是他“私抄玉牒藏家”，其余罪行，特别是经济罪，因隆科多案发后材料被销毁，难以辨析，有的是欲加之罪，如指控他的奸党之罪，说他结交阿灵阿、揆叙，保奏大逆不道的查嗣庭等。朝臣议定斩立决，妻子没入辛者库，财产入官。世宗放了隆科多一马，将他永远圈禁，妻子没有入辛者库，也未没收其财产。6个月后，即雍正六年（1728）六月，隆科多死于禁所，世宗还赐银千两为其办理丧事。

需要说明的是，世宗经常将年羹尧与隆科多并提，但年、隆并非一党，年羹尧甚至有些看不起隆科多，曾对世宗说隆科多是“极平常人”。二人受宠之时，世宗为调和他们的关系，自行主张，把年羹尧的长子年熙过继给隆科多，但二人关系始终一般。由于世宗对年、隆二人宠之太过，给予他们的权势太大，二人又不能自处，恃宠而骄，行事不检点，甚至擅权、越权，威胁到了皇帝的权威，与世宗“一人治天下”的君主集权相抵触，他们悲剧的命运也就注定了。

对第三类朋党的打击

李田互参 引出“科甲朋党”

除了皇室和官员结成朋党外，还有所谓的“科甲朋党”，是指在古代科举考试中以师生、故旧以及同年关系而互相朋比党援，可谓由来已久。入清以后，由于满汉之间的矛盾，汉人官员自然聚在一起，而这些汉人官员大都出身科举。八阿哥允禩行仁义，交结士人，科甲出身的官员对其有好感，称其为“八佛”，引起世宗的注意和隐恨，不断提出警告，并一再明确表示对师生党比之风的深恶痛绝。的确，科举制下形成的这种不良风气有愈演愈烈之势，甚至成为一些人严重的经济负担，不惜亏空挪移以应付。如长芦盐运使莽鹄立所称：“乃有无厌之辈，一遇门生升授外职，老师、世兄以及同年故旧，或亲行探望，或差人索取，名曰‘抽丰’。在门生，情不能辞。”[1]因此，世宗命令严禁朝内外官员投拜为门生和打“抽丰”，一些官员也以此

① 《朱批谕旨》卷49，《莽鹄立奏折》，雍正三年六月初二日折。

抑制、约束科甲师生。据汪景祺《读书堂西征随笔》记载，一时间，形成“天下方轻读书人，不齿举人进士”的社会风气。就在此情形下，发生直隶总督李绂、河南巡抚田文镜互参案，并由此引发以整治科甲为目标的打击朋党案。

田文镜，汉军正蓝旗人，未经科甲，以监生出任福建长乐县县丞，步入宦途，官运一直不显。但他老成练达、为政务实、治尚严苛，又不避权贵，是世宗所喜欢的官员类型。世宗即位，年过六旬的田文镜才得到重用，被迅速提拔为布政使、巡抚，封疆一方，长期在河南为官。他主张不许师生夤缘，于雍正二年年底，以河南巡抚的名义发布“严禁夤缘、钻刺，以正官方，以肃法纪”的告示，对科甲出身的属下十分严苛，稍不合意就弹劾罢免。雍正三年（1725）十一月至次年元月间，他先后题参信阳州知州黄振国、汝宁府知府张玢、息县知县邵言纶、固始县知县汪諴，而这4人都是康熙四十八年（1709）进士，社会上因此传言他“不容读书之人在豫省做官”[①]。

事情真是巧，同样是康熙四十八年进士的广西巡抚李绂奉调直隶总督，于雍正四年（1726）三月赴任，路过河南，听闻上述传言，面责田文镜“有意蹂践读书人”。到京后，向世宗面奏，并接连上疏参劾田文镜。李绂也深得世宗赏识，世宗曾赞他“才品操守为满汉中少有”，尤其赞赏他的不党不阿，对大臣们说“诚然不党者李绂也”[②]！有鉴于此，世宗将李绂的奏折截去头尾，弄掉奏折人姓名，发给田文镜，并对田文镜说自己信任他，之所以如此做，是怕他受下属蒙蔽，告诫他不要护短和偏信。李绂奏折中指责田文镜接受上蔡令张球向其推荐的一乌姓幕客，置为心腹，委署光州知州。而张

① 《朱批谕旨》卷126，《田文镜奏折》，雍正四年六月十一日折。

② 《朱批谕旨》卷22，《李绂奏折》，雍正二年十月初六日折。

球为一市井无赖，曾向邵言纶勒借银1000两，邵未满足其欲，他又借查核固始县仓谷之机，勒索汪諴，汪馈送未满足其意，遂向田文镜诬告二人，而田“贤否倒置”，误参他们。还说黄振国死于狱中，是田文镜以图杀人灭口。对李绂的指控，田文镜一方面辩白说，张球并非市井无赖，而实是一贤能好官，他所参邵、汪二人的事都是真实的，乌姓幕客是自己的旧识，非别人所荐；另一方面，他知道这是李绂参他，开始环顾左右而言他，将此事与科甲朋党相联系，说具折之人骂张球为“市井无赖”，此人必定是出身科甲，或许与邵、汪二人还是同年，他们之间如此袒护，这是私结朋党，如果大家都这样，以后科甲官员贪污苟且，督抚大臣们谁还敢再题参科甲官员？田文镜抛出科甲朋党，转移了世宗的视线，使得这一案件的性质发生改变，朝着对李绂不利的方向发展。

后来证实，李绂参劾田文镜害死黄振国，是听信传言，而黄并没有死。田文镜抓住此事向世宗上奏，说自己确实参了很多人，但其中有旗人，也有汉人，有科甲之人，也有捐纳之人，并没有考虑过被参者的出身和籍贯，并说也发现张球确有劣迹，主动参劾他。田文镜咬住科甲朋党这一题目，并以退为进，使世宗相信了他，认为田文镜很坦诚，转而认定李绂袒护同年，把田的奏折发给李绂，要求其具折回复。李绂上折称辩说，康熙四十八年的进士303名，自己不可能全都认识，也从未与黄振国、邵言纶等见过面，且在广西任职时，也题参过多名与自己同年的进士，并没有袒护同年的事。至于黄振国，本来无病，是地方官说他有病，其中必定有想害死他的意思，即使不是田文镜主谋，也是地方官为迎合田文镜才这样做的。之后，世宗派钦差大臣到河南审理上述案件，查实了张球的各种贪婪不法行为，证明一开始田文镜确实在袒护张球。但世宗认定田文镜是受到下属欺蒙，而他本人也已认识到了这一点，他这样做并非出于本心，之后还做了改正。为了宽慰田文镜，要他安心办事，特地赐给他一些食物。世宗如此对待田文镜，使得河南

“通省臣民惊为异数”[1]。对这一案件，世宗告诉李绂，过错在他，不在田文镜，要他无须再辩解了。此时世宗还没有要整治李绂的意思，他亲笔书写唐朝魏征的《上太宗十思疏》颁赐给李、田二人。但接下来问题就变得严重了。

钦差大臣在河南审理黄振国等人时，河南管河道佟镇揭发田文镜所信用的道员陈世倕，还说汪諴是好官，他被人参革是冤枉的。要命的是，佟镇与隆科多是亲戚。世宗认为，是因为隆科多对田文镜不满，通过佟镇揭发陈世倕而攻击田文镜，怀疑他们联合起来针对田文镜，是在搞朋党活动。他又联想到黄振国曾在四川为官，是原任四川巡抚蔡珽的属下，曾被参革，受蔡珽保举后任信阳知州，而李绂与蔡珽关系密切，听到传闻后就为黄鸣冤叫屈，于是主观断定这些人在搞朋党。接下来发生的事则使世宗进一步确信李绂等人在搞朋党，而这正是世宗所不能容忍的。

随钦差大臣前往河南审理案件的浙江道监察御史谢济世上疏弹劾田文镜，列举了十条罪状，称其“营私误国，贪虐不法”。世宗将其奏章掷还，并说田文镜秉公持正，他担保其并无贪赃坏法之事。他质问谢济世，在天下督抚中，他独参田文镜，安的是什么心？他认为，谢济世所说与之前李绂所奏完全一样，联想到谢济世是广西人，李绂又曾在广西做巡抚，遂断定二人早有勾结，谢济世参劾田文镜是受李绂指使，下令将谢济世革职严审。审讯中，当审讯人问受何人指使，谢济世回答受孔、孟指使。被拷打时，他大声呼喊“圣祖仁皇帝”。之后，朝臣奏报，谢济世自认所参各款“风闻无据”，但并不承认是受人指使，应拟斩立决。世宗最后认定，黄振国等被参之后，蔡珽为之党援，李绂为之陈奏，谢济世为之翻案，他们勾结党援，造作蜚语，扰乱国政，诬陷大臣，传旨将黄振国斩立决，汪諴处以斩监候，邵

① 《朱批谕旨》卷126，《田文镜奏折》，雍正四年九月十八日折。

言纶发边卫充军，谢济世革职，发往阿尔泰军前效力赎罪。虽然李绂、蔡珽没有随谢济世等一起被处理，但世宗对二人已有成见，之后便找一些诸如荐人不善的理由"修理"二人。廷臣议定李绂有罪二十款，免职，令其在纂修《八旗志》书馆效力；蔡珽有罪十八款，斩监候，财产入官。对李、蔡二人的处理，时在雍正五年秋冬。事情差不多过去两年，雍正七年六月，谢济世突然在阿尔泰军营供认，他当年参劾田文镜是受李、蔡二人指使。谢济世是被逼而招认，于是世宗便旧事重提，明确指责李、蔡、谢等结为科甲朋党，将李、蔡下刑部严审，令谢济世充当苦役。到乾隆帝即位后，认为此案定罪牵强，于是恢复了李、谢的官职，释放蔡珽。

李绂指责和弹劾田文镜，是由他的身份和意识所决定的。李绂是当时著名的学者，大学士、理学家李光地曾说，六百年来没有人能超过欧阳修和曾巩，而李绂则大有希望。当时的文坛领袖王士祯说，放眼当下文士，没有一个顶得上李绂[①]。李绂性格刚直耿介，生性好辩，即使对皇帝也是这样。参劾田文镜之事，世宗已明确告知错误在他，不在田文镜。而他继续辩解，惹得世宗很烦，说他以"喋喋之辞而见轻于朕"[②]。清代文学家袁枚在《小仓山房文集》卷27记载，有两次在处决囚犯时，世宗命将李绂捆绑后一起押赴刑场，刽子手把刀架在他的脖子上，问他现在是否知道田文镜的忠心和公正。李绂泰然说，我很愚笨，到死也不知道田文镜的好处。此事的真实性倒不好说，但这一方面反映了世宗的刻薄，另一方面也可看出李绂的性格。在当时"天下方轻读书人"的氛围下，对非科甲出身的田文镜刻意排挤科甲人的做法，虽然事不关己，但李绂站出来指责，是很自然的事，他是想要维护科举出身官员的利益，为他们争得地位和名誉。谢济世等也是出于同样的

① 李绂：《穆堂别稿·安常序》。

② 《朱批谕旨》卷22，《李绂奏折》，雍正四年七月初一日折。

想法而追随其后。蔡珽则完全是因与李绂关系密切而被世宗强牵进来。李、蔡、谢等人实际上并未形成朋党，但田文镜说有人参劾他，是因为他得罪了科甲之人，很有可能他们形成科甲朋党在针对他。世宗便主观认定李、蔡、谢等人结党，扰乱国政，并予以打击。他的目的是要借此压制科甲出身的汉人官员，整顿吏治，改善攀附夤缘的社会风气，这从之后事态的发展看，表现得十分明显。由李绂弹劾田文镜而引发的案件，只是世宗打击科甲朋党的开端。

整治科中　修改制度

由李绂、谢济世之事，世宗认为科甲朋党情况已非常严重。雍正四年（1726）十二月十二日，就在处置谢济世后的几天，世宗发出上谕："尔等汉人，于同年师生之谊，党比成风。平日则交相固结，有事则互相袒护，夤缘请托，背公徇私。""师生同年之联络声气，徇私灭公，惑人听闻之邪说，其害于世道人心者更大。""若科目出身者徇私结党，互相排陷，必至扰乱国政，肆行无忌。"[①]他将科甲中党援积习与国政、吏治和世道民心相联系，认为无论是从纪纲法度，还是从风俗人心看，对这种现象都不能再手软，必须加以整饬，"科甲之习一日不革，则天下之公理一日不著。尔等当豁然醒悟，庶可使历代相沿之弊习廓然顿除也"[②]。他甚至说即使因此而落得个不重视科甲的恶名，直至废除科举，他也在所不惜。他认为这种风气唐宋以来就已存在，到明代流弊犹深，存在千年的朋比党援积习，到了不得不清除的时候了，提出要将科举和官场中的"唐宋元明积染之习果能尽行洗

① 《上谕内阁》，雍正四年十二月十二日谕。

② 《清世宗实录》卷87，雍正七年十月乙丑。

涤”[1]。此后，一系列打击和压抑科甲人的行动便随之展开。

同样在雍正四年，时任云贵总督的杨名时在题本中误将奏折中世宗的朱批写入，违反了奏折的规定，世宗便以此对其严厉训斥，说他是有意为之。杨名时是理学名臣李光地的得意门生，康熙三十年（1691）中进士，在读书人中享有很高声望，即如大学士朱轼、张廷玉等都将其尊为前辈，拜服尊重。世宗原很看重杨名时，说他是“有名人物，汉人领袖”，并称海内如他这样的人已经很少了，所以即位后将他从贵州布政使升为云南巡抚，后又晋为云贵总督。在此之前，杨名时泄露密折内容，世宗也没有处置他，仅是暂停其密折奏事的权利，不久就恢复了。但就在世宗整治科甲朋党之时，“伊挺身乐为领袖”，对抗世宗，如世宗所说：“杖伊向来夙望，必固其党庇恶习，抗违朕意。”[2]这使世宗大为恼怒，说若不惩治他，“恶习万不能革”。因而将其错误放大，蓄意责辱他，惩治他。

雍正四年，世宗调江南布政使鄂尔泰为云南巡抚，命鄂尔泰以云南巡抚的身份管理云贵总督事务，而以云贵总督杨名时管理云南巡抚事务，使2人名实颠倒。雍正五年（1727）闰三月，又将杨名时由云贵总督降为署理云南巡抚，并暗示要召他回京。此时杨名时奏请用盐务盈余银修浚洱海河道。这原是他的职责范围内应行之事，程序也没有问题，是再正常不过的事。但世宗却大加责难，说他为何早不提出，而偏偏在离任前提出，分明是想借此给自己留个好名声，而且奏请办理不用密折，而用公开题本，是想让人人都知道，并认为他不愿把好事留给后任，是沽名钓誉，指责他是在云南巡抚之任七年，但以谄媚地方官民为事，而民生之休戚，吏治之得失全不置问，一味虚假诈伪，以求众人之欢悦而称道之，存心插鄙，无耻之极！责罚他自

① 《雍正朝起居注》，雍正五年二月初三日条。

② 《雍正朝汉文朱批奏折汇编》第十一辑，雍正六年二月初十日云贵总督鄂尔泰《奏为钦遵圣谕并抒愚小困事折》，中国第一历史档案馆，第859页。

己出资修浚洱海河道，即使他死后，子子孙孙继续承办，并撤销他的职务，待罪云南[1]。同年秋天，新任云南巡抚朱纲参奏杨名时任内亏空钱粮仓谷，世宗命刑部侍郎黄炳会同朱纲审理。审理中，朱、黄二人奏称杨名时不老实交代，要求动刑，后在云贵总督鄂尔泰的阻止下才未实施。后来查明亏空是布政使常德寿所为，但世宗却指责杨名时身为巡抚，不加弹劾，是乐意自己承担责任，因此勒令他赔补亏空，而对实际亏空的常德寿没有做任何处理。在做出上述处理的同时，世宗还不忘指责杨名时袒护科甲之人，说他在任七年仅只参劾过一个进士出生的知县，是“只图一己之虚名，而不知纲常之大义”。次年正月，世宗命杨名时进京，并特谕地方官民，不许以礼待他，不许为他鸣不平，不许造作谤语、揭帖，而“应相率而贱辱之”。世宗说杨名时辈沽名钓誉，加以莫须有的罪名，故意整治像他这样的科甲领袖，是有意要打压读书人，在精神上折磨他们，但搞得太过分，简直是恶作剧，并未得到世人的认可。世宗去世后，高宗便召杨名时进京，沿途受到官员和百姓礼遇，争相睹其风采。

世宗不仅蓄意打击李绂、杨名时等科甲领袖，凡对科举进身之人，只要有过失，便予以严惩，特别是对科甲人之间的徇私包庇，处理尤重。这方面事例很多，不便一一赘述。要强调指出的是，世宗借打击科甲朋党，修改和制定了几项制度：1. 开捐纳之门。规定除道、府、同知等不准捐纳外，其余通判、知州、知县及州同、县丞等官都允许捐纳；2. 改变科道、吏部司官专用科目出身者的旧例。规定给事中、御史、吏部司官出缺，不仅科甲出身者，贡生、监生也可补缺；3. 定师生回避及徇庇处分条例。中国封建社会，为规避官员请托徇情，有回避的规定，如地区回避、亲属回避等，但从没有

① 《雍正朝汉文朱批奏折汇编》第十一辑，雍正六年二月初十日云贵总督鄂尔泰《奏为钦遵圣谕并抒愚小困事折》，中国第一历史档案馆，第860页。

师生回避之例。雍正七年（1729），世宗谕令，知府、知县间若为师生，应行回避，司道以下谊关师生者应详明督抚，督抚中有此情形者应报吏部，以便监督。随后，又规定师生馈送徇庇，道府对州县失察，督抚、两司对道府失察，要加以议处。

世宗以打击科甲朋党而清理千百年来官场的积弊和陋习，有其积极的意义，但是把科举出仕的汉人确定为主要打击目标，并主观推定他们结党，刻意整治、责辱他们，制造出一些冤案，反映出他猜疑、刻薄的性格，也是他急于求治思想的体现。

曾静指世宗「十大罪名」

曾静案发　出奇料理

雍正六年（1728）九月，发生了一起惊天大案——曾静案。地处湘鄂交界偏僻之地的湖南永兴县，一个名叫曾静的穷秀才，派遣他的弟子张熙到西安川陕总督衙门，向川陕总督、宁远大将军岳钟琪投递由曾静亲撰的《生员应诏书》。据《大义觉迷录》记载，曾静指责满人入主中原，是由于“明君失德，中原陆沉，夷狄乘虚入我中国，窃据神器”，将满洲统治者斥为夷狄，骂他们是禽兽，“孔雀翎，马蹄袖，衣冠中禽兽”，强调“华夷之辨”，攻击清朝的统治，并给世宗定了“谋父、逼母、弑兄、屠弟、贪财、好杀、酗酒、淫色、怀疑诛忠、好谀任佞”等十大罪名，说他是一个违背人伦的暴君，并以历代汉族统治者和文人士大夫所具有的“夷夏之大防”观念，鼓动作为岳飞后人的汉人岳钟琪利用手中掌握的重兵反叛清朝的统治，替祖宗报仇，恢复汉人江山。此事一出，川陕总督岳钟琪意识到事态的严重性，一面立即奏报世宗皇帝，一面会同陕西按察使硕色提审张熙，希望找出幕后指使之人。开始时，张熙坚不吐供，后来岳钟琪诱骗他，说自己早有反清的打算，并对其赌咒发誓。张熙相信了岳钟琪，遂将受其师曾静指派的实情说出。

清世宗接到岳钟琪有关曾静案的奏报，“惊讶堕泪”，说梦中亦未料天下有人如此议论他。他一面命令详审此案，务必追查出言论的来源，一面思考如何应对。案件很快就弄清楚了。曾静出身于书香之家，颇有些才气，人称“蒲潭先生”，因穷困，未续考举人，以在家开馆授徒为生，案发时已50岁。曾静受清初学人吕留良思想影响较深。吕留良生于明崇祯二年（1629），卒于康熙二十二年（1683），浙江石门人，明清易代，他仍坚持亡明的立场，强调“华夷”的不同，不承认清朝的统治，拒绝为清朝服务。康熙十八年（1679）清廷开博学鸿词科，吕留良誓死不去应试，第二年，地方官又以山林隐逸举荐他出仕，他仍坚辞不受，为避免被纠缠，干脆削发为僧。吕留良的学术声望、气节以及政治主张影响十分深远。曾静师徒是吕留良思想的追随者和崇拜者，张熙向岳钟琪投书之时便随身带着吕留良的诗册，还说去过吕家，见过吕的弟子。作为传统的读书人，曾静师徒有着浓厚的经世济民思想和以天下为己任的抱负，因此当社会上流传当今皇上失德的消息，联系满汉矛盾，他们认为这是推翻清朝统治、恢复汉人江山的大好时机。他们投书岳钟琪，鼓动其反清，是因为他们主观认为岳钟琪是岳飞的后人，是汉人，手中又拥有重兵，有这样的能力和条件。加之岳飞是抗金英雄，宋代时岳家就与满族的先人金朝女真是仇人，岳钟琪作为其后人，更不应该侍奉仇人的后代。又听说当今皇上以岳钟琪权重，防范他，怀疑他，便想当然地认为岳钟琪一定会造反。他们把恢复汉人统治的希望寄托在岳钟琪身上。

官府很快便将曾静逮捕。到案后，曾静供称他给世宗所定“十大罪名”是在家乡听人说的。经过一番缜密的搜寻，官府最终认定散布流言的根源来自允禩、允禟等人的奴仆、太监及追随者，是他们在被发遣黔粤烟瘴地方时，在沿途散布的。曾静案告破，世宗决定对该案做一番出奇料理。

雍正七年（1729）九月，世宗命令将有关这一案子的审讯记录和有关他为此案发出的上谕编辑在一起，附上曾静等人的口供和曾静被捕后为悔罪而写就的《归仁录》，汇编成《大义觉迷录》，广为刊发，颁给全国各府州县学，由学官带领士子阅读，并要求地方官向民众广为宣讲。如果读书人不知此书，一经发现，定将本省从学政到州县教官从重治罪。他把整个案件发生和处理的过程，连同曾静对他和清朝统治的指责和咒骂一起公布于天下。他要向世人揭示曾静以及允禩党人是如何捏造谣言污蔑他的，以证明自己的清白。世宗这样做，体现出他具有非同寻常的胆识。因为他所公布的内容，即便像他说的全部都是污蔑捏造之词，对皇帝的神圣形象都会有损害，何况人们未必会认为这些全部都是假的。现在人们认为世宗篡位、夺嫡，主要材料正是来自《大义觉迷录》。世宗不怕人们议论、怀疑，他常说："朕就是这样的汉子！"而在该书中，世宗针对曾静指责攻击他的"十大罪状"，一一进行了辩解，旨在说明他嗣统的合法性与所行初政的正确性，并对吕留良等的"夷夏大防"观进行驳斥，为后世存留下了具有深远影响的新型"大一统"理论和天下一家的观念，体现出这本书的另外一种价值。

在《大义觉迷录》中，世宗接连质问："天下一家，万物一源，如何又有中华夷狄之分？……九州四海之广，中华处百之一，其外东、西、南、朔，同在天覆地载之中者，即是一理一气，岂中华与夷狄有两个天地乎？圣人之所谓万物育者，人即在万物之内，不知夷狄在所育之中乎？"进而批驳曾静的"华之与夷，乃人马物之分界，为域中第一要义""人与夷狄无君臣之分"等观点，认为汉族与边疆其他民族，不是人与兽的区别，只是籍贯不同而已，"本朝之为满洲，犹中国之有籍贯"，反对以地域划分内外，以地域而分华夷，主张不分华夷，天下一家，中外一体。天下是天下人的天下，至于由谁主宰天下，不是看他来自何地，是哪一个民族，而要看他是否具有仁德，“惟有德者可为天下君”，说这是“自古迄今，万世不易之常经”。把是否具有仁德作为选择君王的政治标准，而不是以地域、民族来判定。世宗以虞舜、周文王为例，说：“舜为东夷之人，文王为西夷之人，曾何损于圣德乎？”他还引用《尚书》中“皇天无亲，惟德是辅”一句，说有德者君临天下，是得到皇天所赐佑的。满族人做了皇帝，是因为“上天厌弃内地无有德者，方眷命我外夷为内地主”。主张“华夷”无别，不分地域，德者坐天下，以说明满族入主中原、统一全国的合理性。即以疆域的辽阔和“大一统”的规模而言，世宗说“汉、唐、宋全盛之时，北狄、西戎世为边患，从未能臣服而有其地，是以有此疆彼界之分”，而“明代之君，……先有畏惧蒙古之意，而不能视为一家，又何成一统之归？”认为清以前历代的“大一统”，并未将“四夷”等少数民族纳入国家“大一统”之内，只是维持形式上的统一，却没有实现华夏一体化的“大一统”。而清朝疆域辽阔，成就了一统的规模，“普天率土之众，莫不知大一统在我朝，悉臣悉子罔敢越志者也”。真正实现了“合天下为一家，视异代而无外”的春秋大一统理想，万民皆当庆幸，而不能再分“中外”和“华夷”。“世祖君临万邦，圣祖重熙累洽，合蒙古、中国，成一统之盛，并东南极边番夷诸部俱归版图。是从古中国之疆宇，至今日而开廓，凡属生民，皆当庆幸者，尚何中外、华夷之可言哉！”清世宗认为清朝是中国历代统绪的延续。他认为清朝入主中原，统治中国，承袭的是历代以来的正统，是合法的继承者，因为“我朝崛起于东海之滨，统一天下，所乘之统，尧舜以来中外一家之统也；所用之人，中外一家之人；所行之政，礼乐征伐，中外一家之政也”。在“大一统”之下，实现中外一体，天下一家，不分地域，不分民族，皆在一个国家、一个君王的统治之下。君主要修德行仁，而官员百姓，无论“夷狄”，都要恪守伦常，知道尊君，“知君臣上下之礼”“明顺逆之义”，因为“人与天地之间，最重者莫如伦常。君臣为五伦之首，较父子尤重，天下未有不知有亲者，即未知有君者”。如果再讲华夷之辨、中外有别，就是“逆天悖理，无父无君”，这样的人何以存立于天地之间！

清世宗所论述的“大一统”理论，强调摒弃狭隘的地域和民族偏见，在“大一统”的中国版图和疆域范围内，华夷同风，满汉一体，中外一家；普天之下只有一个共主，德者做天下，只要修德“中外”，无论“夷狄”，都可君临天下。虽然他的主张更多地是为清朝统治的合法性寻找理论根据，但不可否认的是，他的这些思想和主张，已经初步具有了统一多民族国家的观念，符合中国统一多民族国家的历史发展趋势，具有重大的意义。

清世宗对曾静案的出奇料理，还体现在他对曾静师徒的处理上。雍正七年十月，世宗宣布宽免曾静、张熙，让地方官带着他们到各地宣讲，现身说法，歌颂皇帝，并承诺不但自己不杀他们，“即朕之子孙将来亦不得以诋毁朕躬而追究诛戮之”。但乾隆帝即位不久，即将曾静师徒处死。对吕留良等人，世宗则加重处罚。命令将吕留良的著作全部焚毁，将大学士朱轼等批驳吕留良的文字刊刻成书，遍颁各地学官；吕留良及其子吕葆中、弟子严鸿逵，虽已过世，仍戮尸枭示；吕留良的另一个儿子吕毅中、再传弟子沈在宽斩立决，吕留良和严鸿逵的众多亲属，被发遣宁古塔（今黑龙江宁安）给披甲人为奴，家产没官。与这个案子有牵连的许多人，包括刻书人、藏书人等均受到株连。

据清代的相关史料记载，曾刊刻过吕留良著作的江宁人车鼎丰、车鼎贲兄弟，一日饮酒，酒杯系明代所造，底部有款识，鼎丰将酒杯反过来，说“大明天下今重见”，意谓恢复明朝统治。鼎贲听后，把酒壶挪在一旁，对以“又把壶儿搁一边”，利用“胡”“壶”同音，意谓抛弃清朝统治，结果两兄弟被判斩监候。湖南浏阳县《朱姓家规》中，有“侏离左衽，可遍华夏”句，地方官怀疑有讥讽满人之意，并怀疑朱家与曾静是一党，朱家差点因此而遭祸。张熙投书岳钟琪时，曾说起过有一位叫屈温山的广东人，诗文很好，也不出仕为清朝服务，令人敬佩。署理广东巡抚傅泰，从屈温山的名字，便联想到康熙年间的广东籍著名学者屈大均，他的号即为“温山”，认定屈温山就是屈大均，并在其诗文中发现“多有悖逆之词”，凡遇明朝称谓，俱空抬一格，表示尊奉。屈大均的儿子屈明洪获得消息，遂自动投监，交出其父诗文集刊版，但仍被流放福建，屈大均诗文遭到焚毁。康熙朝刑部尚书徐乾学之子徐骏，其诗文中有“明月有情还顾我，清风无意不留人”句，被认定为讥讪悖乱言论，照大不敬律斩决，文稿焚毁。宛平县丞吴茂育，著有《求志编》，书中只用干支纪年，将“雍正元年”纪为“癸卯年”，被人告发，受到惩处。还有一案，福建上杭县童生范世杰，投递呈词，指斥曾静，歌颂皇帝，说世宗在即位之前，仁孝有加，授受之际，“三兄有抚驭之才，钦遵父命，让弟居之。而圣君不敢自以为是，三揖三让，而后升堂践天子位焉”。他本想以此说当今世道堪比三代，世宗与诸兄弟和睦，得位正当，没有曾静指责的弑兄屠弟的事。他本以为会得到赏识表彰，不料被拘捕审讯。承审官问他所说“三兄让位”是什么意思，是不是指皇三子允祉有抚驭之才，应该当皇帝？范世杰供，他知道世宗叙齿排列第四，他上面有三位兄长，他不是长子，他即位，必定是三位兄长让位于他。所谓“三兄”，指的不是三阿哥。说三位兄长有抚驭之才，也不是真的知道，只是想皇上家的龙子龙孙自然都是有才的，他们让位，说明当今皇上才干过人。范世杰利令智昏，胡乱编造，差点为此掉了脑袋，也说明当时附会穿凿，文网之酷烈。

行文字狱　手段残酷

其实雍正朝的文字狱，并非起于曾静案，之前就已存在，与年羹尧和隆科多有牵连，许多人均是因文字而招祸，相关情形，见于萧奭《永宪录》《掌故丛编》等。曾静案出，文字之祸蔓延，又牵连许多人。

汪景祺案。浙江钱塘举人汪景祺，乃一狂士，于雍正二年（1724）初投奔年羹尧心腹胡期恒，因而得见年羹尧，并与之亲近。他上谀辞，称年羹尧是“宇宙之第一伟人”，颂其功绩“盖自有天地以来，制敌之奇，奏功之速，宁有盛于今日之大将军乎”[①]！他在年羹尧的军营中写成的《读书堂西征随笔》一书，有“皇帝挥毫不值钱”句，又非议康熙的谥号和世宗的年号。在其所著《历代年号考》中，他说雍正年号里的“正”字，有“一止之象”，而之前年号中带“正”字的，如金哀宗的“正大”、元顺帝的“至正”、明英宗的“正统”、明武宗的“正德”，都享年不永，不是吉兆。年羹尧奏功西北，他作《功臣不可杀》一文，认为功臣奏功，会引起人主疑、畏、怒、怨之四心，使得功臣“进不得尽其忠节，退不得保其身家，抚驭乖方，君臣两负”，唯有一死而已。汪景祺所作文字在查抄年羹尧家时被发现，世宗见后大怒，称其“悖谬狂乱，至于此极”。而年羹尧不仅未将汪景祺的悖逆之书上报，还私藏在家，便成为年羹尧92条大罪款之一，排第二条。而对汪景祺，世宗则照大不敬律将其处斩，其亲属、族人遭到株连，妻子发遣黑龙江给披甲人为奴，兄弟子侄，有官位的全部革职，均发往宁古塔，五服以内族人，为官者，无论现任、后任，皆革职，押解回原籍交地方官管束。

钱名世案。江苏武进人钱名世，字亮工，康熙三十八年（1699）中举，四十二年（1703）中鼎甲，颇富文名，与年羹尧为乡试同年。雍正二年（1724），年羹尧进京陛见，钱名世赋诗赠他，内中有“分陕旌旗周召伯，

① 汪景祺：《读书堂西征随笔》卷3，雍正三年四月十五日《上抚远大将军太保一等公川陕总督年公书》。

从天鼓角汉将军”和“钟鼎名勒山河誓，番藏宜刊第二碑”的句子。第一句是赞扬年羹尧的地位和神勇，第二句是说，当年十四阿哥允禵平藏有功，康熙皇帝立碑纪功，年羹尧平青海，也应勒石纪功。在此之前，有人就提出过要为平定青海勒石纪功的建议，世宗未同意，说康熙朝入藏是开辟之功，平定青海只是平叛，不足以立碑。

钱名世的诗词，本是文人间的应酬之作，但他与年羹尧是同年关系，说出此话，世宗认为是别有用心，违背圣贤之教，是无耻文人的钻营行为，遂“以文词为国法”惩治他，将其革职，遣回原籍，并亲书“名教罪人”。读书人都是名教中人，被指为“名教罪人”，对一个读书人来说是奇耻大辱。世宗命地方官将“名教罪人”制成匾额张挂于钱家住宅门首，让他天天看到，天天锥心，忍受心灵的煎熬，以为诛心之刑。世宗还命令在京的科甲官员每人作诗一首羞辱他，并将这些诗辑为册子，发给钱名世看，然后刊刻出来，分发给各直省的学校，要士子们学习。世宗对符合圣意的诗词给予表扬夸赞，对违背圣意的，或敷衍应付的，则大加挞伐处分，甚至降罪处罚。詹事府詹事陈万策诗中有“名世已同明世罪，亮工不异亮工奸”之句，意思是钱名世与之前因作《南山集》的戴明世罪行一样，都是叛逆之罪；钱亮工即钱名世，是与顺治朝被弹劾入狱的周亮工一样的奸伪之人。一些人所作的诗“浮泛不切”，被勒令重作。侍读学士陈邦彦、陈邦直，以诗作“谬误舛错”，被革职发回原籍；侍读学士吴孝登诗中“用意措辞俱属悖谬”，被发遣到宁古塔给披甲人为奴，对他们的处分竟然超过当事人钱名世！

查嗣庭案。浙江海宁人查嗣庭，康熙四十七年（1708）进士，后得到隆科多的推荐，出任内阁学士，再经蔡珽举荐，兼礼部侍郎。雍正四年（1726），世宗任命查嗣庭为江西乡试正考官，后被人告发其所出试题荒谬，世宗认为他与汪景祺是浙江老乡，可能会是一党，下令将其逮捕入京。人们流传他所出试题为“维民所止”，“维”“止”二字，将“雍”“正”

二字上面的笔画去掉，意思是要斩去雍正的脑袋，因而获罪。但据史料记载，查嗣庭所出试题中有选自《易经》的“正大而天地之情可见矣”和选自《诗经》的“百室盈止，妇子宁止”，以及“其旨远，其辞文”句。世宗把“正”“止”二字联系起来，再联想到汪景祺所说的“一止之象”，认为这是诅咒他，诅咒大清王朝，其如此出题绝非“出于无心”。更严重的是，查嗣庭是受隆科多、蔡珽荐举之人，世宗遂将查嗣庭与隆、蔡二人扯上关系，在隆科多的41项大罪中，“保奏大逆之查嗣庭”便是其奸党罪之一，而蔡珽同样得到“交结大逆不道之查嗣庭”的罪名。所以，尽管查嗣庭被捕不久即死在监狱中，世宗仍命令将其戮尸枭示，其亲属和相关人员受到株连。

因为出了查嗣庭、汪景祺案，而他们又都是浙江的文人，因此世宗认为浙江一地虽然文风鼎盛，但风俗“浇漓”敝坏，这些浙江文人“挟其笔墨之微长，遂亡纲常大义，则开科取士又复何用”[①]？遂于雍正四年（1726）十一月，宣布取消浙江乡、会试，生员岁考则照旧举行，并向浙江派遣观风整俗使，以促使其风俗转化。直到雍正八年（1730），在世宗的宠臣、浙江总督李卫的请求下，才恢复了浙江的乡、会试。

陆生柟案。出身举人的广西人陆生柟，被选授为江苏吴县知县，引见时，对世宗的提问不能对答，被改授工部主事，而再次引见时，世宗认为其态度傲慢，又以他是广西人，遂主观认定他“平日必有与李绂、谢济世结为党援之处”，下令将其革职，发配阿尔泰，与谢济世一起在军前效力。并叮嘱前往军营的顺承郡王、振武将军锡保，像谢济世、陆生柟这些在军前效力的汉官，有可能会私自著作以发泄，要其监视他们。

雍正七年（1729）五月，锡保奏报陆生柟在军中撰写成《通鉴论》17篇，其中“抗愤不平之语甚多，其论封建之利，言辞更属狂悖，显系诽议朝

① 萧奭：《永宪录》卷4，第321页。

政”[1]。陆生柟在其著作中认为，封建制度是行之万事而无弊的良规，废除它或不遵循它都会对社会造成祸害，现今这种祸害尤其猛烈，而这都是由于推行郡县制所造成的。此外，陆生柟还说到历史上的“建储”“人主”“相臣”“武臣”“兵制”等问题。陆生柟作为一个文人官吏，读了一些史书，就一些问题表达自己的看法，有的看法纯属书生意气，迂腐落后，不免偏颇。如把封建制度看成是行之万事而无弊的良规，就不符合中国社会发展的规律；有的论题触及雍正朝的敏感政治，如“建储”“君臣关系”等。世宗阅读《通鉴论》后，勃然大怒，说陆生柟“借古人之事儿，诬引古人之言论，以泄一己不平之怨怒，肆无忌惮”！并针对陆生柟的观点逐条辩驳。他认为，无论是实行封建制还是郡县制，是由“时势”所决定的，唐代柳宗元的“公天下自秦始”的观点是正确的，因为三代以前，诸侯有土地，那时封建制就是公天下，而秦汉以后，土地属于天子，如行封建制，便会产生私心，因而以郡县制为公天下。自古中外一家，秦朝统一中国，元代将塞外纳入一统的范围，清朝“大一统”的规模更加宏伟，“东西南朔，声教所被，莫不尊亲”，说明郡县制优于封建制，反对陆氏分封的观点。他还指责陆生柟在论及君臣关系时所说的“蓄必深，发必毒”，把世宗比作隋炀帝、秦始皇一样的暴君，这是“指阿其那等而言”，是影射世宗对八阿哥允禩下手太狠毒，等等。

雍正七年底，世宗下令将“狂悖恶乱”的陆生柟于军前正法。在处决陆生柟时，世宗还下令将谢济世与陆生柟一起绑缚刑场，待处死陆生柟后，再宣布将其赦免。世宗斩杀以文字获罪的陆生柟，又以多种手段折磨、羞辱谢济世，体现出他性格中狠厉的一面。

① 《清世宗实录》卷83，雍正七年七月丙午。

三

创新制度 权归一人

强化对八旗的控制

削夺诸王权力　弱化主奴关系

八旗制度是清王朝立国的一项根本制度。在这一制度下，宗室王公的地位很高，君权受到一定程度的抑制。清太祖努尔哈赤创建八旗制度，每旗旗主由他的子侄分任。虽然努尔哈赤是八旗共主，但军国大事，仍要由八旗旗主共同商决，这就是所谓的“八王议政”。旗主与旗人为主奴关系，旗人听旗主调遣，唯旗主之命是从，与共主则是间接关系。清朝前期，封建中央集权制艰难而曲折地向前发展。清太宗皇太极称帝，改“后金”为“清”，他对皇权受制于旗主十分不满，展开与旗主贝勒的斗争，实施了一系列抑制旗主贝勒的措施，并控制了正黄旗、镶黄旗、正蓝旗三旗，开天子自将三旗的先河。顺治、康熙两朝，继续致力于解决皇权与旗主之间的矛盾。世宗即位时，虽然旗主、王公的权力与清朝开国时相较已有所削弱，但他们仍然保有很大一部分特权，特别是下五旗[1]，旗主与旗人的隶属关系依然存在，他们中有相当一部分与八阿哥允禩集团关系密切，对清世宗登极并非心悦诚服。因此，世宗开始有步骤地采取措施削夺诸王权力，弱化旗主与旗人之间的主奴关系，以强化天子对八旗的控制，推进君主集权。

康熙六十一年（1722）十一月十七日，世宗还未正式即位，便下令停止下五旗王公将所属旗下京官、外官子弟“挑为包衣佐领”的情况，称若有特殊情况，须奏明请旨后再为挑选。雍正元年（1723）正月，下令严禁上三旗大臣、侍卫等“在诸王门下行走”。世宗说，以前诸王对旗下属人尚知恩抚，而我的兄弟们“分给包衣佐领之人既少，而差役复多，其余诸王亦从而效之”[2]。针对他们滥行差役属人的情况，命令将原在诸王、阿哥门下看守、行走的下五旗官兵拨回该旗下当差，并斥责下五旗王公挟制为外吏的旗员，不体恤门下人，对他们分外苛求，或纵容门下管事之人肆意贪索。因此，于雍正元年七月，下令禁止下五旗王公于所属佐领内滥派差役，除规定过的一些职位可挑选所属旗分人员充任外，如护卫、典仪、亲军等，如用作其他官职，或派遣差役，必须列明请旨。同时规定，不许将属下旗员擅行治罪，或妄加残害，否则可令这些旗员脱离原旗主门下，等等。这些措施，部分削夺了旗主对旗员的人身控制，降低了旗员对旗主的人身依附关系，将旗员置于国家的管理之下。

雍正元年（1723），世宗为减弱八旗旗主与旗员的主奴关系，以正名分、崇君主，接受给事中硕塞的建议，命令将“固山额真”改为“固山昂邦”。“固山昂邦”即汉语所称“都统”，在满语中“额真”意为“主”，“昂邦”意为“总管”。这种变化，表明天下只有一个主人——皇帝，都统

① 八旗中，正黄旗、镶黄旗、正白旗为上三旗，其余镶白旗、正红旗、镶红旗、正蓝旗、镶蓝旗为下五旗，正蓝旗与正白旗的上下转换是在顺治时期完成的。

② 《雍正朝起居注》，雍正元年七月十六日条。

已不再是旗主的意思，与旗员一样，都是皇帝的臣民，从观念上革除了旗主与旗员的主奴关系。但新的问题又随之产生。康熙朝后期，为削夺下五旗旗主王公的权力，圣祖派遣皇七子胤祐去管理满洲、蒙古、汉军正蓝旗三旗旗务。皇子管理旗务，称为管主，因其身份崇高，原来的都统都得唯命是从，有利于增强皇家对下五旗的控制。因此，世宗即位后，仿效他父皇的做法，派遣其信任的康亲王崇安管理满洲、蒙古、汉军正蓝旗三旗旗务，果亲王允礼管理满洲、蒙古、汉军镶红旗三旗事务。这些亲王既为管主，就可以其特殊的身份，影响所管之旗的都统、佐领、旗员，形成新的主奴关系。雍正四年（1726），都统五格仍将获罪的九阿哥允禟称为主子，世宗异常愤怒，发出狠话："上三旗风俗，只知有君上，后因下五旗之人与上三旗之人并用，遂染下五旗卑微之习。然从前下五旗之人虽各有该管之主，而其心亦只知有君上，不知有管主也，何至今日遂苟且卑靡以至于此？……古人云：天无二日，民无二主。臣子之于君上乃天经地义，苟怀二心，而存游移瞻顾之念，即为乱臣贼子，天理国法岂能容乎？"①世宗不仅要从观念上改变八旗中存在的主奴关系，还要从组织上加以完善。雍正六年，不再令崇安、允礼等管理旗务，之后，命"庄亲王允禄管理镶白旗满洲都统"，再后来，又进一步明确，改"命庄亲王允禄管理正红旗满洲都统事务"，平郡王福彭"管理镶蓝旗满洲都统事务"。让亲王、郡王"管理都统事务"，实际上是做兼职都统，与之前的管主"管理旗务"性质发生了根本改变。这些管理都统事务的亲、郡王不再是管主，而是一旗的长官，是一种职务，这一职务由皇帝临时任命，不能世袭，与所管旗员之间自然也就不再具有主奴关系。至此，对于八旗的统制，皇权取得了绝对的支配地位，原来旗主王公的权力基本被削夺了。与此相配合，增设八旗都统衙门，规制与部院衙门相同，将八旗都统过

① 《清世宗实录》卷44，雍正四年五月乙巳。

去在私宅办事，改为在公所办事，一应档册、卷宗也按各部院相关要求处理，并派满洲御史二人稽查八旗一应事务，加大对八旗的约束、控制。

加强基层控制　强化宗室教育

世宗强化对八旗的控制，不仅限于高层，还特别重视基层。牛录是八旗最基层的组织，其主官称为佐领，职位虽然不高，但十分重要。牛录佐领大体上分为三类，一类称原管佐领，或称勋旧佐领，系清朝开国时率众归顺的满洲部族首领，被编为牛录，归入八旗，继续统领其部众。他们有功于清朝，因此佐领为家族世袭；一类称世管佐领，是早期率部众投顺后金政权的，佐领也为世袭；另一类称公中佐领，为便于管理一些投顺的散兵游勇而设，非世袭，由所在旗旗主王公于属下人中挑选担任。

雍正四年（1726），世宗以原管佐领、世管佐领中有许多年幼或衰老之人，他们愚昧无知，不能真正办事，可以继续给予佐领的俸禄，但不许再管理牛录事务，在该旗之中另外选择能办事的人代为兼管。这等于将原管佐领、世管佐领世袭罔替的特权给取消了。而针对公中佐领只得由该旗王公在该旗下之人选授的规定，世宗认为这样做不容易选到合适的人，于雍正八年（1730），命令用职官选授办法，以铨选的方法拣选，同样引见后补授，以尽量减少该旗王公与属下的私属关系。对旗缺的拣选、补授，也做了变更。

有清一代，对官员的选授实行缺分制，某一类职位只能由有特定身份的人充任。八旗的官缺，有旗缺、翼缺、公缺数种。所谓旗缺，是指只能由本旗人充任的职位；一旗之中又分左右两翼，翼缺则专属于该旗的某一翼人员所有；公缺则针对所有八旗之人。旗缺、翼缺只能在本旗、本翼人员内拣选，旗主王公或管主有很大的自主权，他们可以以此聚拢人心，使旗员对旗主感恩戴德，形成紧密关系。康熙初年，圣祖就注意到这一问题，也做了一些改进，但不彻底。雍正六年，世宗以铨选之法需要划一，将旗缺、翼缺中的许多职位改为公缺，使这些职位不再按旗、按翼升转，收回王公任用属人的权力，使旗主或管主对这些职位不能再有影响和干预。

世宗鉴于康熙时期的储位争夺使得宗室人中各怀私心，互相倾轧，把骨肉视为仇敌，以致“邀结朋党，专事钻营”，或骄奢淫逸，荡尽产业，种种恶劣风气，必须加以改变。而最好的办法就是教育，“必教以典礼伦常及治生之计，俾各好善恶恶，崇俭戒奢，方可谓教育有成”[①]。遂于雍正二年（1724）闰四月，下令设立宗学，按左右两翼各设一学，招收宗室子弟入学。六年（1728）设立咸安宫宫学，招收内务府包衣佐领子弟，并景山官学生内俊秀者入学。七年（1729）又在各旗设觉罗学，招收年龄在8岁至18岁的觉罗子弟，学习读书和骑射。

世宗一即位就采取措施改革八旗旗务，削夺旗主、管主的权力，强化对八旗的约束和控制，抑制、打击八旗和宗室内部的朋党。在族权与皇权的消长过程中，族权受到抑制，皇权得以巩固和加强，稳固了统治基础，有利于社会的长治久安，也使君主专制达到了高峰。

① 《清世宗实录》卷47，雍正四年二月辛卯。

台省合一

自秦汉以来，封建中央都设有监察的机构。清沿明制，设有都察院和“六科”两个各自独立的监察机构，合称“科道”，均为“耳目之官”。

都察院是中央监察机关，与“六部”平级，其主要职责为：“掌司风纪，察中外百司之职，辨其治之得失与其人之邪正；率科、道官而矢其言责，以饬官常，以秉国宪；率京畿道以治其考察处分辩诉之事；大政事下九卿议者则与焉；凡重辟，则会刑部、大理寺以定谳；与秋审、朝审；大祭祀则侍仪，朝会亦如之，皇帝经筵亦如之，临雍亦如之。”[①]其是中央监察文武百官、整饬纲纪的特殊机构，其主官为左都御史和左副都御史，右都御史和右副都御史是地方总督和巡抚的兼衔，给予他们监察地方的权力。

都察院设有若干“道”，按省划分检查机构，各道设御史。清初，以河南、山东、山西、陕西、江南、浙江六道为“掌印道”，各设掌印御史一员，称“坐道”，设监察御史一至二员协理，称“协道”，另设九道附于六

① 《（光绪）大清会典事例》卷69，《都察院》。

个掌印道之中，以监察各直省。直至乾隆十三年（1748），才明确“按省分道，专司稽查该省事务”[①]的原则，设十五道，以监察各直省。清末增设台湾省、新疆省和东三省，道也随之增至二十个。

“六科”是一个监察“吏、户、礼、兵、刑、工”六部的机构，每科各设给事中，为独立设置，不属都察院，职责原为“传达纶音，稽查庶政”[②]。各科的分工为：吏科，稽核人事，注销吏部和顺天府文卷；户科，稽核财赋，注销户部文卷；礼科，稽核典礼事务，注销礼部、宗人府、理藩院、太常寺、光禄寺、鸿胪寺、国子监、钦天监等衙门文卷；兵科，稽核军政，注销兵部、銮仪卫、太仆寺等衙门文卷；刑科，稽核刑名案件，注销刑部文卷；工科，稽核工程，注销工部文卷。另外一些重要事项，有些由某一科负责，有些则由“六科”共同负责。

“六科”所谓“传达纶音，稽查庶政”，也即是转达皇帝的谕旨、批示，查核奉旨交办事件的完成情况，如各部门和个人办理事件迁延迟误，或办理不善，即行参奏。六科给事中职位不高，但地位重要，因为它具有一项重要职权，即封驳权，“凡部、院、督抚本章，已经奉旨，如确有未便施行之处，许该科封还执奏；如内阁票签、批本错误，及部、院、督抚本内事理未协，并听拨正”[③]。皇帝对部院大臣和封疆大吏奏章的批示，如有不妥的地方，或难以施行之处，六科给事中可以“封还执奏”；如部院大臣和封疆大吏的奏章本身有问题，或者内阁票拟错误，也听其驳正。这样一来，上自皇帝，下至中央各部、院及地方封疆大吏，在对重大事件进行决策和执行中，“六科”给事中皆可行使封驳权。

“六科”和“十五道”，是清朝中央监察系统的核心力量，负责对中央

① 《（光绪）大清会典事例》卷1029，《都察院·各道》。

② 《清朝通志》卷65，《职官》。

③ 《（光绪）大清会典事例》卷1014，《都察院·六科》。

各部和地方直省进行监察，分别从不同的角度和侧面，进行单独或双重的监察，并各有侧重，故以“科道”并称，是清代监察机关的代名词。

“六科”具有封驳权，意味着可以向皇帝谏言，对皇帝的言行提出规劝和意见，对皇权有一定的约束。世宗认为，这样的规定，使得六科给事中邀誉妄为，他们“欲以进谏之美誉归之于己，以不能纳谏之名归之于君上”，其所思所为，“有害而无益”。因此，即位不久，世宗就以六科掌印给事中责任紧要为名，提出以后六科掌印给事中人选，交都察院公同拣选保奏，并提出了拣选办法：六科中各科掌印给事中员缺，由该科知会吏部，吏部开列各科不掌印的给事中名单送交都察院，都察院从中拣选出两人，并出具考语，再转回给吏部，由吏部缮写题本奏章呈送皇帝，题本要钤盖都察院的印信。这样做，意味着将六科给事中的选任和考核交给了都察院掌管，六科给事中成了都察院监察御史的属吏，六科给事中与都察院御史没有了区别，或等同于御史了。在唐代，六科所管之事属门下省，都察院则称为御史台。世宗将六科合并到都察院，此举在当时被称为“台省合一”。

明朝后期，言官以其特殊的身份，参与许多干预朝政之事。这样的情况，在清初已有所改变。圣祖曾指出科道言官风闻奏事以及他们干预朝政“系明末陋习”，曾有过一些限制措施，但不彻底。世宗则将其与朋党相联系，说“前明季世，一二新进后生窃居言路，遂朋比固结，挟制大臣，把持国政，以致国是日非”。打击朋比党援，是世宗的既定政策，科道言官参与缔结朋党，这是绝对不能容忍的，对六科官制进行改革，当然也有这方面的考量。

将六科划归都察院管辖，曾遭到一些人的反对。给事中崔致远反复上疏，明确反对这一做法。世宗说，这些科道官员不肯受都察院的堂官管辖，真是狂妄恣肆，是想扰乱国政，所以干脆下令取消科道官员密折奏事的权利，只许他们用本章奏事。

“台省合一”虽然没有明令取消给事中的封驳权，但由于“六科”地位的下降，其职责变为：“掌发科抄；稽查在京各衙门之政事而注销其文卷；皆任以言事；皇帝御门听政则侍班，御筵亦如之，临雍亦如之；朝会则纠其仪。”[①]虽然“六科”依然存在，但给事中的职权已等同于御史，给事中对皇帝的谏议之权实际上已被削弱，难以再对皇帝有所约束，但中央监察机构的力量得到增强，以此加大对诸王大臣的监察力度，使君权得到进一步强化。

① 《（光绪）大清会典事例》卷1014，《都察院·六科》。

四　完善密折制度措施

圣祖初创奏折制度

古代封建王朝的大臣向皇帝进呈的报告名目繁多。汉代以前，群臣上书皇帝，用章、奏、表、议四种，汉代以后又有疏、启、书、记、状、札、揭、封事等名目，这类文书，人们称之为章奏、奏议或奏疏。清朝承袭明朝的制度，官员有事向皇帝请示报告，如果是公事，写好后要加盖官印，称为“题本”；如果报告的是个人私事，不用盖印，称为“奏本”，两者合称为“题奏本章”，都属于上行的官方文书。题本和奏本都不能直接呈送皇帝，须先交送不同的机构转呈。题奏本章又分为两种，在京的中央各衙门进呈的通称“部本”，直接送交内阁；各直省督抚等官员递送的称“通本”，得先交给一个叫作通政司的机构，由他们转交内阁。内阁根据题奏本章的内容，先拟出初步意见，称为“票拟”。内阁收到本章，“票拟”好后进呈皇帝，皇帝审定后再发交回内阁，而后内阁将皇帝的意见用红笔誊录，称为“批红”，“批红”后由内阁下发有关部门及人员遵照执行。题奏本章的内容和周转程序都是公开的，毫无秘密可言，臣工想报告一些不便公开的机密事务，或皇帝想了解一些隐秘事情，都不可得。

奏折制度产生于清朝。据相关记载，在顺治年间产生了一种称为“奏折”的上奏文书形式，可惜“奏折”一词只出现在顺治朝《实录》中，至今未见到实物，不能证明其确实存在。奏折正式产生于康熙时期。圣祖曾说过：“密奏之事，惟朕能行之耳。”[①]现今所知最早的奏折为康熙二十八年（1689）二月二十七日大学士伊察阿的《奏谢谕赐问平安折》，用汉文书写，现藏于中国第一历史档案馆。可以肯定，密折的出现不迟于康熙二十年至三十年。从已经辑录出版的《康熙朝汉文朱批奏折汇编》（档案出版社，1985年）、《康熙朝满文朱批奏折全译》（中国社会科学出版社，1996年）看，在康熙二十年至三十年，密折还只限于少数皇帝的亲信使用。如内务府的包衣曹寅、李煦，分别出任江宁织造和苏州织造，他们除为皇家督办锦袍绸缎等物外，皇帝还要求他们秘密报告民情、舆论及所见所闻，或交代某项特殊使命。清圣祖曾在曹寅的奏折上批示：“倘有疑难之事，可以密折请旨。凡奏折不可令人写，但有风声，关系匪浅！小心！小心！小心！小心！”在李煦的奏折上有过这样的批示：“近日闻得南方有许多闲言，无中作有，议论大小事。朕无可托人打听，尔等受恩深重，但有所闻，可以亲手书折奏闻才好。此话断不可叫人知道！”在王鸿绪的奏折上批示：“京中有可闻之事，卿书奏折，与请安折内奏闻。不可令人知道，若有人知，尔即招祸矣！小心！小心！” 圣祖在批示中不断用“小心”“断不可叫人知道”等词语，所强调的是其机密性。

由此可知，与题奏本章不同的是，奏折强调秘密性，由具折人自己书写，直接送达皇帝，没有第三人知道。此时能向皇帝上奏折的人，不在于官

① 《清圣祖实录》卷275，康熙五十六年十一月丙子。

阶大小，而在于与皇帝的亲近关系。曹寅、李熙是皇帝的包衣家奴，王鸿绪入值南书房，他们都是与皇帝亲近并受皇帝信任的人，因而具有上奏折之权。即便是封疆大吏，也不一定具有上奏折的权利。康熙四十年（1701），时任江苏巡抚的宋荦要上奏折，还得交由李熙代为上达。

奏折制度经过一段时间的运行后，可能康熙皇帝觉得效果不错，于是扩大了上奏人的范围。康熙五十一年（1712）正月二十八日，他向领侍卫大臣、大学士、都统、尚书、副都统、侍郎、学士、副都御史等发出上谕：

> 朕为国为民宵旰勤劳，亦属分内常事。此外所不得闻者，常令各该将军、总督、巡抚、提督、总兵官，因请安折内附陈密奏，故各省之事不能欺隐。此于国计民生大有裨益也！尔等皆朕所信任，位至大臣，当与诸省将军、督抚、提镇，一体于请安折内将应奏之事各罄所见，开列陈奏。所言若是，朕则择而用之；所言若非，则朕心既明，亦可手书训谕，而尔等存心之善恶诚伪，亦昭然可见矣。朕于诸事谨慎，举朝无不知之。凡有密奏，无或泄漏。[①]

从这道上谕可知，可能在康熙四十年后，具折人的范围已扩大到各省驻防将军、督抚、提镇等地方大吏。到康熙五十一年，则进一步将具折人范围扩大到京内各衙门的高官。另外，此上谕中还提到于请安折内将应奏之事开列陈奏。满人有奴才向主子请安的习俗。曹寅、李熙等皇帝的家奴被外放做官，通过书信向皇帝请安。目前所见曹寅、李熙的奏折，绝大部分为请安折，而康熙朝的满汉奏折中，绝大多数都以“恭请圣安”开头，请安与奏事

① 《清圣祖实录》卷249，康熙五十一年正月壬子。

并用。可见奏折是由请安折发展而来的。

世宗完善密折制度

总体上看，康熙时期，奏折制度已基本形成，但还不完备。世宗即位后，采取了一些措施，使其制度化，也使之更为完善、严格。其措施主要有以下几项：

第一，确立并严格执行朱批奏折回缴制度。臣下所上奏折，经皇帝用朱笔批阅过，称为“朱批奏折”，朱笔所批内容，称为“朱批谕旨”。康熙时期，圣祖将奏折批阅后即发回给具折人，并没有要求其再返回，或由某一机构收藏。对此，他曾说过，具折的官员们“有朕手批证据在彼处，不在朕所也”。这种情况的存在，与奏折的机密性是相违背的。因此，世宗在即位后的第八天，即康熙六十一年（1722）十一月二十七日，便定下回缴奏折的规定，上谕内阁，要求将所有圣祖的朱批奏折封固进呈，假如有人抄写、存留、隐匿、焚毁，一经发觉，断不宽恕，定行从重治罪。不但圣祖的朱批奏折必须上缴，此后凡世宗发回给官员的朱批奏折，本人捧读后，须乘便缴呈，不得私自抄写存留，违者也将治罪。规定和处罚如此严厉，官员自然不敢私存。但也有胆大的，如蔡珽，就因私藏三件朱批奏折，犯了“大不敬”之罪，差点为此丢掉性命。因为世宗只说朱批奏折须乘便缴呈，并没有明确规定回缴朱批奏折的期限，以致官员上缴时间迟早不一，有的接到朱批后两三个月便上缴，有的于年底将奉到的朱批奏折会齐后一并上缴。因此，雍正八年（1730），世宗又一次通行晓谕，要求官员们按规定时限上缴。三年后，可能是由于编纂《朱批谕旨》的需要，世宗再次严令，将所有奉到朱批逐一查明封缴，倘若官员们再任意稽迟，或有遗漏，一经查出，必加严处。奏折回缴制度的确立和严格施行，为后人留下了珍贵的历史档案。现在存世的绝大部分康熙朝、雍正朝满汉文朱批奏折原件，都是世宗颁行回缴制度后收存的。

第二，扩大具折人的范围。康熙时期，虽然具折之人的范围已逐步扩大，但总体而言，具折之权还仅为皇帝的亲信、封疆大吏和京城的高官所独有，一般的官吏不具有这样的待遇。检阅《康熙朝汉文朱批奏折汇编》及《康熙朝满文朱批奏折全译》，具折之人仅有百余人。而从《雍正朝汉文朱批奏折汇编》以及《雍正朝满文朱批奏折全译》所反映出的情况来看，具折之人有1100多人，是康熙朝的十余倍，且具折官员的结构从高级官吏扩大到中下级官吏，表明雍正时期具折人的范围明显扩大了。

据《上谕内阁》记载，康熙六十一年（1722）十一月三十日，清世宗发出谕旨，“内而大臣以及闲曹，外而督抚以及州县”，都可以具折密奏，举荐贤才。雍正元年（1723）初，世宗又发出上谕，要求各科道官员每人每天上一密折，轮流具奏，一折只说一件事，即使没有什么好上奏的，也要在折子中声明。学者方苞时任内阁大学士兼礼部侍郎，他就曾上过这样一个折子：“苞在修书处，无事可奏。”[①]之后，又要求尚书、侍郎每天一人轮流奏事，密折封进。雍正五年，再次发出谕令，“京官自翰林、科道、郎中以上，外官自知府、道员、学政以上，武官自副将以上，旗员自参领以上”，各举荐一人，密折具奏[②]。奏折主要用于奏事，世宗允许中下级官员用密折举荐人才，这只是针对举荐人才需要而做出的临时性规定，并不意味着中下级官员都已获得上奏折的权利。

雍正时期究竟哪些官员具有上奏折的权利，需要具体分析。除康熙时期已获得具折奏事权利的官员外，明确扩大的范围主要是地方布政使、按察

① 《雍正档》，“方苞未刊折”，转引自《雍正帝及其密折制度研究》，杨启樵著，第164页。

② 《清世宗实录》卷64，雍正五年十二月丁亥。

使，道员、武弁亦间有之。雍正七年（1729），世宗在宁夏道鄂昌的密折上写有朱批：“今许尔等下僚亦得奏折者，不过欲广耳目之意。”[①]道府以下的中下级官吏具有密奏资格，不是常态。世宗明确表示过：“道府等员乃系小臣，品级卑微，无奏对之分。”[②]他们中的一些人获得上奏资格，也不是依其官职品级，而是视他们与皇帝的关系，需要皇帝的特许。

第三，扩展奏事内容。清代奏折大体上可分为请安折、谢恩折、奏事折三类。绝大多数的请安折、谢恩折没有实际内容。奏事折所涉及的内容十分广泛，上至军国大事，下到琐碎事务，无所不包。总体而言，主要包括民情、民生、政务、吏治。在康熙时期，圣祖就要求臣下，“凡地方大小事务，关于民情者必须奏闻”。他还曾吩咐曹寅之子曹頫，凡是听到的大小事都可奏闻，“就是笑话也罢，叫老主子笑笑也好”[③]。但康熙时期，不仅能上奏折的官员人数较少，且大部分的奏折为请安折，官员用奏折报告地方事务，又以雨水、粮价等内容的居多，而有关政务、吏治的比例很小，因而圣祖斥责有的封疆大吏：“凡督抚许上奏折，原为蜜（密）知地方情形，四季民生，雨旸如何，米价贵贱，盗贼多少等事。尔等不奏这等关系民生事情，请安何用？甚属不合！”

世宗在上述基础上扩展了奏折内容。他十分看重奏折的功能，希望通过奏折了解天下的大小事务，反复提出：“非但本省庶务，凡天下有关吏治、民生、兴除、劝惩各事，宜一切罄言勿隐。”并将内容要求细化，“一切地方之利弊，通省吏治之勤惰，上司孰私孰公，属员某优某劣，营伍是否整饬，雨旸是否时若，百姓之生计若何，风俗之淳硗奚似，即邻境远省以及部门内外，凡有骇人听闻之事，不必待真知灼见，悉可风闻入奏也。只须于奏

① 《朱批谕旨》卷198，《鄂昌奏折》，雍正七年六月十八日折。

② 《朱批谕旨》卷142，《王柔奏折》。

③ 《康熙朝汉文朱批奏折汇编》第七辑，《曹頫奏折》。

折中将有关确据，抑或偶尔风闻之处，分析陈明”[1]。甚至鼓励官员们通过奏折对本朝的各项改革举措的得失发表意见。所奏之事无须查访明确，可以风闻入告，即便谬误失时，也不责罚。在皇帝的提倡和要求下，大臣们对奏折的使用频率明显增强，所报告的内容也变得丰富起来。而世宗皇帝对每天收到的二三十件，甚至五六十件的奏折，一一做出批示，有时朱批的文字比奏折的文字还长得多。世宗拓展奏折内容，突出表现在以下几个方面：

一是通过奏折商讨政事，推行新政，并以此作为决策的依据。通常情况下，向皇帝报告政务需用题本。雍正二年（1724）十一月，世宗发出上谕：“凡督抚大吏，任封疆之寄，其所陈奏皆有关国计民生，故于本章之外准用奏折，以本章所不能尽者，则奏折可以详陈，而朕谕旨所不能尽者，亦可于奏折中详悉批示，以定行止。”[2]世宗推出的一些重大改革，许多都是先通过奏折与相关人员密商讨论后做出决策并付诸实施的。例如摊丁入亩，是在通过奏折与黄炳、李维钧等封疆大吏以及朝中大臣反复筹商后才确定实施的。在施行的过程中，大臣们又通过密折汇报进展情况和碰到的问题，世宗又与他们反复讨论，扫除障碍，解决问题，不断推进这一改革，并最终取得成功。再如西南地区的“改土归流”，从提出到施行，君臣之间经过几年时间的反复争论、筹商，世宗从开始时的不赞成，到最后决定强力推进，也是通过密折汇集不同意见，反复权衡后决定的。在筹商和执行这些重大决策时，臣下的奏折“无不立达御前”，不仅机密性强、传送快捷，又省去了许多中转环节，大大提高了行政效率，促进了雍正朝新政的推行。

二是通过奏折了解和考察官员，以决定对他们的任用。世宗认为治天下之道首在得人。面对众多的官员，他很难一一了解，世宗常说“为君难”，难就

① 《朱批谕旨》卷198，《鄂昌奏折》，雍正七年六月十八日折。

② 《清史列传》卷12，《觉罗满保传》，第365页。

难在“知人不易，用人犹难”。通过奏折，世宗大大拓宽了识人、知人、用人的渠道。

世宗通过奏折，与他信任的大臣讨论官员的人品、操守以及官员任用。如雍正六年（1728），广州将军石礼哈参奏浙江巡抚李卫，李卫又反参石礼哈。可能是之前石礼哈任贵州威宁镇总兵时，时任云南布政使的李卫过境贵州，两人有了摩擦，后李卫获宠，石礼哈见不惯，因此参奏李卫。世宗要他的宠臣鄂尔泰对二人做出评议。据《朱批谕旨·鄂尔泰奏折》记载，鄂尔泰上折，奏称他和石、李二人关系都很好，互相极为敬重，但称：“石礼哈多躁进之心，无坚定之识，故不爱身名，有乖行止。然才具英爽，努力急公，殊可以济事。”世宗在其奏折中夹批：“石礼哈与杨文乾打斗，朕甚轻弃之。今调回，暂用之进取谆噶儿（准噶尔），事定，令协剿富尔丹。”而鄂尔泰称李卫“长处甚多，短处时有”。世宗以“狂直不谨”四字评价他，最为贴切。优点是实心实力，毫无瞻顾，一意兴除，才与能相济，实属难得的人才。但恃才任气，每以好恶为美，以喜怒为是非。而当其奏折获得朱批，他会在众人面前宣扬夸耀，以显示坦率。这是他的大缺点。最后，鄂尔泰给出了有利于李卫的评语：“论心地，李卫颇正，石礼哈近谲。论人品，李卫颇高，石礼哈殊卑。平心公论，固未可以同日而语也。”李卫此时正得宠，所以，就鄂尔泰的评语，世宗认为：“所评公当之极，复出二人行禀也。”①

皇帝了解地方官员的情况，除“引见”“大计”考核等途径外，还通过地方官员的奏折，随时了解当地军政官员的人品、操守、才能。奏报的内容，可以涉及一人或几人，也可涉及一省或数省的官吏。通过各地官员的奏

① 《雍正朝汉文朱批奏批汇编》第十三辑，雍正六年十二月初八日云贵总督鄂尔泰《奏覆李卫、石礼哈人品操守折》。

报，世宗对地方大吏的情况掌握得十分清楚，他布置了一张收集情报的大网，多方收集官员的情报，将官员置于自己的视野和掌控之中。此外，康熙时期，地方官保举、题补官员都用题本，而世宗则要求用奏折。雍正七年（1729）四月十八日，世宗发出上谕：

> 外任督抚藩臬为全省之表率，关系甚重。每当简用之时，常以一时不得其人，深劳念虑。凡内外大臣，受国家厚恩，均当留意于平时，秉公奏荐，尽以人事君之道。京官自学士、侍郎以上，外官自藩臬以上，著各人密保一人，将其人可胜督抚之任，或可胜藩臬之任，据实奏明，不必拘定满汉，亦不限定资格。即府县等员，官阶尚远者，果有真知灼见，信其可任封疆大僚，亦准列于荐牍之内。若一时无深知可举之人，准其从容采访，不得草率塞责，有负咨询。特谕！钦此。[①]

在世宗的倡导下，之后题补、保举官员多用奏折。

三是通过奏折控制官员。世宗会通过奏折表扬、鼓励甚至体贴关心大臣，让他们感受到皇恩浩荡。这类奏折，即孟森先生所说的“灌米汤”奏折，在世宗的朱批中俯拾皆是，略举数例。

雍正元年（1723）四月，江南提督高其位奏折请安，世宗朱批：“览高其位此奏，字句之外实有一片爱君之心，发乎至诚，非泛泛虚文可比，朕观之不觉泪落。该部传谕嘉奖之，以表其诚。”[②]

田文镜在任河南总督时对抗科甲，罢劾不少官吏，得罪了许多人，但世

---

① 《上谕内阁》，雍正七年四月十八日谕。

② 《朱批谕旨》卷127，《高其位奏折》，雍正元年四月十七日折。

宗支持他，在雍正三年十一月田文镜参劾信阳州知州黄振国狂悖贪劣的奏折上，朱批鼓励道："览尔题参黄振国之疏，甚属可嘉，如此方不负朕委任之意。……能照此秉公执法，一无避忌，放胆为去，保尔永永平安。"①

雍正元年（1723），湖广总督杨宗仁患病，几月过去仍不见好，世宗听闻，即遣御医赴任所为其诊治。病见好转，世宗叮嘱其"用心调理"，并温情地说："有年纪人，斟酌一切妥当丸药，常服有益。"杨宗仁上折请求让御医多留时日，待自己痊愈后再返回。世宗说，御医去的时候，就命令他等你的病好后再返回，"如今任凭你留他就是了"。

雍正二年（1724），时任云南布政使的李卫咯血，世宗不仅赐予药物，还在其奏折上朱批："谅系急于报效，用心太过所致"，要他"爱养精神，毋事勉强"②。

雍正四年，云贵总督鄂尔泰患病，世宗十分挂念，要他将情况奏报。据《朱批谕旨·鄂尔泰奏折》记载，在鄂尔泰于雍正四年五月二十五日奏报精神强健的奏折上，世宗朱批："闻尔竭力办事，总不爱养精神，朕实忧而怜之。果如此，则为不知朕且负朕也。似尔如此大臣，朕之关心尤甚，天地神明实共鉴之。此非朕之有意，乃情理之所必然，何也？尔等实系朕一身也。当明悉朕意，加意爱养。彼视为二体者，皆昏残之主，不忠之臣也。要看得透。"③

雍正七年（1729），山西提督袁立相患风湿病，世宗特赐药物，并遣御医前往诊疗，袁康复后奏谢圣恩，奉朱批："览奏欣悦，如获宝物！更当用心摄养，一切处不得过用精神，待痊愈如初，料理亦不为迟。"④

① 《朱批谕旨》卷127，《田文镜奏折》，雍正三年十一月初十日折。
② 《朱批谕旨》卷127，《李卫奏折》，雍正二年十五日折。
③ 《朱批谕旨》卷125，《鄂尔泰奏折》，雍正四年五月二十五折。
④ 《朱批谕旨》卷127，《袁立相奏折》，雍正元年正月十三日折。

清朝制度，官员可以将其年迈父母迎养于任所。雍正四年（1726），云南元谋人陈时夏署理江苏巡抚，其母年迈，住居老家，时夏十九载未能得见，请求迎养。世宗亲自安排，发出特旨，要求云南督抚派地方官与陈时夏的兄弟一起将其老母送至苏州，叮嘱一路小心照看，并可乘驿，使老人家满意。还怕老人家挂念家里，要求将其老家也安顿好，并随时照看。如此细致的安排后，世宗还不放心，又在云贵总督鄂尔泰的奏折上要求："起身日期不可催促，动身起伊母之便好。有年纪人，路上着好生照看，随便歇息行走，不必因乘驿定限。"鄂尔泰亲自赶到元谋料理，并上奏称"待伊母如母"。世宗朱批："朕实落泪览之。卿真良臣也！孰能居此心？孰肯居此心？"对如此厚恩，陈时夏自然是"虽捐糜顶踵、倾沥血诚，亦无以仰报隆恩于万一"。

世宗还经常恩赏大臣什物，受赏者引为殊荣，上折奏谢，一来二往，融洽了君臣关系。一次，在岳钟琪奏谢恩赏的奏折上，世宗朱批："些许什物，亦皆各省大臣进献者，当与内外诸卿共之。况卿更为诸大臣中朕之不忍忘者，随便寄来，何必谢过！"这些话定会让岳钟琪受宠若惊，又感到十分亲切。曾静案发，对岳钟琪的赏赐明显增多，又在其谢恩折上朱批："上天之恩惠，不与卿如此大臣分甘共肥，更赐予何人？但以朕逐日饮食未能时时颁卿为不足耳。然每遇适口之物，时常念及卿与鄂尔泰、田文镜等诸大臣也。"

通过奏折表扬、鼓励，甚至体贴、关心大臣，只是一个方面，另一方面，世宗也会通过奏折对官员进行规劝、警告、詈骂，甚至恫吓。这类朱批很多，仅举以下数例。

在广东巡抚年希尧的奏折上朱批："但须言行相符方好。尔非他人可比，若不奋勉自励做一出色巡抚，则为世间最愚之辈矣。勉之！诸凡惟当勤慎是务，慎勿枕于安逸。……尔虽远在粤东，谅亦必有所闻，朕自即位以来之勤辛，天下人共知，尔宁不效法耶？特谕！”

在河南巡抚田文镜的奏折上朱批：“著实勉力做好官！你舆论甚平常了。你乃朕独用之人，莫要羞朕的脸才好！”

批示宣化总兵李如柏：“闻你吃酒任性，若如此大负朕恩，自暴自弃矣。当惜自身，可惜下半世功名人品！”

有人告发湖南巡抚王朝恩家人收受“门包”，世宗告诉他：“速改！速改！慎之！慎之！”

批示山东巡抚陈世倌：“今在祸福之间，在尔择而行之。”

另一位山东巡抚黄炳收到过如下朱批：“武备甚要紧。近年营伍废弛，不可枚举。尔等若仍然因循欺隐疏忽，不用实力奉行，三年后恐尔等当不起也。勉之！”

湖北按察使王柔奏报筹剿土司之策，不合意，世宗大骂：“观汝屡次论奏，俱属狂妄不经，莫非尔身果有疯证（症）耶！”

世宗打击科甲朋党，云南巡抚杨名时为科甲领袖，在其所上奏折中，世宗朱批：“披阅之间诞谩盈纸，殊无忸怩不解，具何等面皮也！”

甘肃巡抚石文倬被世宗痛骂：“无耻之极！难为你如何下笔书此一折！”

世宗对漕运总督张大有不满，在其奏折上批示：“朕实为汝愧之！待汝之诚，不知汝具何面皮，包何胆量也！亦可谓不世之庸臣也！”

陕西延绥总兵官李耀有贪污之嫌，世宗在其奏折上批示：“著实小心，做官贪之一字切记少有，不要连从前都带出来的。”

世宗曾在广西按察使甘汝来的奏折上批示：“若不如是，李绂（广西巡抚）、甘汝来头莫望在顶上！”

沈廷正原是雍亲王藩邸旧人，受世宗重用，但他的侄子沈竹行事乖张，贪财忘义，世宗两次批示：“君臣大义，千古名节，时刻不可忘。你的侄儿沈竹，将来此人是要耍头的……不但你是他亲叔，无暇训他，朕当日再（在）藩邸，何言不教导？他一字不听，只以钱之一字，命都不顾的。况他情形，朕深知者。即位以来，如此严饬，即内不知改，外象王法恐惧，亦不敢蹈故辙方是。仍然毫无忌惮，又作这等事，还可留于天地间乎？诚所谓下愚不移者也。可怜真孽障也！”

第四，完善奏折的保密措施。

保密性强是奏折的一大特点，世宗对此十分重视，并从制度上加以完善。他曾在广西分巡道乔于瀛的奏折上批示过：“密奏之事，一字露不得，干系一身祸福，小心谨慎方好。”甚至对那些不遵守保密规定的官员发出警告：“少不机密一点，仔细头。”他发出不得将朱批的内容写入题本的命令后，闽浙总督觉罗满保、山西巡抚诺岷、云南巡抚杨名时、江苏布政使鄂尔泰等仍然误将朱批内容写入题本，被世宗发现，给予他们停止上奏权的惩罚。

奏折的书写，须由本人亲笔，径交皇帝拆阅，然后朱笔批示，这是在康熙时期就已定下的制度。但有一部分满人官员或武将，或不通汉文，或目不识丁，不能亲自书写，得由别人代书。有的官员本来自己能够书写，或患病，或年迈眼花、手脚发颤，或过于忙碌，间或也会叫别人代写。对此，世宗表示能够理解，但强调普通事务可以代写，如遇机密事件，仍须亲自书写，不必一定要楷书，字的大小、好坏、文理都没有关系，只要达意就行。

康熙时期，奏折用夹板封好后递送，不够严谨保密。雍正时期，奏折写好后，要加封套，封套面上书写“密”“密奏”“密折”等字样，封固后，装入折匣，再于折匣外用宫中特制的铜锁锁好，复用盖有御押字样的黄纸封口，以黄包袱包裹，由专人送达。封套、折匣的尺寸大小、材质等都有严格的规制。折匣须向皇帝申请颁给，每个折匣配有专用铜锁，钥匙分别在具折人和皇帝处保管，别人不能开启。

康熙时期，宫中还没有设置专门接递奏折的机构，仍由内廷代转。雍正初年设奏事处，分内奏事处和外奏事处。有直接上奏权的官员的奏折，可以遣家奴将奏折送至乾清门交外奏事官，由外奏事官交内奏事官转呈皇帝。如遇紧急事务，可由自己标下的千总、把总乘驿递送。没有直接上奏权的官员所上奏折，可交上司代为转达，或遣人交乾清门奏事官，由奏事官交皇帝御定的转折大臣，由他们转呈皇帝。怡亲王、张廷玉、隆科多以及回京陛见的年羹尧都担任过转折大臣。

奏折制度的建立和完善，使得端坐深宫中的皇帝能方便、快捷地从多种渠道获得信息，地方政事得以及时上达，皇帝能在第一时间做出判断、发出指示，使事务得到及时处理，提高了行政效率。通过奏折，皇帝还可以全面地了解、观察和控制各级官吏。这样做，增强了君臣之间的互动，密切了中央与地方、君主与臣子之间的关系，地方一切事务、地方大小官员都在皇帝的监视和掌控之中。

首创军机处

军机初创　皇权加强

康熙时期的中央决策机构，清人吴振棫在其《养吉斋丛录》中有如下记载："章疏票拟，主之内阁。军国机要，主之议政处。若特颁诏旨，由南书房翰林院视草。"[①]即是说，这一时期的中枢决策机构不是单独的一个，而是由议政王大臣会议、内阁、"南书房"三部分组成，他们之间既有分工，又相互掣肘。康熙皇帝通过平衡三者之间的权力，加强了对三者的控制，从而达到集权的目的。

明代以前，历代皆设宰相统辖六部，形成以宰相为中心的中枢行政决策机构。这样的设置，相权过重，皇权被削弱，可能造成宰相擅权，引发祸乱。朱元璋建立明朝后，仍照历代制度设置宰相，后以宰相胡惟庸谋逆，废止了宰相制度，在提高六部职权的同时，也增强了皇权。"内阁"之名，始

① 吴振棫：《养吉斋丛录》卷4，童正伦点校本，第51页。

见于明代，是在废除宰相后为协助皇帝处理政务而设的机构。

清朝入关后，除仍保留关外时期议决军国大事的议政王大臣会议外，为增强皇权，仿照明代制度，设立内阁，即满文所称的“多尔吉衙门”，置“为百僚之长”的大学士，“掌议天下之政”。自皇太极至顺治、康熙三朝，一直在不断弱化议政王大臣会议的权力。虽然设置内阁后，分散了议政王大臣会议的部分权力，但内阁毕竟是外廷，康熙帝仍然觉得不便，于是便以“南书房”处理政务。尽管如此，议政王大臣会议仍然具有不小的权力。直到世宗创设军机处后，国家政务统于军机处。但军机处只是协助皇帝理政的机构，只有办事权，没有决策权，使得一切行政、决策的权力归于皇帝，文武百官都只对皇帝负责，大小事务都由皇帝亲自裁决。军机处成为掌握在皇帝手中最得心应手的工具，是清代政治中枢中影响最广、作用最大的一个机构。

军机处的创设，缘起于西北用兵的需要，但具体设于何时，学界有不同意见，有四年说、七年说、八年说、十年说。其实，军机处创设有一个过程，是在经历几个不同的发展阶段后不断完备起来的，并最终成为定制。

雍正元年（1723）八月，青海和硕特蒙古亲王罗卜藏丹津为实现独霸青海、西藏的野心，乘世宗召回抚远大将军允禵之机，发动武装叛乱，并自称达赖珲台吉。世宗任命年羹尧为抚远大将军、岳钟琪为奋威将军，统兵征讨。由于指挥得当，清军进展神速，于雍正二年（1724）二月平息了叛乱，前后仅半年时间。罗卜藏丹津逃到准噶尔，得到准噶尔首领策妄阿拉布坦的庇护。策妄阿拉布坦与沙俄勾结，企图将蒙古、新疆、青海、西藏等西部和西北部地区从中国分裂出去。清朝在康熙时期就取得过对准噶尔部的胜利，但不彻底。世宗决定在康熙朝取得胜利的基础上，彻底打垮准噶尔，恢复这一地区的安宁。雍正四年（1726），于户部“别立军需房”，以怡亲王允祥、大学士张廷玉、户部尚书蒋廷锡和大将军岳钟琪筹办西北军需事务，做好与准噶尔部的战争准备。由于办理缜密，到雍正七年（1729）六月对准噶尔部用兵，两年多时间内，外间都不知道有出师运饷这档子事[①]。由此得到启发，且办理军需之事既已公开，世宗便发出上谕，在内廷设立“军机房”，仍以怡亲王、张廷玉、蒋廷锡主持事务。雍正八年（1730）十二月，改“军机房”为“办理军务处”，并添设司员，即军机章京，正式建档，收储文件。雍正十年（1732）三月，经大学士张廷玉等奏准，正式铸给“办理军机”印信，机构名称确定为“办理军机处”，简称“军机处”。正因为军机处的创设有这样一个过程，才会产生不同的记载。世宗去世后，乾隆皇帝即位，在雍正十三年（1735）十月裁撤军机处，改设“总理事务处”。但两年后，乾隆二年（1737）十一月，又废止了总理事务处，重新恢复军机处的设置。之后，军机处一直存在到宣统年间，成立责任内阁后才退出历史舞台，时间长达180多年。

特征鲜明　称“简”“速”“密”

军机处的特点，简单说来，可用“简”“速”“密”三字加以概括。

所谓简，就是机构简单、人员精干。军机处无公署、无专官，是“有官而无吏”的机构，没有固定的衙署，只有“值房”或“值庐”，或称“军机堂”。据王昶《军机处题名记》记载，军机处值房最初设在乾清门外西边，后迁到乾清门内，与南书房相邻，再后来又移到隆宗门西南的一排不起眼的房屋，从此固定在此，离皇帝寝宫养心殿很近，方便皇帝召见。军机处不设专官，都是兼职。到此任职的官员，称为“入值军机处”，其官品、官称仍照“入值”之前，不因在军机处工作而改变。军机处设有军机大臣和军机章

① 《清世宗实录》卷82，雍正七年六月癸未。

京两类人员[1]。

军机大臣的正式称呼为“军机处大臣上行走”“军机大臣上学习行走”，统称“办理军机大臣”，“军机大臣”是其简称，俗称“大军机”，也称“枢臣”。军机大臣没有固定人数，通常4至5人，最少时只有2人，最多时有11人，由皇帝从大学士、六部尚书、侍郎中简选。选用的标准，一是“孰谙政体者”，即熟悉行政运作和朝廷的各项典章制度；二是“惟用亲信，不问出身”，即皇帝信任和办事得力的人，不管他们是满人还是汉人，也不管他们是出身正途还是杂途。一般情况下，亲王、郡王不得入值军机处。这是因为亲王、郡王与皇帝的关系太过亲近，非兄弟即是子侄，处理的又都是军国大事，委付过重，弄不好会造成专权，形成新的朋党或集团，于皇帝不利。军机大臣之间没有上下级关系，不是统属与被统属，每位军机大臣独自对皇帝负责。军机大臣的排名，除了品级、资历外，还与进入军机处的先后相关，品级较高、资历较深、较早进入军机处的一人为“首席”，或称“首揆”。雍正时期，世宗召见军机大臣都是“独见”，即只召见一人。到乾隆初年傅恒任“首揆”时，“自陈不能多识，恐有遗忘，乞令军机请大臣同见，于是遂为例”[2]。至此，皇帝召见军机大臣，改“独见”为“同进见”，即所有军机大臣一同召见。新入军机处且资历最浅的一人称为“挑帘军机”，即皇帝召见军机大臣时进出都排在最后，为其他大臣挑帘子的人。军机章京是军机大臣的僚属，办理一些誊写抄稿的文字工作，俗称“小军机”。雍正时期，军机章京由军机大臣挑补各衙门合适者充任，其后，则“由各部曹、内阁侍读、中书舍人充任”，条件是“人品端方，年富力强，字划端楷”[3]，共40人左右组成。军机大臣和军机章京均属于临时差遣，可

① 吴振棫：《养吉斋丛录》卷4，童正伦点校本，第56页。

② 吴振棫：《养吉斋丛录》卷4，童正伦点校本，第54页。

③ 梁章、朱智：《枢垣纪略》卷13，《规制一》，何英芳点校本。

以随时“罢值”，退回到原来的衙门和岗位，省去了官员任免中的许多麻烦事。

所谓速，就是办事迅速、效率高。内阁在太和门外，有事题奏，或承旨办事，须经层层机构，各级转发，辗转交送，常常花费很多时间，不仅效率低，且不易保密，文还没到，外间早已知晓。军机处则不然，其值房靠近皇帝寝宫，昼夜有人值班，随时听候皇帝召见，当天的事当天办完，行政效率很高，而且随着军机处的设立，建立起与之配套的“廷寄”制度，传递信息的速度很快。

所谓“廷寄”，是传达皇帝谕旨的一个途径，不由内阁寄出，而由军机处代表朝廷寄出。皇帝的上谕分为两种，一种称为“明发上谕”，大都属于例行性的政务，或是晓谕中外之事，并不机密，一般按规定程序，由内阁发交各处；另一种称为“寄信上谕”，简称“寄信”，内容为“诰诫臣工，指授方略，查核政事，责问刑罚之不当者”，多属于不宜公开并且较为紧要的事。寄信与地方官员的称“廷寄”。“廷寄”又分为两种，发交地方高级官吏，文职督抚、学政，武职都统、副都统、总兵以上的，称“军机大臣字寄”；发交布政使、按察使、道员以及副将、参将、游击等的，称“军机大臣传谕”。两者都由军机处交兵部，通过驿站、军台发出，速度视事务缓急而定，从日行三百里到八百里不等。

所谓密，就是保密性强。《清史稿》称：“军机处名不师古，而丝纶出纳，职居密勿。”[①]“密”是基本要求。军机处地处内廷，就在皇帝的眼皮底下，很容易监视。又有许多保密的措施，如皇帝召见军机大臣，太监都不得在侧；军机处人员不得与其他官员结交；不经过皇帝允许，部院内外大小官员不得擅入军机处，即使亲王、大臣也不例外；办事的值房也有严格的

① 赵尔巽等：《清史稿》卷176，《表十六·军机大臣年表一》，第6229页。

防范，不许有人在窗外、门外窥视；不准在军机处内传旨，有通谕王、大臣的，都在乾清门外阶下传述。廷寄制度的施行，也提高了军机处的保密性。

职掌广泛　影响深远

军机处的职掌，《清会典》记为："掌书谕旨，综军国之要，以赞上治机务。常日值内廷以待召见。"[①]说得有些笼统。而《清吏稿》则称："（军机处）初只秉廟谟商戎而已，厥后军国大计，罔不总揽。"[②]军机处从最初办理军需事务，发展到后来军国大事无不总揽，俨然代替了内阁的职权。因此，才会有将军机处看成"内阁之分局""内阁之分支""行政总汇""行政枢纽""政府"等的观点，这都是后来逐渐发展变化的结果，说明军机处对清代政治的影响巨大。而在雍正时期，军机处的职责概括来说就三项：一是"承旨"。办理皇帝交办的事，替皇帝起草文件，记录皇帝的指令，并向有关部门和有关人员传达。二是"备咨询"。皇帝提出问题，征询意见，军机大臣给皇帝出主意，充当皇帝的侍从秘书，向皇帝负责，但没有任何的决策权。三是整理奏折归档。军机处设立后，将皇帝批阅过的奏折抄成副本，即"录副奏折"，并随之建立了一套完整的录副、发抄和存档的奏折档案保存制度，使得大量珍贵的奏折档案得以保存至今。

军机处的设立，对清代政治产生了巨大影响，具有特别重大的意义。

军机处创设后，在提高封建中央决策和行政运行效率的同时，也使得清代中枢机构及其运作方式发生了重大改变，"本章归内阁，机务及用兵皆军机大臣承旨"[②]，将原来先经由内阁及有关部院承旨、承办的事件，改由

① 《钦定大清会典》卷3。

② 刘锦藻：《清朝续文献道考》卷118，《职官四》。

皇帝亲书或口授谕旨，军机大臣承旨撰拟，直接廷寄各地。原为行政中枢的内阁，自此变为有名无实的机构。“百僚之长”的内阁大学士，虽位崇阶高，如不入军机处，则无事可干。同时，极大地压制了“议政王大臣会议”的权力，“国初设内三院外，其军国政事，皆付议政诸王大臣，然半皆贵胄世爵，不诸世务。宪皇知其弊，故设立军机大臣，择阁臣及六部卿贰熟诸政体者兼设其事。……议政之弊始革”[①]。使得“议政王大臣会议”无大政可议，被置于无用之地，有名而无实。内阁和“议政王大臣会议”参与国家政务决策的权力被削弱乃至排除在外了。

军机处取代内阁的作用，使权力归属发生了转移。《清史稿》称：“自雍、乾后百八十年，威命所寄，不于内阁而于军机处，盖隐然执政之府矣”[②]。军机处和内阁的权力运行，清末人张瑞荫分析得最为透彻。他说：“军机处虽为政府，其权属君；若内阁，其权属于臣。”[③]内阁是正式的中枢机构，是法定的外朝政府，内阁大学士是朝廷正式职官、实官，所以内阁权力属于臣下所有。军机处从属于内廷，严格意义上说它不是朝廷的正式机构，军机大臣是“内廷差使”。所谓内廷，道光时龚自珍所说：“伏考雍正十年以后，内廷之项有五：一御前大臣，二军机大臣，三南书房，四上书房，五内务府总管是也。五项何以称内廷？内阁为处廷故也。内阁何以反为外廷？雍正后从内阁分出军机处故也”[④]。军机大臣虽参与机务，其权属君，在权力运行中虽有弊端，但“其弊不过有庸臣，断不至有权臣”[⑤]。皇帝通过军机处，把原属于内阁的那点有限的参与国家机密的权力又收回去了，加之雍正皇帝勤于政务，辅以奏折制度，天下大小事务都由他一人决

① 昭梿：《啸亭杂录》卷7，《军机大臣》，何英芳点校本，第212页。
② 赵尔巽：《清史稿》卷176，《表十六·军机大臣年表一》，第6299页。
③④《清末筹备立宪档案史料》之《御使张瑞荫奏军机处关系君权不同裁并折》。
⑤《龚自珍全集·上大学士书》。

断，使得皇权得以进一步加强，专制主义封建中央集权达到了前所未有的高度。同时，在当时的历史条件下，皇权的高度集中和有效利用，实现了政治上与思想上的“一元化”统治，政令得以畅通，使得封建政权能够保持长期的稳固，避免政治动荡，有利于世宗改革意志的贯彻以及推动各项改革措施的落实和执行，当然也就有利于社会的稳定和经济的发展。因此可以说，军机处的设立，奠定了“盛世”的行政基础，对康乾盛世的巩固和发展都有积极意义。

四

整饬吏治　清理帑项

SHUDU QINGSHI
YONGZHENG BIANGE

上谕十一道

连发上谕　指出问题

雍正元年（1723）元旦，新年的第一天，即位刚月余，世宗便发出11道上谕，分别给从总督、巡抚到州县的文武官员，明确各级官吏的职掌，严厉指出官场存在的各种不良风气和现象，表明整饬吏治的决心，初步提出其吏治思想和整饬吏治的手段，阐述其选官标准和用人主张，告诫他们要忠于职守、为政务实，不得贪腐坏法，否则国法不容。这11道上谕总计不下万言，内容十分丰富，详见《清世宗实录》卷3。

在上谕中，世宗列举了吏治不清、官场腐败的一些现象和原因，阐述了他的吏治思想。他说："朕惟国家首重吏治"，认为如果吏治不清，百姓就不得安宁。民为邦本，本固才会邦宁，"固邦本者在吏治"，吏治不清的根源在于"病官病民悉缘贪渎"，而要澄清吏治，"必本大公之心"。他列举了一些官场的积弊和现实中存在的问题。例如，善于逢迎的被认为有才能，沽名钓誉的被认为是贤人，暗通贿赂、私下请托的不肖官员得到荐举，那些不善此道、默默干实事的人反而受到压制。每到计典、考核和保题荐举的时候，总督、巡抚等封疆大吏，或先收受贿赂后才肯举荐，或以心腹做耳目，毁誉凭幕僚之口而定，以致举劾不公，开奔竞之门，黜陟无当；地方缺分（即官职），有好有坏，上司“以缺之美恶定酬贿赂之轻重”，那些送出贿款的，不管在任长短，都要想方设法捞回来，世宗将其比作“情同行劫”，尤为国法所不容。一些军队的提督、总兵、将弁，不整饬戎行、勤加训练，致使营伍废弛，而将虚名冒饷、克扣军粮、侵渔肥己视为故常。主管刑名的官员，有的为了按时结案，草率完结；有的为避免上司驳查，添加口供；有的以情任法，情利相牵，上下其手，自遂其私，制造很多冤狱。一些粮道官员，克扣运费，苦累运丁；一些河道官员，不亲临河工，将各段工程分给属员后不闻不问，只知道冒支帑金，对工程质量漠不关心，“仅以纳贿多者为贤能，馈送少者为拙治”。古代中国，盐税是国税的大宗，关乎国家财政。盐道主管盐法，长期以来，弊窦丛生。盐税正项多有亏欠，主要是由于各级官吏巧立名目需索商人，以致商人不得不挪新补旧，上亏国课，推高盐价，下累百姓。清代，驿站多用马匹、船只。一些管理驿站的道员，虚报马匹数量，侵扣船只修理费。官官相护，也是官场的一大陋习。世宗举例说，总督参劾州县，按规定应该先由两司、道府揭报，大家意见一致，便公诸于众。近来有的在督抚参劾之后，两司、道府才补揭，如果这些州县官确实应当参劾，而两司、道府不能及时察觉，在督抚参劾之前揭报，犯了徇庇之罪，而之后督抚允许其补揭，又宽免了自己的失察之罪，官官相护，彼此巧饰，欺瞒朝廷。

巧辩“名”“实” 崇尚实政

在上谕中，世宗还提出了“为政务实”的思想，以反对虚名，崇尚务实。他认为，官员要有正确的“名实观”，“名”是形式，“实”是内容；“名”是外在的，“实”是内在的，“名”是“实”的外表，所谓“名者，实之华也”。他以历史上一些著名大臣为例，说这些人之所以被称为纯臣，流芳千古，是因为他们“以实心行实政”，干的都是兴利除弊的事，是实至而名归。而目下有些做官的，以钓誉为名，以肥家为实，“矫饰虚身，潜纳贿赂，陋习相沿”，“献赂为名，虚誉为名”，“内聚贿而外干誉”，这就是这些人所谓的“名实兼收”。他进一步指出，长期以来，士大夫都好说“名实兼收”，而他们所谓的“名”，指的是官爵，所谓的“实”，指的是货财。真是一针见血！“名实兼收”，成为一些官员谋官、谋权、谋利的遮羞布。他说，真正的“实”，是能“廉洁爱民，奉公尽职”，真正的“名”，是“治行称首，民歌舆送”，果能如此，“实至而名随之，本立而华茂”。他告诫督抚等封疆大吏，身居高位，不能“徒以清操自善”，满足于洁身自好，不贪不腐，但遇到地方大事的时候一筹莫展，不能措置，这样虽无贪冒的名声，对国家、对地方又有什么实在的好处？他要求管理教育的学官“廉洁持身，精励集事”，做到实行、文风两者并重，如果“徒事文华而不敦崇实行”，是不称职的。有一种世宗称之为“巧宦”的官员。这些人在初涉官场的时候不贪不腐，颇著廉名，一旦身居高位，德行操守就变了，开始贪腐，所谓“初市清名，晚而改操”。他要求高级官员保持为官体统，在遴选属员时，要本着公心，委任得宜，给那些为政清廉、有才能、能干事的人以要职，这样做可以起到示范作用，而对不尽职守、贪婪不法、罔顾声名之人，则以国法森严、王章俱在、罚必随之相威胁。

清世宗在上谕中提出的“名实观”，有强烈的针对性。他要推行新政，需要有切实实行新政的官员队伍，这些人要像他一样行实政，就得敢作敢为，不怕遭人嫉恨，不怕承受恶名。他在雍正元年十一月十四日履郡王允裪所上奏折朱批："谋奸宄狡诈之虚名，朕一世愧而不行。……应弃虚名。"在雍正二年十月十五日广东布政使图理琛的奏折上批示："并不在尔等之此奏，在于自己诚实而行。再取虚名之事，全然不可。……徒取虚名，朕甚厌恶。"在清世宗新政已取得成效后，于雍正五年四月二十三日，世宗再次发出上谕，称："孔子为政，三月而鲁大治，则孔子岂无实政及于民生哉？"强调孔子不仅是道德学问上的圣人，还实践实政。世宗以此为据，说明他为政务实的主张："朕治天下，用赏用罚悉秉至公。……孔子曰：不如乡人之善者好之，其不善者恶之。即不能无怨望之人，得不善者恶之，岂不愈足以彰吾之善，见吾用法之公乎？"他要把他为政务实、不取虚名的思想落实到具体的施政当中。

在上谕中，世宗还以较大篇幅谈到库项亏空、任意加增钱粮火耗等问题，这些问题，留待下节讨论。

三年 限期清查亏空

清查亏空　限期补足

所谓“亏空”，是指各级官员和机构应上缴国库而没能按时上缴的钱粮，形成拖欠，致使国库空虚。

清朝统一全国后，延用了明朝的低俸制，官员用度不够，造成贪腐。到康熙中后期，由于圣祖实行“宽仁”的政策，吏治渐趋腐败，贪污成风，亏空越来越严重。就户部而言，历年亏空数百万两白银。而地方上，自康熙五十二年（1713）至雍正元年（1723），拖欠亏空的，江苏达881万两、山东300万两、浙江100万两，其他各省也几乎都有拖欠，亏空真是到了“日不暇给”的地步，严重影响了从中央到地方各级政府的正常运转。圣祖也觉察到这一弊端，并试图对亏空问题加以整治，以期杜绝此弊端，因此，采取了以下措施：

（1）规定州县官征收钱粮，应随征随解，不得延误。

（2）因知府扶同徇隐致州县钱粮亏空者，督抚即参革知府，并令其独赔。

（3）州县官捏报亏空，审明后即令该官独赔。

（4）亏空钱粮如系因公挪用者，将该员留任，勒限赔补。

（5）州县亏空而布政使和督抚有意包庇，知府可申报户部和都察院，将其按徇庇罪议处。

（6）以上征解追赔各条，责成督抚负责执行，否则将其严加议处，并责令分赔完项。

上述措施，主要针对地方的亏空，并规定了从督抚到州县各级官吏的责任。这些措施虽然不尽完备，但若认真执行，亏空现象能够得到遏制。然而，执法不严格，各级官吏毫无畏惧，恣意亏空，动辄盈千累万。督抚对府州县的亏空明明知道，但帮助隐瞒，瞒不住时，又改“侵欺”为“挪移”，再混过几年，亏空之项仍全无着落。官员新任，上司逼着接受前任留下的亏空，下属畏惧上司，不得不受，但却以此来要挟上司替其隐瞒。这样辗转相因，亏空不仅无任何好转，反而越积越多。

世宗在做雍亲王的时候就对亏空的情况知之甚悉，并了解这一弊端的源头，所以他一即位，就开始着手清查，并将其与整饬吏治结合起来。《上谕内阁》六十一年（1722）十二月十三日谕旨记载，在世宗即位一个多月后，就明确指出地方钱粮亏空的主要原因，不是受上司勒索，就是官员自己贪污，因公挪用的只是少数，并提出了清理亏空的期限和措施：要求各省督抚再次清查，凡有亏空，不论是已经查出的，还是现在还没有查出的，三年之内必须补足，到时未完的，从重治罪。三年补完之后再出现亏空的，决不宽待。亏空的款项，如果是上司勒索和因公挪用，另行处理；如果是自己侵贪的，即行正法。倘若继续隐瞒，不管是皇帝访得，还是被科道官纠参，将督抚一并治罪。世宗强调指出，亏空行为“既亏国帑，复累小民”，“负国营私，莫此为甚”！在上谕十一道中，他说：“命案盗案，其害不过一人一家而止，若侵帑殃民者，在一县则害被一县，在一府则害被一府，岂只杀人及盗之比！”表示绝不会姑容这样的行为。在给地方各级官吏的十一道谕旨中，他再次强调了清查亏空的决心，并对官员们提出警告。

议会专府　严行勒追

鉴于在钱粮奏销中存在的弊端（主要是指负责奏销的户部所私收的“部费”，一旦没有得到好处，正常的奏销，户部也会刁难，甚至不准奏销；而一旦有好处，就是靡费百万，户部也准予奏销），世宗于雍正元年（1723）正月十四日，下令设立会考府，负责清查亏空，规定今后所有钱粮奏销事务，都由会考府负责。会考府由怡亲王允祥牵头负责，会同总理事务大臣隆科多、大学士白潢、户部尚书朱轼等人办理。世宗特别告诫允祥：如果你不能清查，我就另派别的大臣，如别的大臣再不能办，我自己亲自来办。一场全国范围内声势浩大的清理积欠运动就此展开。

对中央各部门的清查中，如牵涉到一些王公贵戚、达官显贵，世宗也绝不轻饶，甚至采取抄家手段。在允祥的主持下，查出敦郡王允䄉有应赔银两，勒令赔还。允䄉赔了数万金还不够数，被抄家。履郡王允祹主管过内务府事务，不能补齐亏空，便将家什摆到大街上变卖，借以发泄不满情绪。即便如此，世宗也不为所动。查出户部亏空250万两，世宗责令该部历任大小官员均摊赔补150万两，另外100万两责令户部逐年补齐。受处罚的人把气都撒到允祥的头上，说他“过于搜求”。世宗力挺允祥，说这是自己的主张，允祥只是奉旨行事。

据《永宪录》《雍正朝起居注》《上谕内阁》《朱批谕旨》等相关史料记载，在地方的清查中，为了使亏空得到有效弥补，世宗主要采取以下手段：

（1）抄家。为防止官员隐匿，从衙署一直追到老家，同时抄检。彼时社会传言世宗“好抄人之家产”，甚至人们在打牌时，有“抄家和”之说。

（2）罢官。之前，官员被查出亏空，一般是革职留任。世宗看出这样做的弊端，于雍正元年二月发出上谕：“亏空钱粮各官，若革职留任催追，必致贻累百姓”[①]，因为弥补亏空官员“不取于民，将从何出”[②]？他们只有通过新的贪腐才能弥补亏空，因此必须将其先罢黜，再行勒追。

（3）勒令亲友帮赔。官员贪腐亏空，其亲友自然也能得些好处。有的官员以“清官”自诩，但暗自或放纵家人收受贿赂。这种情况，古今皆有，世宗对此非常了解。他更进一步指出，有的贪腐官员还会把赃银赃物藏在亲友家里，因此命令犯官的亲友帮赔赃银，或抄没其亲友家产。这样做株连太广，一些人无辜受到牵连，舆论反映强烈，所以实行一段时间后就停止了。

（4）禁止地方代赔。地方官亏空，后任官员、同僚和百姓提出愿为其补漏。世宗认为这样做弊病很多，很可能是地方绅衿与贪官勾结，以此寻求题留复任，还可能借机苛敛百姓。他说州县若果真富裕，可为地方兴利，严禁代赔。

（5）先追挪移，后治侵欺。亏空多由两种情况造成，一是挪移，就是挪用公款；一是侵欺，就是贪污公款，两者性质不同。通常而言，对挪用公款，处分比贪污公款要轻。因此，贪污公款之人常常避重就轻，将贪污说成挪移，以逃避重处。由于世宗严查亏空，一些贪官遂设法将侵欺变成挪移，或者将大部分认作挪移，少部分认作侵欺，希图逃避打击。对此，世宗了如指掌。他下令，如官员既有挪移又有侵欺，不管是先侵后挪，还是先挪后侵，必须先完补挪移之项，再追偿其侵欺之项，他认为这样做可“使捏饰挪

① 《上谕内阁》，雍正元年二月二十九日谕。

② 《朱批谕旨》卷4，《杨宗仁奏折》。

移希避重罪之人无所施其伎俩”[1]。这一办法并非常规，只能在非常时期使用，随着清查亏空的深入，很快又恢复原来先治侵欺后追挪移的套路。

（6）追夺畏罪自杀者的家产。俗话说“杀人不过头点地，人死债清”。部分官员被查出亏空后，选择自杀。世宗认为，这些自杀的官员是害怕自己的官职和家财两项都保不住，以死相抵赖，还能为子孙留下财产。他认为此刁风恶习断不可长，下令将官员的亏空从其嫡亲子弟处追偿。

雍正四年（1726）八月，当年确定的清完亏空的三年期限已到，虽然已取得不错的成效，但仍有相当一部分查出的亏空没有弥补。世宗决定再宽限三年，到雍正七年（1729），务必彻底清完，并将督抚作为第一责任人，“凡各省亏空未经完补者，再限三年，宽至雍正七年，务须一一清楚。如届期再不全完，定将该督抚从重治罪。如有实在不能依限之处，著该督抚奏闻请旨”[2]。他希望把亏空问题彻底解决。

追索民欠　充实国库

在地方上，督抚的用度取自于藩库，藩库钱粮来自府州县，出现亏空，各级官吏均有牵涉，甚至这些亏空就是他们相互勾结所致。因此，有的督抚对清查亏空并不尽力，或称亏空原因难以查明。有鉴于此，世宗采取的办法是，撤换督抚和涉案的官吏。如派宠臣田文镜到河南，派吏部侍郎迈柱到江西，派广东巡抚杨文乾到福建，让他们大刀阔斧地清查、处置亏空官吏。田文镜“参官最多”，迈柱“开罪多人”，杨文乾将“现任府州县内之钱粮稍有不清者即令更换”。虽然他们得罪了不少人，但执行世宗清查亏空的要求

① 《上谕内阁》，雍正三年三月十九日谕。
② 《上谕内阁》，雍正四年八月初四日谕。

坚决，取得了很好的效果。如河南一省，亏空曾非常严重，库藏空虚，后逐年补清，到雍正十年（1732）时，藩库已存银七十多万两①。对那些不能按期弥补亏空的官员，除继续采取抄家等措施外，还处以极刑。如内务府官员张鼎鼐、张常住、李朝等亏欠铜斤数十万两，不能按期补清，被处斩。

世宗将清理钱粮亏空与打击贪官污吏、澄清吏治相联系，并借以充实库藏，解决财政危机。通过多年的努力，亏空的钱粮得到基本清缴，亏空现象从根本上得到遏制，国家财政有了好转。世宗在内阁东侧特置“封椿库”，将收缴的一切赃款贮藏其内。

世宗还采取措施清理民间的逋欠。各地积欠，除了官府侵蚀亏空之外，还有一部分是民间所欠的赋银，赋税越重的地方，逋欠就越多。在全国18个行省中，江苏逋欠最多，其中尤以苏州、松江、常州三府为甚。据时任江苏巡抚张楷奏称，自康熙五十一年（1712）实行“滋生人丁永不加赋”的政策后，到雍正元年，12年间，江苏全省积欠银881万两，苏、松、常三府和太仓州各欠银145万两至181万两之间，他请求将积欠分十年带征。雍正六年，世宗派遣户部侍郎王玑、刑部侍郎彭维新，率领40余名候补、候选州县官前往江苏，分赴各州县，一面清查，一面追索逋欠。因系多年积欠，要在短期内一并征收，所以称为“汇追”。然而，汇追的效果并不好，于是地方官采取一些措施：凡已交清的民户，于门首用红笔书写“清查”二字，不能补清的，就抓入监狱。据《小仓山房文集》卷7记载，仅苏州府就关了一千多人。这些人中，除一般民人外，还有不法绅衿。这些不法绅衿包揽钱粮，即代人纳税，造成逋欠。关的人多了，便引起恐慌。世宗下令暂停追欠，要求查明积欠中官员侵占亏空多少，绅衿包揽多少，民间逋欠多少，分别处理。

到雍正九年（1731）清查完毕，自康熙五十一年（1712）到雍正四年

① 《（雍正）河南通志》卷1，四库全书本。

（1726），积欠1011万两，其中官员侵蚀、绅衿包揽为472万两，民欠539万两，民欠占了大半。世宗命令将官侵及包揽之数分作10年带征，民欠分作20年带征，并规定，若民户将本年带征之数完纳若干，即照所完之数蠲免下年应纳钱粮数目；民户所欠，只由该户完纳，不得波及父兄亲戚，官吏侵蚀的，只在本人名下追赔，不得株连[①]。

除江苏等一些重点地区外，追缴积欠也在各地普遍开展起来。世宗把积欠分为侵蚀、包揽、民欠三种类型，分别对待，对追补民欠给予一些优惠措施，而对官吏侵蚀和不法绅衿包揽钱粮严厉追缴，把打击的重点指向贪官劣衿。他说，这是因为“地方贪官污吏及不法衿棍借民欠之名恣意侵蚀，蠹国累民，危害甚巨，不得不清厘惩治”[②]。追补积欠，既充实了国库，又打击了贪官劣绅，促进了社会风气的好转，达到了一举多得的效果。

① 《上谕内阁》，雍正十年二月初二日谕。

② 《上谕内阁》，雍正八年八月十七日谕。

两项措施 规范官员收入

耗羡成弊　众说纷纭

与亏空相联系的是耗羡。所谓“耗羡”，是火耗和羡余的总称。官府征收来的散碎银两，在熔铸成官银时会有一定的损耗，称为“火耗”；征收来的粮食，在运输、存储的过程中也会有一定的损耗，称为“羡余”。虽然国家对耗羡的征收以及征收的比例从未有规定，属于地方官私征，但朝廷睁一只眼闭一只眼，已成为一个普遍现象。有的地方甚至出现“耗重税轻”的状况，即所征耗羡比所征正税还多；有的地方，百姓“不苦于正额之有定，而苦于杂派之无穷”。私征耗羡，有一个重要原因是官员的俸禄太低。相比较而言，明代的官俸是比较低的，而清初官员的俸禄只有明代的三分之一，官员用度拮据，“不取之百姓，势必饥寒”。州县官向百姓收取耗羡、杂费，部分为己用，部分馈送上司，层层递进，“下官行贿以塞上司之口，上司受赃以庇下官之贪，上下相蒙，打成一片”，贪腐之风弥漫整个官场。

康熙年间，圣祖对地方官征收耗羡、杂派是了解的，他只是从道德层面要求官员们保持操守，但没有做出解决问题的努力，甚至说官员“若纤毫不取，则居家日用及家人胥吏何以为生”？认为并非一文不取的才是清官廉吏，“如州县官止取一分火耗，此外不取，便称好官”，实际上是默许州县征收耗羡。曾有官员奏请将火耗酌留部分弥补亏空时，圣祖断然不同意，因为这样做等于公开承认耗羡征收的合法性，但耗羡征收依旧存在，甚至愈演愈烈。世宗敏锐地看到这一问题，他在即位后给官员的十一道上谕里说，为弥补亏空，州县官任意加增钱粮火耗，严重的每两加至四五钱，不顾百姓的死活，败坏了吏治。世宗在考虑解决的办法，等待合适的时机。

雍正元年（1723）五月，湖广总督杨宗仁奏称，从州县官所征耗羡银内留出二成交到藩库，作为地方办公经费，此外不许再有丝毫的增加。杨宗仁的建议，既承认征收耗羡的合法性，又提出将其中一部分交到省里，带有耗羡归公的意义。雍正帝批示：“所言全是，一无瑕疵。勉之！”[①]认可了这一做法。同年，山西巡抚诺岷奏请将全省各州县所征耗羡银全部上交藩库，一部分用于抵补无着的亏空，一部分分给各级官吏做“养廉银”，以杜绝官员的贪腐。诺岷主张将耗羡全部归公，世宗同意他在山西施行。雍正二年（1724），河南巡抚石文焯奏称，上年全省征得耗羡银40万两，他将一部分分给各级官吏作为养廉银，留下部分作为公费之用，还剩得十五六万两，全部存入藩库，不用再额外向百姓征收了[②]。

世宗想要推广山西、河南的做法，但又吃不准，因此命令九卿议奏。议奏的结果，大多数官员表示反对，其理由为：耗羡由州县征收，属于私征，只能留在州县；火耗提留上交到藩库，又定出征收的限额，是将火耗当作了正税，不仅使私征合法化，更有增加赋税之嫌。此意见看似有理，实际是沽

① 《朱批谕旨》卷4，《杨宗仁奏折》，雍正元年五月十五日折。
② 《朱批谕旨》卷30上，《石文焯奏折》，雍正二年正月二十二日折。

名钓誉，不负责任。对此，山西布政使高成龄全面加以辩驳。他说，州县官私征火耗以弥补俸禄不足，但上司征收不到火耗，他们也是低工资，必然要向州县索取节礼，这些节礼也同样出自火耗。与其如此，不如将全省所征火耗集中藩库，由省里统一发给各官作为养廉银。这样做，上司就不能再继续勒索下级，也避免了州县官去苛征百姓。再说，火耗归公，确定出征收的限额，多征的部分也不再为州县所得，谁还愿意滥征？他认为“耗羡非州县之己资，应听分拨于大吏。提解乃万全之善策，实非为厉于属员”，再说，公开发放养廉银，既可杜绝官员收受节礼和贿赂，又可使官员共沐皇上恩典。世宗将高成龄的反驳意见交给大臣们讨论，并威胁说：“若有怀挟私意以及任性尚气淆乱是非者，则于此一事，必有一二获罪之人也！”[①]虽然世宗的态度已非常明确，但仍有不少反对之声。

耗羡归公　定养廉银

据《雍正朝起居注》二年七月丁未条记载，本日，世宗发出上谕，做出了耗羡归公的决断：其一，他批评反对的官员们见识短浅，与皇帝所思所想不一致；其二，承认州县征收的火耗本不是应该征收的部分，皇帝自己也不愿意这样做，但有不得不这样做的理由；其三，每年州县将征收的火耗，部分用于馈送上司，这样州县官即便大肆贪婪，上司也不肯查参他们。这就是弊端所在！因此，他的结论是：“与其州县存火耗以养上司，何如上司提火耗以养州县”，就是要实行耗羡归公；其四，针对有人提出先在山西试行后再推广，以及让州县将应得的部分扣存后，其余部分再提交藩库的意见。世宗说，天下事只有可行与不可行，既然耗羡归公可行，就不必试行了，要求

① 《朱批谕旨》卷41，《高成龄奏折》，雍正二年六月初八日折。

立即在全国范围内全面推开；耗羡全部提解后，再由上往下发放，虽然看似麻烦一些，但州县官知道多征于己无益，就不会多征了。如将其应得部分先行扣存，势必会额外多征，累及百姓；其五，至于各州县每年征多少耗羡，因为州县有大小，钱粮有多寡，不能定死，只能酌量征收，但总的原则是符合实际，总数要比之前减低。如果地方官于应征之外再有多征，将重治其罪。

世宗承认征收耗羡原本是不合法的，但从当时的实际出发，有条件地允许继续征收，并且抓住问题的关键，将耗羡尽数提解，不留州县，杜绝了州县的滥征，扭转了官场馈送包庇的风气，对于澄清吏治、管理财政、减轻百姓负担均有积极作用。耗羡归公后，世宗确定将其用于三个方面：一是弥补地方亏空；二是留做地方公用；三是发给官员养廉银。弥补亏空一项，当地方亏空补完后，即行停止。之后征收的耗羡主要有两种用途，“议定公费，派给养廉，俾公事、私用咸足取资”①。

所谓“养廉银”，就是国家向官员们发银子，提高他们的收入，让他们能过上与自己身份地位相符合的生活，把时间花在公事上，不再成天想着如何去贪腐。世宗说让官员受穷不是自己的本意，所以要提高他们的经济待遇。同时，“恐各官无以养廉，以致苛索于百姓，故于耗羡中酌定数目，以为日用之资”②，并强调“取所当取而不伤乎廉，用所当用而不涉于滥。固不可朘削以困民，亦不必矫激以沽誉”③。把养廉银公开化、规范化。养廉银的数目主要根据官职的大小确定，而各地由于征收数目的不同和其他因素，也有一些差别，到雍正十二年（1734），各省从督抚到巡检各级官吏养廉银大致确定。总体上看，地方官所得养廉银比他们获得的俸禄高出十几倍

①《清世宗实录》卷157，雍正十三年六月乙亥。

②《雍正朝起居注》，雍正四年十月十四日条。

③《朱批谕旨》卷3，《杨名时奏折》，雍正元年七月初六日折。

甚至几十倍。如总督一官，俸银只有每年180两，而养廉银最高的江南总督为3万两，陕甘总督、云贵总督2万两，最少的闽浙总督、四川总督13000两，其余的在15000两至18000两之间。七品的知县，每年俸银只有45两，而养廉银多的达到2000两至3000两，少的也有500两至600两。对于京官，没有如地方官一样发放养廉银，世宗给他们发放双倍的俸禄或俸米，称为“恩俸”。

耗羡归公和养廉银两项制度的实施，可谓“通权达变”，国家在没有另外拿出一两银子，没有额外加重百姓负担的情况下，解决了各地方政府的办公经费，将各级官员的灰色或黑色收入变成合法、公开的收入，收入的数量相对固定和规范，扭转了官场贪腐的风气，国库也得到充实。据记载，康熙六十一年（1722），国库存银只有800万两，雍正中期增至6000万两，雍正后期西北两路用兵耗去大半，到乾隆初年仍然还有3000余万两。中外学者认为，清世宗实施的耗羡归公和养廉银制度，使得地方财政收入和支出得以固定，基本保持了财政的收支平衡，虽然未能如现代地方财政的预算、决算那样规范，也已具有这种味道了。

取缔陋规　整治加派

在实施耗羡归公和养廉银制度的同时，世宗还采取措施取缔陋规和加派。

所谓“陋规”和“加派”，是指各级官员巧设名目馈送上司、乱收杂费、摊派里甲。雍正元年（1723），山东巡抚黄炳报告，他做巡抚一年收取的规礼银达11万两，其中节礼、寿礼6万两，地丁税规1万余两，布、按二司羡余银3万两，驿道、粮道规礼各2000两，盐道、盐商规礼各3000两[①]。不仅

① 《朱批谕旨》卷23上，《黄炳奏折》，雍正元年十一月二十二日折。

所收规礼银数额巨大，乱征和摊派的名目也十分繁多。雍正三年（1725），川陕总督岳钟琪将川陕陋规、加派开列30款，其中有督抚至州县各级官吏所收节礼、寿礼、贺仪、土特产等项，有为过往境内的上司、宾客、家人及差僱公件、守提人犯之人供应酒宴、草料、油烛、柴炭、程仪、差礼等名目，还有进谒上司的门包银等。在奉天府，车辆进出要收钱，小车1.6钱，大车3.2钱，甚至猪羊进出也要交钱，每头0.3钱。在江苏仪征县，盐商钤盖县衙印信每引收银3厘，此为公引费，另外还得交每引2厘的官役饭食费。在山东，下官进谒上司，巡抚衙门收门包银16两，布、按两司8两，粮道12两，驿道、盐道各5两，本州府16两，同知、通判3两到4两。地方如此，中央各部也一样。外官到各部办事，需交"部费"。户部收纳钱粮，有平余银、加色银等名目。按规定，缴纳税银时，应该秤头足额、成色足数。户部官员每以秤头不足、成色低潮为借口，加收平余银、加色银，每1000两税银收取平余银、加色银25两，另加饭食银7两。甚至新设立的会考府，本来是清理亏空的，也有地方官试图去打点。

对于形形色色的陋规、加派，世宗坚决予以取缔和打击，特别是在给予各官养廉银后，加大了打击力度，惩处了一批妄行摊派的官员。雍正九年（1731），通令各官严禁接受陋规，"倘有再私收规礼者，将该员置之重典，其该管之督抚亦从重治罪"[①]。

耗羡归公和养廉银制度的实施，虽然对国家、官吏、百姓均有好处，但耗羡依然存在，而且是正税之外的额外征收，在国家财政好转后仍未被取消，取之于民、用之于官，其本质还是对百姓的盘剥。乾隆以后，奢靡之风渐盛，吏治又渐废弛，耗羡之外又有新的加派私征，养廉银再多也难以满足官员的贪欲。

① 王先谦：《东华录·雍正一三》，雍正六年七月乙亥。

“忠、公、实、能”四字标准

选官用人 自成标准

整饬吏治，一方面是要打击贪官，另一方面要选任好官员。清世宗非常重视官员的选任，他认为，“吏治是一篇真文章”，“治天下惟以用人为本，其余皆枝叶事耳”[①]。他把官员的任用看作治国的第一等大事，曾说自古帝王治天下，只言理财、用人，而相较于理财，用人更为重要，因为只要得人，何患财之不理，事之不办？世宗是一个奋发有为的君主，致力于革新政治，强化君主专制，具有兴利除弊的思想和为政务实的作风，冀望“跻斯世于熙皞之盛”，想要打造出一个强盛的王朝。要实现上述目标，必须得有一支与之相适应的官僚队伍，即所谓“为政以得人为要。用得其人，自能因地制宜，顺时敷政，若不得人，纵奇策神术，徒美听闻耳，于事何济”[②]？

① 《朱批谕旨》卷125，《鄂尔泰奏折》，雍正四年八月初六日折。

② 《清世宗实录》卷153，雍正十三年三月月戊子。

在中国封建时期，读书人的最高理想是出将入相，辅国治民，希望通过辅佐明君干一番事业，青史留名。在封建社会，皇帝是最高统治者，有什么样的皇帝就有什么样的臣子。一个有为的君主身边通常会聚集起一帮能臣，一个昏聩的皇帝身边通常则会有一批奸臣。正所谓“楚王爱细腰，宫中多饿死。”皇帝的要求就是选拔官员的标准。从社会层面看，百姓希望多出现一些好官、清官，但究竟以一个什么样的标准来要求官员，却不是很明确。所以，当司马昭提出以“清、慎、勤”三字标准要求官员后，得到了皇帝、百姓和官员的广泛认可，之后历代一直以这样的标准来衡量官员的优劣。所谓“清”即清廉，“慎”即谨慎，“勤”即勤勉。

官员应具备什么样的才能，世宗却有自己的一套标准。他认为，“清、慎、勤”这三项固然重要，但只是考察官员的一个基本标准，即使官员三项都能做到，也不见得能够胜任本职，不一定对地方有益。他评价湖南巡抚王国栋，说他“心有余而力不足，清、慎、勤三字，朕皆许之，然不能扩充识见，毫无益于地方，殊不胜任”[①]。王国栋居官清廉，做事谨慎，人又勤勉，完全达到了司马昭提出的“三字”为官标准，但世宗却认为他缺乏担任封疆大吏的才能，不能胜任本职，因而将其内调，以更适合此任的赵弘恩接任。世宗选任官员，不仅看其德，更看其能，有德无才之人，他是不会重用的。世宗有自己选才用人的德才标准，相较于传统的“清、慎、勤”为官标准，他更重视以“忠、公、实、能”为标准要求官员。

唯知有君　公忠为先

“忠”，即忠诚。“君为臣纲”，封建王朝的皇帝都要求臣下知君臣

① 《朱批谕旨》卷216，《赵弘恩奏折》，雍正七年八月二十四日折。

大义，忠心不二，对自己绝对忠诚。世宗具有强烈的君权至上、君主郅治思想，即位不久，就将其亲书的“愿以一人治天下，不以天下奉一人”的对联悬挂于养心殿西暖阁寝宫，以表明其心迹。他把君王与天相联系，说“君即天也”，明确宣布他就等同于天。按照这一逻辑，自然得出“为人臣者，奉君之法即是奉天之道”的结论，要求臣子如敬天一样地敬畏皇帝，事事尊君，“但尽臣节所当为，何论君恩之薄厚”[①]，不管在任何情况下，臣子都要对天子绝对忠诚，“凡事悉遵天理，尊君亲上。善则归君，过则归己，人臣之义当如是也”[②]。以君主之意为意，君主如何想，你就怎么做，做好了把功劳归给君主。做不好，过失由自己承担，这是人臣最好的品质。要具备这样的品质，须做到“存忠君为国之实心，务立身行道之大本”[③]。

“公”，即公心。世宗对诸王大臣们说：“心乎天下国家之谓公，心乎一身一家之谓私。为大臣者，诚心乎天下国家之公，而不计及一身一家之私，天有不降之百祥者，朕信其必无是理……苟心乎一身一家之私，而不计及天下国家之公，天有不降之百殃者，朕亦信其必无是理。”[④]他明确要求：“凡为人臣，但为讲求一身尽职之道，不必牵缠兄弟手足以及子侄亲友。此即营私之巢窟，不可不知。”[⑤]即官员行事，要以君主和国家的利益为前提，公而忘私，视国事如家事，尽职尽责，不为自己，也不为亲朋谋私。他以是否具有“公心”作为用人原则，称：“凡秉公持正、实心办事者，虽疏远之人而必用；有徇私利己、坏法乱政者，虽亲近之人而必黜。”[⑥]甚至提出，只要公正无私，“不当论其为满为汉也”。这一原则，

① 《朱批谕旨》卷216，《田文镜奏折》，雍正七年六月十五日折。
② 《清世宗实录》卷45，雍正四年六月乙丑。
③ 《清世宗实录》卷73，雍正六年九月甲戌。
④ 《清世宗实录》卷139，雍正十二年正月乙卯。
⑤ 《雍正朝起居注》，雍正四年十月二十六日条。
⑥ 《清世宗实录》卷74，雍正元年十月癸未。

在当时甚有积极意义。

世宗强调的“公”，是以忠君为前提的，公、忠一体，强调“公忠敬诚，真实无伪”。一次，他向群臣发表谈话：

> 尔等诸臣亦当公忠体国，视君上如元首腹心。若悠悠忽忽，安于习俗，而不知奋发鼓励，而诸臣自待居何等耶！况朕在藩邸阅历四十余年，人情世态无不周知，亦非可以欺隐蒙蔽者。如年羹尧、隆科多，营私挟诈，深负朕恩，不旋踵而事事败露。尔诸臣自度才干伎俩未必能如彼二人。若营私自便，稍有不检，不惟薄待其身，兼惧罹于国法，尚可立身朝端，为众人表率耶！①

他宠信的大臣，都具有这样的品质。

十三阿哥怡亲王允祥，极尽臣弟之道，忠于世宗，“精白一心，无欺无伪”，全力为他的政治需要服务。世宗说他“赤心为国，至诚待朕，明敏通达，廉洁正直”，其总理事务“无不精详妥协，符合朕心”，且“公而忘私，视国事如家事，处处妥帖，能代朕劳，不烦朕心”。更重要的是他不居功，“每承恩遇，益加谦畏”。雍正八年（1730）五月允祥去世，次日世宗便亲往祭奠，称赞他是“自古以来无此公忠体国之贤王”②。

雍正帝的另一宠臣鄂尔泰，也以公忠见信于世宗。据《啸庭杂录》卷10记载，康熙年间，世宗尚在藩邸，要求时任内务府员外郎的鄂尔泰为其办事，鄂尔泰以“皇子宜毓德春华，不可结交外臣”拒不承应。世宗认为他有公忠之气度，即位后召见他，赞赏他：“汝以郎官之微，而敢上拒皇子，其

① 《上谕内阁》，雍正五年四月十九日谕。

② 《上谕内阁》，雍正四年七月二十一日、八年五月初七日谕。

守法甚坚。今命汝为大臣，必不受他人之请托也。”之后官至封疆，在西南推行“改土归流”，立下不世之功。

雍正五年，新任云南巡抚朱刚上任，朱刚是世宗即位前的藩邸旧人，世宗说，鄂尔泰所行事事出于至诚，要他效法鄂尔泰。朱刚将此话转告鄂尔泰，并向鄂尔泰请教为官之道。鄂尔泰对朱刚说：“无甚神奇，只是一个至诚。事事从天上体贴下来，以一贯万，一切刑赏予夺皆听人自取，而了无成心。如果无欺，虽大过必恕；设或弄巧，虽小事必惩。我辈身任封疆，只须实心实力为地方兵民计，即所以酬恩，即所以自为，一切观望揣度念头皆无所用，一并不能用。”[①]他认为事君就是事天，必须至诚，无欺无隐，替皇帝分忧，以皇帝的意志为意志，不观望揣度。按此方法做，即使所办之事不甚妥帖，也会得到皇帝的谅解，反之，即使只犯小错，也会受到责罚。鄂尔泰的此番话，是有感而发的。雍正四年（1726）黄河水清，诸臣表贺，时任云贵总督的鄂尔泰与时任云南巡抚的杨名时所上贺表都不合要求，被通政司题参。世宗把杨名时交吏部议处，而对鄂尔泰则免于察议。同样的事情、一样的错误，处理却因人而异，自然引起议论。世宗道出他这样做的理由：

> 观人必于其素，不以一事之偶差而掩其众善，亦不以一端之偶善而盖其众愆。或为有心之过，或为无心之失，朕无不悉心体之。……鄂尔泰公忠体国，其办理之事，陈奏之言，悉本至诚，恺切之心以为事君之道。此等纯臣，求之史册亦不多见。故其本章错误之小节，朕不但不忍加以处分，并不忍发于部议。至于杨名时，巧诈沽誉，朋比欺蒙，从不实心办事，毫无亲君爱国之心，与鄂尔泰相去霄壤。今若因恕鄂尔泰之事而并宽杨名时之

① 鄂尔泰：《鄂文端公西林遗稿》卷5。

过，则赏罚不当，于朕公平待下之道转失之矣。[①]

以“忠、公”作为评判官员的标准，充分体现出世宗的用人原则。之后，世宗将鄂尔泰树为“模范督抚”，称赞他“居官奉职悉秉忠臣，此专心为国，而不知其他者”[②]，并为其题写“公忠弼亮”匾额。

另一“模范疆吏”田文镜，世宗说他忠君不欺，不避嫌怨，一心为国。雍正元年（1723）春天，田文镜奉命至华山告祭，路过山西，正值该省灾荒，地方官谎称无灾，匿灾不报，及至回京，他如实向世宗奏报，得到世宗信任。主政河南、山东期间，厉行世宗新政，清查积欠，提解耗羡，推行保甲，打击贪官，惩治不法绅衿，得罪了不少人。世人谓其刻薄，虐待读书人和富人，一时间“谤腾毁积，物议风生”。但他认为自己“惟知有君，则凡事悉秉至公”。世宗赞赏他的忠公，因而支持他，称他是“巡抚中之第一人”，在他的奏折上批示：“卿之是即朕之是，卿之非即朕之非，其间有何区别？”[③]

唯能是举　实心任事

“实”，即“以实心任实事”。清世宗本人即具有为政务实的思想，在其所推行初政的各项措施中，较为重视解决国计民生等实际问题。他要求臣下“凡百据实，一切无欺无隐”，时时“存忠君为国之实心，务立身行道之大本”。凡是实力奉行他初政的各项改革，就被认为是实心实政；凡是奉行不力，安于现状，回避矛盾，不愿得罪人，甚至怀疑和反对他的，就被指责

① 《上谕内阁》，雍正五年四月十九日谕。

② 《上谕内阁》，雍正七年十月十九日谕。

③ 《朱批谕旨》卷126，《田文镜奏折》，雍正七年八月初三日折。

为巧诈沽誉，不实心任事。世宗要推行他的政治和各项改革，必然要求有一支与之相适应、对各项政策实力奉行的官僚队伍，并将其作为判断官员优劣的标准，这是完全可以理解的。他说杨名时等人“操守虽清，而皆稍顾惜情面将就求容悦于人，故内外之人称誉之者甚多”，指责他们遇事总是先替自己打算，“巧诈沽誉，朋比欺蒙，从不实心办事，毫无亲君爱国之心”[①]。而田文镜、李卫、诺岷等人，“实心任事，整饬官民，不避嫌怨，因而遂不满众人之意，或谤其苛刻，或议其偏执，或讥其骄傲，故意吹索，加以评论”。进而指出：“此风若不悛改，必致封疆大吏皆以实心任事、整理地方为嫌，相率而为苟且之计，吏治何所倚赖乎[②]！”他不仅要重用这些人，还对他们加以保护。

雍正八年（1730），河南水灾，田文镜匿灾不报，不仅不加救济，还严催钱粮，饥民无法生存，遽而群起勒令富人借贷，造成地方混乱。有人就此密参田文镜，世宗知道后没有责罚他，还为他开脱，说：“实心任事之大臣，必无膜（漠）视民艰之理。大约因伊近来年老多病，精神不及，为属员之所欺瞒耳”，并说攻讦他的人“摇唇鼓舌”，命令不准再议论此事，但还是派遣刑部侍郎王国栋赶赴河南办理赈务[③]。

“能”，即“才能”。清世宗将才能视为选人用人的一项重要标准。他曾在其宠臣鄂尔泰讨论用人的一份奏折上写下朱批，说自己的用人方法就两句话：“可信者非人何求，不可信者非人而何。”[④]意思是对那些可信任但不能胜任其职的人，别对他抱有指望，而既不可信又不能胜任其职的人，不必给予他职务。他重视官员的可信度，同时将其才能结合起来一块考虑，有

① 《上谕内阁》，雍正五年四月十九日谕。

② 《清世宗实录》卷46，雍正四年七月戊戌。

③ 《上谕内阁》，雍正九年二月二十六日谕。

④ 《朱批谕旨》卷125，《鄂尔泰奏折》，雍正四年八月初六日折。

才而不肖，贤而无才，取前者而舍后者。并进一步指出：

凡有才具之员，当惜之，教之。朕意，虽魑魅魍魉，亦不能逃我范围，何惧之有？及至教而不听，有真凭实据时，处之以法，乃伊自取也，何碍乎？卿等封疆大臣，只以留神用才为要，庸碌安分、洁己沽名之人，驾驭虽然省力，唯恐误事。但用才情之人，要费心力，方可操纵。若无能大员，转不如用忠厚老成人，然亦不过得中医之法耳，究非尽人力听天之道也。①

明确提出用人要用有才能之人，这种人虽不免恃才傲物，驾驭他们需费些心力，但事能办好。若用庸碌安分之人，操纵倒是省力，但唯恐误事。所以，重要的是对有才具的人要爱惜和教导。他常说“天下人才难得”，要求“凡为督抚者，当为国家爱惜人才。而于参劾之间，尤当加意慎重。若误去一干员，其过更在误荐劣员之上”。说得很深刻，这是最好的爱惜人才的方法之一。鄂尔泰在看到世宗的这一朱批后，在此基础上做进一步发挥：

可信不可信原俱在人，而能用不能用则实由己。忠厚老成而略无材具者，可信而不可用，聪明才智而动出范围者，可用而不可信。朝廷设官分职，原以济事，非为众人藏身地。但能济事，俱属可用，虽小人亦当惜之，教之。但不能济事，俱属无用，即善人亦当移之，置之。②

① 《朱批谕旨》卷125，《鄂尔泰奏折》，雍正四年八月初六日折。

② 《朱批谕旨》卷125，《鄂尔泰奏折》，雍正四年十一月十五日折。

鄂尔泰认为只要有才能，能干好事，就是可用之人，即使是小人，也要爱惜他，教导他。如果没有才能，不能干好事，就属不可用，即使他是大家公认的忠厚老成之人，也要将其调离，或弃之不用。世宗十分赞同鄂尔泰的观点，称赞其所论“实可开脱人之胸襟”。

世宗说：“盖自古迄今，大抵中材居多，欲求出类拔萃之贤，世不屡觏”，因此对有才能之人，他常打破成例加以擢用，使人才能够脱颖而出。他说：“朕用人原只论材技，从不拘限成例。”[1]官员的考选、升转有严格的规章，注重出身、资历等。世宗说：“国家用人，但当论其贤否，不当限以出身。朕即位以来，亦素重待科甲，然立贤无方，不可谓科甲之外遂无人可用，倘自恃科甲而轻忽非科甲之人，尤为不可。”[2]他要求地方大员，如遇到才守兼优之人，即使总督、巡抚、布政使、按察使等职位，只要认为其可以胜任，都可以不必按成规，不拘资格或官阶，密行保奏，越级保题。“忠、公、实、能”这四项品德才力，世宗并不独以此要求官员，而是把它同发展政治和改革弊政的要求结合起来，把合适的人放到合适的职位，去干合适的事。

对于“廉”，世宗将其作为对官员的一项基本要求，而不是作为一种品德来看待。他说：“操守清廉乃居官之大本……故凡居官者，必当端其操守以为根本，乃可勉为良吏”[3]，要求官员“以循吏为楷模，以贪墨为警戒”。与其他统治者不同的是，世宗不是要求官员一文不取，而是要求他们“取所当取而不伤乎廉，用所当用而不涉于滥。固不可朘削以困民，亦不必矫激以沽誉。如一切公用犒赏之需至于拮据窘乏，殊失封疆之体，非朕意

① 《朱批谕旨》卷127，《石麟奏折》，雍正十年九月二十五折。

② 《上谕内阁》，雍正四年七月十三日谕。

③ 《清世宗实录》卷67，雍正六年三月己未。

也”。他威胁说：“取与之际，任尔为之，但须还朕一‘是’字而已。”①

封建时代，由于制度的缺陷，“十年清知府，十万雪花银”，官员的贪腐成为常态。世宗力图从制度上改变这一恶劣风气，他以强硬的手段惩治贪腐的同时，向官员发放养廉银，增加了官员的收入，使官场贪腐的风气得到很大改善。王先谦《东华录》记载，乾隆间流行“康熙年间有清官，雍正年间则无清官”之说。这是指雍正年间吏治比康熙年间的要好。所谓“清”，是相对于“不清”而言的，去除掉“不清”的环境，没有了“不清”，也就无所谓“清”了。所以，章学诚在《文史通义》中说：“今观传志碑状之文，叙雍正年府州县官，盛称杜绝馈遗，搜除积弊，清苦自首。革除例外供支，其文洵不愧于循吏传矣。不知彼时逼于功令，不得不然。千万人之所同，不足以为盛节，岂可见阉寺而颂其不好色哉！”

① 《朱批谕旨》卷3，《杨名时奏折》，雍正元年七月初六日折。

五

改革赋役　发展经济

SHUDU QINGSHI
YONGZHENG BIANGE

地丁合一

督抚奏请 批准试行

据《朱批谕旨·黄炳奏折》记载，雍正元年（1723）六月，山东巡抚黄炳了解到丁粮分征使贫民逃亡的问题很严重，以山东地少丁多，农民穷苦，奏请按照土地的多少摊派丁役。他说有地则纳丁粮，无地则去丁粮，使贫富负担均平，这才是善政。黄炳是第一个提出丁银摊入地亩征收的封疆大吏，他的意见对于推动“地丁合一”的全面实行具有重要意义。

“地丁合一”，也称“摊丁入粮”或“摊丁入亩”。世宗对这一问题十分留心，但此时他还缺乏对此问题的深入思考。他认为摊丁之议虽然关系甚重，但不可轻率，因此不但没有接受黄炳的建议，还责备他“冒昧渎陈”，并告诉他办理好刑名钱谷才是正事，不要越例，额外生事。一个月后，直隶巡抚李维钧以丁银偏累穷民，从有益贫民考虑，奏请“摊丁入粮”。他还说富裕的人肯定不乐意这样做，势必会出来阻挠，而户部也只会根据常规来办，不愿变通，也不会准予这样办，因此只有请皇帝乾纲独断，批准自己在直隶实行。他奏报说，自己在做州县官时就确切知道这一弊端，还指出“摊丁入粮”曾在山东、江西、四川三省试行过，效果都很好，因此自己才敢题请实行，并进一步指出：“若推之他省，则利民无穷！”[1]

在一个多月的时间内，两位封疆大吏提出同一问题，引起了世宗的重视和思考。他不再像对待黄炳那样责备李维钧，而是把他的题本交给户部去讨论，并批示：“此事尚可少缓。更张成例，似宜于丰年暇豫、民安物阜之时，以便熟讲利弊，期尽善尽美之效。”[2]看得出，这次世宗没有明确反对，只是认为兹事体大，办理须慎重，要寻找合适的时机。

很快，户部议复，同意李维钧提出的意见。世宗仍不放心，又命令九卿詹事科道共同议奏。诸臣提出他们所担心的四条意见，大体为：亩有大小，按田分摊，并不平均；有人卖田，卖的都是好田，剩下次田，再缴丁银就有困难；卖田之人不仅要替买主纳粮，还要代纳丁银，不太公平。世宗要李维钧就九卿等提出的问题详细筹划，做到对国库无损，对穷民有益。李维钧回奏称，准备把地亩分为上、中、下三等，按地亩等级摊入丁银，这样就可解决土地好坏带来的负担不均问题。世宗认为李维钧“分析甚明，筹度极当”[3]，批准他于雍正二年（1724）在直隶实行。世宗还要求首先提出此问题的黄炳去了解直隶实施“地丁合一”的具体情况，以便完善山东的方案。黄炳将直隶实施“地丁合一”取得良好效果的情况奏报世宗，并题请照直隶之例，于雍正二年在山东实行。

雍正二年十二月，云南巡抚杨名时也题请在云南实行“摊丁入亩”。他说云南地处边徼，穷民受丁差之苦更甚于直隶，有的人家没有一间房屋，没有一寸土地，人丁也不兴旺，但户口册上的丁役数却有多人。这是因为在

①②《朱批谕旨》卷10，《李维均奏折》，雍正元年七月十二日折。
③《朱批谕旨》卷10，《李维均奏折》，雍正元年十月十六日折。

编审户口时没有将死去的丁口减除，世代相沿，俗称“子孙丁”。这些人承担着先人留下来的徭役，这既不合理，于国于民也都十分不利，要求如直隶一样实行“地丁合一”，并称这是“实苏民困之急务”。世宗批准了他的请求，于雍正四年（1726）在云南正式实施“摊丁入亩”①。

全面推行　意义重大

在世宗的支持和推动下，“地丁合一”在全国各个直省中相继推行。从雍正二年（1724）至七年（1729），山东、直隶、云南、福建、浙江、河南、陕西、甘肃、湖北、江苏、安徽、江西、湖南等省陆续实行了“地丁合一”政策，山西、贵州稍迟。山西于雍正九年（1731）才开始试行，而到乾隆时期，才真正逐步实行；盛京、吉林等地区，由于是“龙兴之地”，情况特殊，加之“户籍无定”，直到清朝末年才开始实行。

“地丁合一”的政策在全国各直省的全面推行经历了较长时间，各省并不平衡，有其复杂性，在一些地区遇到的阻力是很大的。浙江省在雍正二年（1724）就准备在原来部分州县已实施摊丁入粮的基础上，在全省范围内推行，但遭到了富人的反对。他们纠集百余人到巡抚衙门阻拦，逼得巡抚法海表态暂不实行。此举又引起无田无地的穷人反对，他们也聚集到巡抚衙门，要求实行“摊丁入亩”。就这样，两种势力的斗争使浙江摊丁入亩之事被迫搁置。雍正四年（1726），李卫出任浙江巡抚，再次提出实行“摊丁入亩”的问题，但仍遭到绅衿们的激烈反对。在乡试期间，绅衿千余人聚集钱塘县衙请愿，不许实行“摊丁入亩”政策，并勒令商人罢市。李卫以强硬手段制

① 《清史列传》卷14，《大臣画一传档正编十一・杨名时》，第1051页。

服了闹事者，在全省范围内强力推进，终于将这一政策推行到浙江全省[①]。

“地丁合一”的征收办法，大体上是以州县为单位，把康熙五十年（1711）该州县丁役银作为应征的基准数额，平均摊入到田亩中随田赋征收。具体做法有两种：一种是将丁役银平均摊入田赋中，由土地所有人将田赋与丁役银一并完纳。这种办法着眼于田赋，田粮多的，摊入的丁役银就多，田粮少的，摊入的丁役银就少。另一种方法则着眼于土地，即把丁役银平均摊入到田亩中，土地多的，摊入的就多，土地少的，摊入的就少。两种办法各有侧重。因为田亩有好坏之分，田粮则是实在的产出，所以着眼于田粮征收较为合理，因而大多数地区都采用这种方法。从实际的运行情况看，政府实际所得，按田亩征收比按田粮征收要高出许多。同时，各地区因丁役总量的不同，即使是同一种征收方法，摊入的丁役银也是不同的。

“地丁合一”，这是中国赋役史上的一次重大改革。这样做，赋役不再按地、丁分开征收，而是把作为差徭按人头征收的丁税银并入到地亩中征收，差徭与田税合并，改变了丁役银征收的途径，而该项税费，政府并没有将其取消，人头税依然存在；如果从征收的对象而言，政府只按田亩或田粮的多少征税，而不再对某一具体的人丁征税，从这个意义上说，又等于取消了人头税。这是具有进步意义的改革，这样做，“民纳地丁之外，别无徭役”，从客观上减弱了政府对人民的人身控制，“民轻去他乡，五方杂处”，无地或少地的人可从土地上解放出来，促进劳动力的增长和流动，有利于城镇和商业的发展，为封建社会注入了一丝资本主义的因素。同时，也使封建国家的户口编审制度显得不那么重要，到乾隆三十七年（1772），清政府最终下令永行停止户口编审。

再者，“地丁合一”的办法，正如肖奭《永宪录》中所说的，使“穷

① 《小仓山房文集续集》卷35。

民无累，国赋无亏”，是一项损富均贫的政策，于国于民都有利。地多粮多的就交得多，地少粮少的就交得少，无田无地的贫丁不用再交丁银。换句话说，富人交得多了，穷人少交甚至不交，有利于防止和调剂贫富之间的过分分化，对此，世宗和他的臣僚们是清楚的。他说：“丁银摊入地亩一事，于穷民有益，而于绅衿富户不便。”[1]同时，“地丁合一”不仅使赋税征收变得简便，还保证了赋税的如数征收，因为丁银更多地摊给了富户，他们完赋的能力远远超过贫苦的农民，这也正是清王朝推动这项政策实施的重要目的。

① 《上谕内阁》，雍正四年七月初二日谕。

『务本重农』若干举措

重视农本　亲行耕耤

传统中国是一个小农经济社会，农为天下之本务，所以历代统治者都十分重视农业。清世宗也不例外。他说："农事者，帝王所以承天养人，久安长治之本也"，宣称自己"无刻不以重农力穑为先"[①]。他即位不久就发表讲话："我国家休养生息，数十年来户口日繁，而土地止有此数，非率天下农民竭力耕耘，兼收倍获，欲家室盈宁，必不可得。"[②]世宗秉承传统的重农务本思想，称："朕观四民之业，士之外，农为最贵，凡士、工、农、贾皆赖食于农，以故农为天下之本务，而工贾皆其末也。"[③]雍正五年（1727）三月初三日，世宗特地发布了一个重农的上谕，把重视农业、发展农业提升到保障国家长治久安的高度，并要求大臣们像他一样重视农本，

① 王先谦：《东华录·雍正十》，雍正五年三月庚寅。

② 《上谕内阁》，雍正二年二月初九日谕。

③ 《雍正朝起居注》，雍正五年五月初四日条。

称：“盖国以民为本，民以食为天。农事者，帝王所以承天养人，长治久安之道也。”还说：“养育万民，传及后世，田畴既辟，成法俱详。为君臣者倘不能实尽其重农务本之道以养民生，对之古人，能不深愧！”[①]他一心一意发展农业和推进农业生产，并为此采取了许多的措施，但仍然使用的是传统的方法。

首先就是亲行耕耤（也写作耕藉）礼。“国之大事，在祀在戎。”祀礼是周天子以后各封建帝王建立国家秩序和维护统治的重要手段。在吉、嘉、军、宾、凶五礼中，仅吉礼就分为大、中、群祀三类78种之多。每一种祀礼的设立，都具有其强烈的政治意义和象征意义。祭先农是中祀的重要礼仪之一，每到春天开播前祭祀，祈求丰收。清代祭祀先农始于顺治十一年（1654）。康熙十一年（1672），清圣祖亲诣先农坛祭祀，这也是圣祖唯一一次亲往祭祀先农，其余年份都是遣官祭祀。到雍正二年（1724），清世宗再亲诣先农坛祭祀，已是“五十余年之旷典”。与其父不同的是，自此后，世宗每年都亲往祭祀，十二年从未间断。

世宗对祭祀先农十分重视，在雍正元年（1723）就传下谕旨：“明岁先农坛耕耤之礼，朕理当亲行，凡一应修理之处即行预备。”皇帝每次祭祀先农，必行耕耤礼，亲耕耤田。所谓“耤田”，是专为天子亲耕而开辟的一块田地。《礼记》记行耕耤礼：“天子亲载耒耜，措之于参保介之御间，帅三公九卿诸侯大夫躬耕帝藉。天子三推，三公五推，卿诸侯九推。”雍正四年（1726），世宗颁发谕旨，要求从督抚到州县的各级官吏都要亲行耕耤礼，使他们“知稼穑之艰，悉农民之作苦，量天时之晴雨，察地方之肥硗”。之后，礼部议定：“自雍正五年为始，每岁仲春亥日，各率所属行礼如仪。

① 《上谕内阁》，雍正五年三月初三日谕。

所收米粟，敬谨收贮，以供祭之粢盛。其祭先农坛之礼如祭社稷。”[①]雍正五年（1727），详定了耕耤仪节，以四亩九分为耤田，于耤田之后设立先农坛。自雍正五年始，各地便开始祭祀先农和行耕耤礼，之后形成传统，直至清末。

世宗亲往祭祀先农并亲行耕耤礼，不仅清楚地表明他对农本的重视，也带动了地方官吏对农业的关注，营造出全社会重农的氛围。虽然每个地方只有四亩九分的耤田，但官员如能真正种好这块田，便可了解到天候、肥力等，借以了解本地的农业生产状况。

鼓励垦荒　开扩耕地

世宗认为开垦一事于百姓最有裨益，要求凡有可垦之处，允许民间相度地宜，自垦自报，并针对之前开垦中存在的官员勒索、胥吏阻扰情况发出警告。为了鼓励民间开垦的积极性，世宗改变成例，提高新开田亩的科税年限，开垦的水田六年起科、旱田十年起科，起科后官给执照，永为世业，并声明永著为例；民人有情愿开垦而力不能及的，由官府借给牛、种、口粮，三年以后照数归还。

除了鼓励民人开垦外，清政府还有组织地开展直隶营田。直隶营田有两项内容：疏浚修治河道和造田，在北方开展水稻种植。雍正三年（1725），京畿直隶发大水，淹了很多的地，严重影响了农业生产。世宗决定整治畿辅地区水利，派怡亲王允祥、大学士朱轼率员考察。次年春天，允祥等人制成水域图进呈，“凡山川细流莫不穷究竟委”。世宗非常欣赏，下令设水利营田府，下辖4个营田局，委派允祥总负责。畿辅地区虽然水系发达，但因地处

① 《清朝通典》卷44，《礼四》。

北方，从来不种水田。世宗将水稻种植引入该地区，并命令从浙江招募有经验的老农教授北方农民水田耕种之法；种植水田所需农具、水车等也雇浙江工匠制作，直隶工匠跟从学习，做长期种植的打算。营田很快取得了效果。据《清实录》记载，直隶营田共8287顷37亩，禾稻茂密，高四五尺，每亩可收谷五、六、七担不等。种了田，也收了稻谷，但北方人不习惯吃稻米，所收稻谷卖不出去。世宗怕谷贱伤农，命令发官帑平价收购。

在一些地方，政府还组织军队屯垦。滇东北的乌蒙府是雍正时期大规模"改土归流的重点地区，在以强硬的军事手段推进这一地区的改流后，民户逃亡，大量土地无人耕种。同时，为更好地控制这一地区，清廷改设乌蒙镇，派遣大量绿营兵驻扎，士兵的口粮成为需要解决的问题。有鉴于此，云贵总督鄂尔泰提出："乌蒙地广田多，应将无业田地，每兵赏给三十亩，或有余丁，准其倍给，并量与牛、种、银两，劝令开垦"[①]，得到世宗批准。

世宗对垦荒之事可谓不遗余力，反复强调："国家承平日久，户口日繁，凡属闲旷未耕之地，皆宜及时开垦，以裕养育万民之计。是以屡颁谕旨，劝民垦种。"[②]地方官凡奏报开垦事宜，他都鼓励支持。在世宗的号召下，垦荒取得了积极成果。据《清实录》记载，雍正十二年（1734），全国田、地、山、荡、畦田地890 1280顷24亩有奇，较之康熙六十年（1721）的7356450顷50亩有奇，增加了154 4936顷77亩，增幅为21%。但同时，地方官虚报邀功之风也渐长，"以虚粮累民"的情况普遍存在。世宗晚年也认识到这一问题。他说地方上报垦荒，有的以多报少，有的以少报多，或将已经开垦的土地重报，或荒、熟地亩不分，混行造报，表示要分情况给予处分。他死后，人们对雍正年间捏报垦荒的指责不绝于耳，被认为是清世宗的弊政

① 《清世宗实录》卷96，雍正八年七月乙酉。

② 《清世宗实录》卷80，雍正七年四月戊子。

之一。乾隆皇帝即位后，指责部分官吏“名为开荒，实则加赋”，并做出规定：“嗣后各督抚宜仰体皇考爱民至意，诚以办理，凡造报开垦亩数，务必详加核，实系垦荒，然后具奏，不得丝毫假饰以滋闾阎之扰累。”[①]有的官员提出要严惩捏报开荒者，以避免“仁民之政，反启累民之阶”。

清查隐田　保障田赋

在小农经济时代，田赋是税赋的最主要来源，只要隐匿田地，就可以逃避赋税。鉴于隐匿田地不易清查，雍正二年（1724），河南总督田文镜提出允许民间自首其隐匿的田地，民人只要报出隐匿的田地，并交纳完当年的钱粮，则不论以往隐匿的年头有多长，一概不再追征；对以往官吏的失于查察，亦不究参，以便他们安心办事。世宗批准了田文镜的建议。这一政策在河南实施，当年就见成效，河南全省报出隐地2500余顷，应征钱粮6400余两，实际征收了4400多两[②]。但这一做法在各地区发展不平衡，有的地方开展得不力。雍正五年（1727），世宗下令，允许民人在一年之内自首隐田，可免治其隐匿之罪，之后又展限半年。这一次，各地执行得较认真。

清查隐田的另一项措施是清丈田地，此方法主要在四川使用。在世宗发出允许一年内自报隐田的命令后，四川巡抚马会伯奏称，该省随着人口增多，垦田也多，但隐匿田地的问题也十分突出，民间因田地纠纷引起的诉讼也日益增加，要求清丈田地，以解决上述问题。清丈土地历来难于实行，是因为触犯太多人的切身利益，统治者一般不会这样做，怕引起社会动荡，只有在大规模社会变革时期才会进行。对于地方官的请求，世宗非常慎重，他

①《清高宗实录》卷4。雍正十三年十月乙亥。

②《朱批谕旨》卷126，《田文镜奏折》，雍正三年八月初三日折。

说：“丈量乃系必不可行之事，必视乎其人，因乎其地，斟酌万妥，然后举行一二处。”[1]即找一两个地方先行试点，即使这样也要慎重处理，不可轻举。雍正六年（1728），世宗批准了四川官员清丈田地的请求，并派遣人员前往办理。据称取得不错的效果，对于地方的“民生风俗大有裨益”。但在具体实施过程中，一些参与清丈的官员却乘机大肆勒索，受贿放卖。清丈原本就触及了一部分地方豪强的利益，于是他们便借机反对。有的省份想效仿四川的做法，如贵州布政使鄂弥达就提出清丈的请求，世宗指责其“甚属孟浪”，说“清丈之说不可轻举”[2]。清丈田地并没有在全国普遍开展。

老农总吏　顶戴荣身

雍正二年（1724），世宗认为农民辛苦劳作以供赋税，对国家的贡献不仅工贾之人不及，不肖士人更不如他们，因此下令州县官于每年在每个乡选取一二名勤劳俭朴、没有过失的老农，给予其八品顶戴，即所谓“老农总吏之例”。给予老农顶戴，其意图在于表彰勤劳之人，树立榜样，以便民众效仿，同时也赋予这些老农一定的权力，让他们起到农官的作用，督促农民生产。应该说，世宗的出发点是好的，但地方官在实际的运行中走了样。老农由绅衿保举，地方豪民就行贿绅衿，使得勤劳本分的农民很难入选，而一些奸猾无赖之辈倒能顶戴荣身，并借以大耍威风，作恶乡里；甚至有的地方，“老农”击鼓升堂，传见乡民，以父母官自居；有的则自称“某县左堂”，立旗帜，设牢房捕役，俨然一命官，以其有八品顶戴，欲凌驾于朝廷正式任命的九品巡检和未入流的典史之上。后来，世宗发现了这些问题，命令将冒

① 《上谕内阁》，雍正六年十月初七日谕。

② 《朱批谕旨》卷125，《鄂弥达奏折》，雍正六年九月十一日折。

滥生事的“老农”革退，准许那些不法的“老农”及保举他们的官吏、绅衿自首后免于追究，又命令把一年一举改为三年一选。尽管采取了上述措施，但因为选期加长，顶戴更难得，贿举依旧，甚至比之前更甚。鉴于此举存在的弊端，乾隆皇帝即位后，便废止了“老农总吏之例”。

另外，世宗还向直隶派遣过巡农御史。雍正七年（1729），世宗发表谈话，说之前有人条奏：“请于各省设立农官，以司劝课；或设巡农御史，令其巡行郡邑，劝勖农人及时力作，以足敦本业而防游惰。”他认为有必要试一下，决定每年派遣御史一员，于二月农事开始时到直隶巡视，并规定其任务是“察农民之勤惰，地亩之修废，以定州县考成。有其因循推诿以致荒废农田者，即行参处。该御史亦勤加劝课，督令耕耘”，于九十月回京复旨[1]。派遣巡农御史的实际效果以及是否将此扩大到其他省份，未见记载。

世宗重农的政策措施还有很多，如修浚河道、开发水利、蠲免钱粮、限制烟草种植等等，不再一一叙述。总之，世宗重农务本，是出于当时的社会经济环境和维护社会稳定的需要，客观上促进了农业的发展，虽然有些做法欠妥，甚或乖张，带来一些负面影响，但他为重视农本，为发展农业，事无巨细，亲力亲为，则是值得赞许和肯定的。

① 《清世宗实录》卷78，雍正七年二月甲午。

十余年严禁开矿

矿禁态度　逐渐严厉

与重农务本相对应的是，在雍正朝的十余年间，世宗始终对开矿持严禁的态度。

在中国封建社会的各个历史时期，在对待矿业发展的问题上，一直在严禁与弛禁两端左右摇摆，在经济利益与社会控制之间反复权衡。严禁与弛禁的选择，取决于当时的历史背景和社会经济发展条件，也与统治者个人的意志密切相关。

清代的矿业，自清朝初年平息"三藩之乱"之后才真正有所发展。限于当时的历史条件和明末矿税大兴引起社会动荡的教训，圣祖认为，"开矿事情甚无益于地方"，除了将开采铜矿作为一项平息"三藩之乱"的善后措施，有限度地批准过云南进行开采外，在全国范围内，矿山均被封闭，开矿仍是被禁止的。世宗即位后，出于加强社会控制的考虑，严禁开矿的政策变得更为严厉。

雍正元年（1723）初，针对广东巡抚年希尧奏报大量民人聚集偷挖矿山，派兵驱逐的情况，世宗有如下朱批：

> 民利未必能全禁。只要地方官不贪取，容忍聚多，不令至于数百，又不官采，又不明开，权巧相机而行方可。若尽行停止，行得来时，妙不可言，恐此图利小民不能忍受也。此不过朕数千里外遥夺之言，总要你们地方官公正，实心筹划，认真任事，那里有行不来的事？①

他既承认不能禁止民人逐利，又不许聚众至数百人，指明这既不是官采，也不是明着开采，言外之意，可以允许少数人在半公开状态下采矿，但又要求地方官“权巧相机而行”。可以看出，世宗的批示模棱两可，并无定见。如何贯彻皇帝的意志，真难为了这些地方官。但没过多久，世宗严厉禁矿的态度就明确了。

大约在雍正二年（1724）五月，通政司右通政梁文科提出允许广东开矿的建议。他认为广东滨海地区，水多田少，一旦遇到歉收之年，百姓就要挨饿，故而须预先筹划，让百姓有得以糊口的生计，而“广东各处山内出产铅锡，原系天地自然之利，可以赡养穷民。今年奉禁不许刨挖，则民间无此生业。嗣后似应任民刨挖，以为糊口之计”。世宗在收到梁文科的陈奏后，将梁的奏折发交两广总督孔毓珣，要其提出意见，并说“不但梁文科如此具奏，更有人言及此”，意思是已有很多人提出过类似的建议。六月，孔毓珣回奏称：

① 引自《清代的矿业》上册，中国人民大学清史研究所、档案系中国政治制度史教研室合编，第22页。

查广东田少人多，穷民无以资生，铅锡等矿原系天地自然之利，所以资养穷民。臣愚以为弃之可惜，不如择无碍民间田地庐墓、出产铅锡之山场，招商开采，俾附近穷民可借工作养生，并堪抽收课饷，实系有益无损。[①]

孔毓珣不仅支持梁文科的意见，还进一步提出了两项具体措施：一是避开田地庐墓，不破坏农田，不损毁坟墓。这是小农经济时代和宗法观念下社会的至高权益，只有避开这个问题，开矿活动才有可能进行下去；二是招商开采，也就是要引入民间资本，公开设厂办矿，使开矿活动公开化。世宗把孔毓珣的意见交给户部讨论，户部议复："应将该督所请听商开采置厂委员之处无庸议可也"，否定了孔的意见，并强调，"广东人多田少，产米无多，若开采，则各处之人闻声而起，至者必众，食口愈多，则米食愈难接济，理所必然也"。世宗支持户部的意见，批示："奉旨开采之说断不可行。"在雍正二年（1724）九月给孔毓珣的一道奏折朱批中，世宗进一步陈述了他禁矿的主张：

夫养民之道，惟在劝农务本。若皆舍本逐末，争趋目前之利，不肯尽力畎亩，殊非经常之道……矿砂乃天地自然之利，非人力种植可得，焉保其生生不息？今日有利，聚之甚易，他日利绝，则散之甚难，曷可不彻始终而计其利害耶！至于课税，朕富有四海，何借于此？原因悯念穷黎起见，谕尔酌量令其开采，盖为一二真实无产之民，许于深山穷谷觅微利以糊口资生耳。尔等揆情度势，必不致聚众生事，庶几或可。若招商开厂，设官征

① 《朱批谕旨》卷7，《孔毓珣奏折》，雍正二年六月二十四日折。

税，传闻远近，以致聚众藏奸，则断不可行。

世宗谕令孔毓珣：且闻所聚矿徒已有名目，将来为害不轻，非比一二穷民偷采，或可法外宽宥。断宜速行严禁解散，无使兹蔓。①

他的结论是招商开厂、设官征税断不可行，现在聚集的矿夫必须马上解散。理由有三条：一是不能舍本逐末。解决穷民的生活问题，根本不在于逐末开矿，而在于重农务本，如果人们都去争目前之利，而不去耕种田亩，不是常道，毕竟矿砂终是有限的，又生不出来；二是从社会稳定考虑，害怕会出乱子。开矿必然会使民人聚集，聚集的人多了，容易出乱子。他曾了解到广东有一二十万矿夫，这样庞大的数字是令人担心的。再者，人们聚起来容易，一旦矿挖完后，如何解散这些矿夫也是问题；三是朝廷不在乎这点矿税。

督抚清开　严行禁止

差不多在同一时间，李绂出任广西巡抚，在陛辞时，世宗要他对开矿之事留心。他到任后就报告，广西矿徒盘踞，时时窃发，并称正要准备严禁时，听到了两广总督孔毓珣条陈开采，因而将禁矿之事暂时搁置，但表达了对将来矿徒滋事的担心。李绂所在的广西是两广总督的辖区，他其实不赞成开矿，但又不好公开表明反对两广总督孔毓珣的主张，因此才有此奏折。世宗将孔毓珣的奏折发给他看，并命令他“协力禁止”。

世宗将禁矿的态度对臣下表明后，仍有一些封疆大吏从本地区的实际情况

① 《朱批谕旨》卷7，《孔毓珣奏折》，雍正二年九月初八日折。

考虑，要求部分开放矿禁。雍正五年，贵州巡抚何世瑾奏请开放贵州省部分铅矿，他说：

> 窃臣履任时，黔西商民纷纷具呈请开矿厂。臣初虑有利不能无害，不敢轻率准行。既而思之，黔省土瘠民贫，不习织纴之法，复不擅商贾之资，止借耕获营生，而山高岭峻，转运维艰。惟矿厂一项，乃天地自然之利，但能经画有方，防范得法，上可益课，下可便民。商之督臣鄂尔泰，亦以为可。遂行查验，羊角、柞子、白蜡三厂已有成效。其余所报之处，现在饬司清查，一有实效，议定作何抽收之法，再会同督臣确议具题。①

何世瑾提出开发贵州铅矿的很多理由，其中最重要的是，云贵为同一总督辖区，云南铜矿的开采获得清政府的特别许可（相关内容将在下节讨论），滇省设炉鼓铸钱文，当时缺乏鼓铸所必需的铅，而临近的贵州盛产铅，并试产有效，所以总督鄂尔泰才会同意，何世瑾才敢上奏，也才会获得世宗的批准。从他所说的“不敢轻率准行”来看，禁矿政策确实很严厉，地方官不敢轻易渎陈。云南开采铜矿、贵州开采铅矿纯属个案，更严厉的禁矿措施随之而来。雍正朝修订《大清律例》，增补了许多有关私挖盗采的律条，对于盗挖诸如金、银、铜、铁、铅、水银等不同的矿砂，论斤计量，分别作价，“俱计脏，准窃盗论”；并根据聚集人数的多少、为主为从、初犯再犯、有无拘捕等情形，分别处以枷号、充军、绞、斩等刑，甚至对通风报信、知情不报者也都规定了惩治措施。

而对于那些喋喋渎陈请开矿禁的官员，世宗均严厉斥责。如两广总督孔

① 《朱批谕旨》卷35，《何世瑾奏折》，雍正五年闰三月二十六日折。

毓珣，广东布政使王士俊、按察使楼俨，受世宗“格外成全委任”，而他们“反有开矿之请”，被责问“是何意见耶”？雍正九年（1731），世宗再次重申：“粤东矿厂，除严禁之外，无二议也。”八年正月，四川总督黄廷桂奏请开采全竹坪、白腊山等处铜铅矿，世宗斥责其：“识见殊属庸愚之至！所谓守突奥之萤烛，未仰天庭而睹白日者也！”并威胁说：“万一酿生事故，所关非浅”，要求他将四川已开和准备开的矿厂概行封闭，令商民各回本籍，稍有奉行不力，“身家性命未足偿厥辜也”[①]。态度如此坚决，说得这样严重，地方官谁还敢再提开矿之议！

雍正十二年（1734），广东总督鄂弥达奏请开采惠州、潮州、肇庆、韶州等地的矿产，就近鼓铸以通钱文，说这是“应时变通，以疏众获之源”。他针对世宗担心的聚集矿夫多了之后易聚难散，恐滋生事端的担忧，举出广东冶铁佣工者不下数万人而相安无事的例子，并对聚集人多则推高谷价的说法提出反驳，指出：“以本地之利养本地之民，即以本地之人食本地之谷。未开采之先，人不少而谷不加多。既开采之后，人不多而谷岂见少？”意谓只要控制得力，不让外省游手好闲之人冒入充工，就绝没有人满为患之虞，就能达到“上裕国课，下养穷黎，流布钱文，通济邻省”的目的[②]。雍正朝后期，一直在为鼓铸钱文和打击私铸犯愁，可能是鄂弥达提出的“流布钱文，通济邻省”的说法打动了世宗，所以世宗批准了鄂弥达的请求。但遗憾的是，就在世宗去世前的雍正十三年四月，他又收回了成命，以“广东近年以来年谷顺成、米价平减、盗贼减少，地方宁谧，从前风景迥异。今若举行开采之事，聚集多人，其中良顽不一，难于稽查管束，恐为闾阎之扰累”，命令鄂弥达停止举办，将已开各矿一律封闭[③]。

---

① 《朱批谕旨》卷218上，《黄廷桂奏折》，雍正八年闰正月十八日折。

② 《清经世文编》卷52，《王同政（王太岳）议》。

③ 《上谕内阁》，雍正十三年四月十七日谕。

整个雍正朝的十余年间，对矿产的开采一直采取禁锢的政策，这是世宗重本抑末和维护封建秩序思想的直接反映。他害怕开矿会冲击传统农业，矿夫“易聚难散”会引起社会不安定，因而一直对开矿采取严禁的政策，唯独对铜矿的开采，特别是滇铜的开采，则有所开放。

滇铜开采　一枝独秀

铜斤匮乏　钱贵银贱

清代货币以银、钱通用，以钱文作为银子的补充。清政府规定，每两银子兑换制钱一千文。但在实际兑换时，每两银子究竟能够兑换多少钱文，得视钱文总量的多少和流通情况而定，每个时期、每个地区的情况是不相同的。总体而言，在康熙、雍正时期，钱贵银贱的现象十分普遍。由于制钱所需原材料铜和铅的短缺，在大多数地区，每两银子换不了一千文钱，一些地方每两银子只能兑换六七百文，即使经过多年的努力，到雍正末年时，也才达到每两银子换制钱八百多文。雍正九年（1731），因京师钱价昂贵，户部建议政府拿出制钱，以九百五十文兑换一两银子买进，时机成熟后，再以一两银子兑一千文钱卖出，以平抑钱价。

钱价昂贵，一些不法之徒就通过私铸小钱从中获利。铜钱一般按铜六铅四的比例搭配，雍正时期因为铜少，改为铜铅各半搭配，由官府设炉鼓铸，字迹清楚，棱角分明，质量是有保证的。私铸小钱量轻质次、字迹模糊。如称为“沙板钱”的私铸小钱，铜少铅多，钱小而薄，中间还有小砂眼；还有称为“锤扁钱”的，因为钱小而轻，所以将其锤扁，弄成标准制钱大小。一些不法之徒甚至将政府的制钱熔铸后私铸小钱。

私铸小钱破坏政府钱法，干扰金融秩序，减少了政府收入，理所当然地遭到清政府的严厉打击。但由于利润丰厚，私铸难以禁绝，河南、湖广的私铸之风尤甚。应对私铸的最好的办法就是广开鼓铸，增加政府的制钱。但在当时，铜的产量十分有限，加之运输困难、成本高，清政府不得不多方设法筹措制钱所需的铜斤。主要的措施之一是购买日本洋铜。

康熙四十五年（1706），责成江南等八省购置洋铜，以保证京师宝泉、宝云两个制钱局所需铜斤。其后，又由户部拨发银两，专责江苏、浙江两省组织商人赴日本购铜。越洋购铜风险很大，不时沉船，加之日本人不断涨价，实际购回的洋铜数量也很有限，大概每年只购得一百三四十万斤，远远满足不了铸钱的需求。而到雍正年间，洋铜的数量急剧减少，供需矛盾更加突出，于是清政府开始采取铜禁政策，以保证京师鼓铸。

雍正四年（1726）初，世宗命令除制造礼乐器所必需外，其他器皿一律不许使用黄铜制造，已经铸成的，要当作废铜交官府，官府估给价值；如果今后再有违例用黄铜制造器皿者，失察官员、买用之人亦一律照例议处。同年九月，他再次下令，只准三品以上的大臣用黄铜器皿，其他三品以下的官员和老百姓一概禁止使用，现有的黄铜制品交售官府供鼓铸之需。他还亲自带头不使用黄铜器皿。一时间，宫中铜器顿减。除京师外，世宗还要求地方派出专官办理禁铜，设立收买铜器的公所，动用藩库银收购铜器。甚至还规定，欠粮的人可以交纳铜器抵消欠粮。各地方为了收缴铜器，可谓花样百出、别出心裁。河南总督田文镜甚至提出允许私藏铜器的富裕之家的奴仆告发主人，如果确实，奴仆可准许脱籍，将私藏铜器的主人治罪。有这么多的规定和处罚措施，黄铜的收缴虽然取得了一定的效果，但实际的收效不是很大，一年之中，一般的县也就能收缴到几千斤黄铜，最多的能收缴到几万斤。世宗说禁铜政策使“钱价渐平，民用颇顺”，实在有些夸大。对此，嘉道时期的名臣包世臣曾总结过：“铜禁之严莫如宪庙。其时政事无不令行禁止者，而铜禁竟不能行。”[①]由于铸钱原料的短缺，私铸泛滥，铜器由日用品变为违禁品，尽管朝廷三令五申，但铜禁政策还是难以持续推行，唯一的办法，只有扩大铜的产量。因此，在康熙、雍正时期，尽管对矿业的开采施以十分严厉的限制政策，但对铜矿的开采却一直是网开一面，尤其对滇铜的开采更是如此。

滇铜开采　初见成效

康熙时期，虽然全国的矿业都处于禁锢的状态，云南的矿业却得以继续开发，特别是铜矿业。从康熙二十一年（1682）云贵总督蔡毓荣疏请将滇省铜矿“听民开采”，到康熙四十四年（1705）另一位云贵总督贝和诺提出“官治铜政”，云南铜业的开发一直在持续，规模虽然有限，但产量一直稳步提高。总的来说，终康熙之世，云南的铜矿开采规模不大，发展不快。雍正元年（1723）十二月二十日，云贵总督高其倬、云南巡抚杨名时在给世宗的奏折中做过统计，从康熙六十年（1721）四月起，至雍正元年（1723）二月止，连闰，共24个月，两年共办获铜161 8530余斤[②]。一年获铜不到百万斤，且管理不善，出现了较多的厂欠。但即便是只办获这么一点数量的铜斤，由于云南地处偏远，交通不便，仍然存在销路不畅、铜斤积压，以致管厂之官不敢给发工本，采矿硐民亦皆气馁志懈。一方面是铸钱原料的短缺，但另一方面则是已获之铜因卖不掉而积压，面对如此状况，云南地方大吏提

①《安吴四种》卷26，《齐民四术·再答王亮生书》。

②《朱批谕旨》卷126，《高其倬奏折》，雍正二年十一月二十一日折。

出在云南开炉鼓铸，设局造钱，获得朝廷同意，但同时要求，今后“将厂硐悉听商民开采贩卖，公道抽收课款”，即将已经行之多年的“官治铜政”又变为最初的“听民开采”，这无疑是政策的倒退。出现这种情况，是封建中央与地方在利益分配上的博弈。

铸钱利润丰厚，中央设有宝泉、宝云两个铸钱局垄断钱币铸造，若地方开炉铸钱，很大一部分收益将归地方所有，因此，地方铸钱必须经过朝廷的批准。地方生产的铜矿经提炼后，一般要交宝泉、宝云两个铸钱局，供鼓铸之需。云南地处边陲，交通不便，运输成本高，康熙时期曾批准过云南开炉鼓铸，但时断时续。此时云南地方大吏又提出鼓铸要求，朝廷开始没有同意。时任云贵总督高其倬、云南巡抚杨名时顶住压力，称“云铜非鼓铸无法可消（销）”，并要求继续实行“官治铜政”的开采政策。他们在奏折中称：对于清廷的决定，不敢不遵行，但经过反复权衡，若将已经开凿的有效之厂悉招人开采，政府每百斤止抽20斤之课，总计一年抽课仅能获得20多万余斤，除完纳课息银、脚价等费用外，所剩无几。云南一开鼓铸，每年需铜百万斤，上述做法难以保证这百万斤铜的供应。因此提出折中的办法，请求将已开之厂仍官发工本开采，今后若有新开者，听民自备工本开采，仍以20斤抽课归公，以五两100斤收买供铸[①]。由于新开矿铜需要很大资本，一般商人很难承担，虽有此政策，仍未见到有商民在云南开采铜矿的记载，云南铜业仍然实行的是“官治铜政”，地方政府在昆明府、大理府、临安府（今建水）、沾益州（今宣威）设炉鼓铸钱文。

为了加强对铜矿开采的管理，清政府决定将铜矿生产由原来委派广南府知府张允随管理，改由时任布政使的李卫总理，张允随协办。此举旨在将云南铜矿的开采改由省级政府统筹，派大员经理，统一协调。此后，云南铜矿

① 《朱批谕旨》卷176，《高其倬奏折》。

的生产稍有起色。雍正二年（1724），一年之内获铜120万斤。当时在云南境内虽流通钱文，但云南地处偏远，制钱局造出的钱，一省难以消化，除了搭放绿营兵的兵饷外，地方政府还计划通过贴补脚价，将制钱运往湖北、湖南两省制钱昂贵的地方销售，获得清廷的批准。世宗还考虑到其他省份恐有地方保护主义，不准云南制钱在其省内流通，还专门发布上谕，行文各督抚，听云南制钱流通各省，以便民用。贵州与云南同属云贵总督辖区，但之前贵州不使用制钱，只使用金银，云贵总督高其倬命令将制钱运到贵州销售，据称："兵民大以为便。"

但有一利必有一弊，制钱一多，钱价必贱。雍正四年（1726），云南境内出现钱壅价低的情况，1两银子能换到1200文钱以上，既难以搭放兵饷，又难以转运外省。先是云贵总督杨名时题请停用钱文搭放兵饷，仍发银子，并请将全省原设铸钱的47座炉子减去11座。就在此时，鄂尔泰出任云南巡抚，他并不赞同杨名时的观点，提出："鼓铸之法，减炉不如减局；流通之法，本省不如外省。"他认为，大理铸局在滇西，离省城太远，所铸钱文除了搭放兵饷外，流通不畅；沾益铸局在滇东北，所铸钱文发运黔、楚倒是十分便捷，但当地没有驮脚，需由省城雇运，这样反而增加了往返费用，因此建议将此二局裁减。而省城人口多、商业发达，钱文流通顺畅，且通过京道转运，由黔达楚，渐至江南，也十分便捷。云南省局原设有铸炉21座，拟加4座，达25座。临安铸局地处滇南，靠近广西，所铸钱文可运至广南府下船后，再由陆路运至两广，也十分便利。其旧设炉6座，拟增6座，达12座。这样，省局和临安铸局设炉达36座，仍在原有47座的基础上减去11座，与原来杨名时提出的裁减炉座方案一致。鄂尔泰请求皇帝谕令楚、粤、两江督抚，以便顺利将滇省鼓铸制钱流通到上述地区。世宗非常支持鄂尔泰，批示其用题本明奏，特别叮嘱写入“他省行销之句”[①]。上述措施的施行，无疑扩大了滇省制钱的流通，缓解了钱文壅积的压力，有利于云南铜矿发展。

“东川归滇” 滇铜兴旺

雍正初年滇铜的发展，在云南地方大吏的努力下，争取到了中央政府的支持，较之康熙时期有了进一步的发展，但规模仍维持在一个较低的层面，算不上质变。雍正四年（1726），蕴藏着丰富矿藏的东川府由四川划归云南管辖以及滇东北大规模“改土归流”之后，滇铜的生产才真正跃上了一个新台阶。

“东川归滇”后的雍正四年（1726）十二月二十一日，云贵总督鄂尔泰奏称，东川府地处深山，矿藏丰富，但产粮不多。由于米粮不济，在四川管辖期间对东川府矿藏开采不多，之前曾开过的一些矿厂都被迫封闭。现有汤丹一厂，派人采试后矿苗甚旺，按目前的情形核算，每年可以纳课万金。一个汤丹厂就纳课如此多！此外还有如革树等十余处矿厂，等待米粮准备充足后，也将通行开采。虽然每个铜厂的生产衰旺不一，但“皆不无小补”。鄂尔泰等云南地方大吏派人试采东川铜矿，有了起色，但究竟能够获铜多少，其实心底无数，不免有些担心。所以，他紧接着又另外上了个奏折，向世宗报告说，开采矿厂动辄聚集几千甚至几万人，须预筹好油米等，如果油米不济，会影响开采，到时商人赚不到钱，民众被高物价拖累，而一旦矿厂封闭，聚集的人众没有生计来源，必然结伙为盗，入寨为奸，办理不得不慎重。他提出，要开矿厂，必须先开垦田亩，多积稻粮，只要油米不贵，能够接济上，开采其实不难。而一旦获铜增多、课税增加，铸钱的成本必然会降低，然后可以就地开局鼓铸，到时钱可当银，官民都可得到利益，称这是长

① 《朱批谕旨》卷125，《鄂尔泰奏折》，雍正四年六月二十日折。

远之计。但从眼前的情况看，“似犹未敢轻议也”[①]。他这样说，显然是要为以后万一开采不成功预留后路。但此后不久，试采便取得不错的成效。雍正四年（1726）铜矿颇旺，办获铜215万斤，产量已经在雍正元年的基础上翻了一番。而就在不久之后，滇铜生产突然发生了巨大转折。

雍正五年（1727）五月初十日，鄂尔泰奏称，本年闰三月以来，东川府采获数十年来所未曾有过的大矿，铜矿产量成倍增长，预计全年可获300余万斤，合计所获余息银不下十数万两。面对突然到来的巨大惊喜，鄂尔泰异常清醒，立即着手规划滇铜发展的方向。他向世宗提出要求：（一）云南现在获铜较多，但可供买铜的本钱少，难以购买，请求动用云南盐务盈余银五六万两，发价收铜，卖价还项；（二）如此之多的铜斤，云南一个省是无法消化完的，如不立即卖出，必至铜斤壅积，而要能尽快出售，建议将滇铜运至镇江、汉口，由政府下令江南、浙江、湖广等办理京局鼓铸所需铜斤的省份出价收买，并要求沿途不交关税。江南、湖广等省每年都要办理由中央政府交办的铜斤，运抵京局铸币，而之前这些省份都是采买自日本的洋铜，不仅办获铜斤的数量不够，且由于越洋购铜，风险较大，经常迟误。鄂尔泰的建议很快得到了世宗的批准和其他办铜诸省的响应。雍正五年，云南实际获铜超过400万斤，除留本省鼓铸外，运赴湖广110余万斤、江南160余万斤；又因广东办获的洋铜短缺，提出也要照其他省一样采买滇铜。鄂尔泰向世宗报告，说没有理由不卖，已答应卖给广东20万斤。这么大数量的铜斤外销，在云南铜矿发展史上还是第一次。但云南山多路远，牛马难雇，运输问题立刻显现。有鉴于此，鄂尔泰建议采取“递年办运”的办法，即雍正五年的外运铜斤，雍正六年开运，各省采买后运京供雍正七年的鼓铸；七年外运的铜斤，八年开运，供九年的鼓铸，如此运作，运铜数量多少清楚，各方都可预

① 《朱批谕旨》卷125，《鄂尔泰奏折》，雍正五年正月二十五日折。

筹好，运输上也从容些。鄂尔泰的建议获得世宗批准[1]。事实上，其后乾隆年间大规模的滇铜京运，正是照此方法进行的。

此时，滇铜生产的组织管理还不完善，虽然雍正五年一年内所办获的铜超过400万斤，但并不意味着此后都能保持这样的水平。事实上，雍正五年（1727）后的几年间，滇铜生产并不稳定，时多时少。雍正六年（1728）只办获铜270余万斤，其后虽经努力，到雍正末年，每年获铜总在350万斤上下徘徊。然而，令清政府着急的是，在此期间日本进口的洋铜数量急剧减少，就全国范围而言，铜斤短缺十分严重，出现了上节所叙述的世宗下令收缴铜器，禁止民间用铜，以保证京局鼓铸需要的情况。而此时，因为西北战事，需要大量的钱发兵饷。因此，清政府要求云南扩大铸钱，将鼓铸好的钱文一部分运到北京，一部分直接运至陕西。雍正十一年（1733）十一月，世宗发布上谕称，原来采买日本洋铜的八个省份，现今三个省采办滇铜，五个省采办洋铜，与其令三个省办铜后运到北京鼓铸，不如命令在云南就近铸钱，然后运到四川的永宁县下船，由水路再运赴汉口，搭附漕船运到京城，比直接运铜省不少事，还可以省去京局鼓铸的麻烦。因此，云南又增设广西府、东川府二处铸钱局，开足马力鼓铸。上述原因，进一步增加了对滇铜的需求。而此时云南的铜产量却一直徘徊，并没有太大改善，云南地方官只得要求管厂的官员多发工本，实力调剂。到雍正十二年（1734），云南全年办获铜485万余斤，比之前又有增加，勉强能应付上述需求。

成就巨大　奠定基础

从雍正元年（1723）起，在短短的十多年时间内，云南铜的产量从雍

① 《朱批谕旨》卷125，《鄂尔泰奏折》，雍正六年四月二十六日折。

正元年的不到100万斤跃升至近500万斤，能取得如此成效，是一件了不起的事！从上节的分析可知，雍正年间的矿禁是非常严厉的。世宗在矿务问题上，一直从政治统治利益考虑得多，而从发展社会经济方面考虑得少。因此，地方大吏奏请开矿是要冒一定风险的。即使清政府出于各种原因而对云南铜矿的生产采取支持和鼓励的政策，但鄂尔泰等地方大员仍然心存疑虑，留有余地。此时期云南铜矿业能够迅速发展，除了洋铜减少，必须借国内生产以弥补这一因素外，与"东川归滇"及大规模"改土归流"密切相关，当然也与这一时期的云南地方大吏如鄂尔泰、张允随等的努力密不可分。

但我们也应看到，虽然云南铜产量从雍正元年不到100万斤，两三年后就达到近300万斤，到雍正五年达到400多万斤，雍正十二年已接近500万斤，虽然十多年间逐步增长，但产量极不稳定，有的年份的产量其实不高。造成这样的局面，一方面，由于全国需铜的数量并不稳定导致产量的不稳定。如在雍正朝前几年，滇铜发展后，曾发生所产铜斤壅积的现象；另一方面，此时期滇铜的生产在组织管理方面还不完善，运输条件也十分有限，生产出的铜仅限于满足本省鼓铸和几个办铜省份的需求，中央的宝泉、宝云铸钱局还并未直接采办云南铜斤。用现在的话说，即此时滇铜的生产还没有上升为国家战略，在铜本的投入，铜矿的生产管理，从业人员以及运输、销售等方面还缺乏整体的配套政策。即便如此，雍正朝滇铜生产所取得的成就巨大，为乾嘉时期滇铜"震古烁今"的辉煌奠定了基础。

还需要特别指出的是，许多研究清代云南铜政和铜业发展的学者，有的把从康熙四十四年（1705）开始实行的"官治铜政"看成为阻碍了云南铜业的发展，也有的学者把此看成清代云南铜业发展的最主要的因素，甚至认为，清朝统治者采取这一政策的主观目的，固然是为了控制铜料的生产和流通，以使铸钱所需铜料具有稳定和充足的来源，但是它在资金和运输方面，却对滇铜开发事业产生了客观上的推动和促进作用，而且其作用是强有力的。从上一节和本节的分析看，康熙四十四年云贵总督提出“官治铜政”，是出于商民工本不足，从当时情况看，是一种无奈的选择，并非一开始就是“为了控制铜料的生产和流通，以使铸钱所需铜料具有稳定和充足的来源”。且从这一政策的运行情况看，在康熙四十四年到雍正五年开获东川堂矿之前，并没有取得明显成效，甚至还带来了诸如厂欠等弊端，对所谓“官治铜政”政策的作用，不能过分夸大。

从以上情形可看出，“东川归滇”“改土归流”以及鄂尔泰等云南地方大吏的努力，才使滇铜发展跃上了一个新台阶。而从乾隆三年（1738）确定每年633万余斤的滇铜京运开始，滇铜生产、运输上升到清朝的国家战略，才真正成为滇铜发展的转折，这与之前的所谓“官治铜政”不是一个概念。值得注意的是，乾嘉时期滇铜生产的飞跃性发展，是在雍正年间的基础上才得以实现的。

六

推行教化　移风易俗

尊孔儒、隆学校、重科举三项并举

尊孔尚儒　立教名伦

孔子是中国文化的标志性人物，是中华民族文化精神的象征。清朝定鼎北京后，就把尊孔崇儒、倡导儒家思想作为清王朝的既定国策，把儒家思想放在思想文化的主导地位。清军入关后的一个多月，“代天摄政”的多尔衮便遣官祭先师孔子，这是清廷对孔子的首次祭祀，以后祭祀便始终持续。同时，清廷正式将孔子的第65代孙孔衍植袭封衍圣公，加太子太傅，其子孔兴燮例加二品冠服，包括孟子、颜回的后代也袭封五经博士等职，并对各地所建圣贤祠庙一律给予保护，“禁军民袭扰”。顺治二年（1645）正月，值顺治帝万寿，孔衍植进京朝贺，献马两匹。清朝正式铸给孔衍植衍圣公印，并更定孔子新名号为“大成至圣文宣先师”，多尔衮还亲谒孔庙行礼。至此，孔子脱去明朝封号，成为清朝尊奉的先师。以多尔衮为首的清朝统治集团的尊孔崇儒，把儒家思想放在思想文化的主导地位，表明了统治者对汉文化的尊崇和自身封建化的态度，有利于缓和汉族地主及知识分子的反满情绪，整饬人心。作为孔子后人的孔衍植接受清朝的封号和任职，实则是承认了清朝统治的合法性，承认清朝是正统的封建王朝。孔衍植的行为起到了示范效应，特别是在士大夫阶层中，许多疑惑不定或对清朝抱抵触情绪的汉族知识分子，开始与清朝合作。及至清圣祖即位，主要在亲政之后，继续倡导儒家思想，尊崇儒学，以儒学开一代风气，只是清圣祖更重宋儒。他说："朕以为，孔孟之后，有裨斯文者，朱子之功最为宏钜。"认为朱熹的"文章言谈之中，全是天地正气，宇宙之大道"，"读其书，察其理，非此不能知天人相与之奥，非此不能治万邦于衽席，非此不能仁心仁政施于天下，非此不能外内为一家"。把朱熹从孔庙两庑中抬出，放在大成殿四配十哲之列，成为第十一哲[①]。而世宗对孔子的尊重，大力推崇儒家思想，反复阐释儒学的精义，全面提高儒学的地位，超越了前辈帝王。

世宗即位不久，就明确表明他尊孔崇儒的态度和以儒家思想作为思想教育文化主导的主张。据萧奭《永宪录》记载，雍正元年（1723）三月，世宗追封孔子先世为王。他说，天地君亲师是人人都应该尊重的，而要阐明其大义，则只有通过教育，教育则必推崇孔子，因为"孔子道高德厚，万世奉为师表"。他自幼读书就极崇敬孔子，但孔子既已被尊为"大成至圣先师"，已脱离了人臣的封号，没办法再加尊号了，因此决定追封孔子五世先人，将前代所封给他们的公爵改封为王爵。不仅如此，世宗还提议考定历代贤儒，将他们的名字一并抬入崇圣寺，作为学习的表率，一起享受人们的景仰。之后，世宗不断以各种方法表明对孔子的尊崇。

据《清世宗实录》卷16记载，雍正二年（1724），在举行临雍、释奠礼之前，世宗谕告礼部："治天下之要，以崇师重道、广励泽宫为先务"，说过去帝王到学宫称为"幸学"，以尊帝王之巡幸，这是臣下尊君，但如此

① 《雍正政要》卷16，《崇儒学第二十七》。

做，“朕心有所不安”。以后帝王到太学，一应奏章记注，均“将‘幸’字改为‘诣’字，以申崇敬”[①]。世宗率百官及衍圣公等孔子后人至太学拜谒孔子，“行释奠礼”，亲祭孔子。过去，帝王在祭奠孔子时从不行跪拜礼，在礼部所拟定的仪注中也已写明。世宗亲行跪拜礼，并在事后告诉礼部和太常寺官员，说明他不按照礼部所拟定的仪注行礼，这并没有错，因为“若立献于先师之前，朕心有所不安”。他来到彝伦堂，命国子监满汉祭酒依次讲《大学》，命国子监司业进讲《书经》，并对在场之人发表谈话，称“圣人之道如日中天，讲究服膺，用资治理，尔师生共勉之”[②]。同年，曲阜孔庙发生火灾，大火烧了大成殿及两庑，世宗命工部速加兴修。雍正三年（1725），世宗命令今后对待孔子的名讳要像对待君王一样予以敬避，凡地名、姓氏都要改易。孔子姓孔，名丘，礼部议奏，除天坛圜丘之“丘”字不避外，凡姓氏都加上偏旁“阝”，写作“邱”；如系地名，则改用他字；至于单用“丘”字，则书古体“㐀”字。世宗批复说，今文出自古文，“丘”字若改用“㐀”，仍没有回避，但这个字还可读“期”音。以后除《四书》《五经》外，凡遇“丘”字，并加“阝”，写作“邱”；地名也不必另改，通用“邱”，读作“期”[③]。雍正四年（1726），世宗亲书“生民未有”匾额颁行天下，悬挂于天下学宫，并特别为曲阜孔庙书写“德冠生民，道隆群圣”对联，还应衍圣公孔传铎之请，亲自为《圣迹图像》作序并书。雍正五年（1727），定八月二十七日为孔子圣诞，其典礼规格与康熙皇帝圣诞相同，当日禁止屠宰，命天下虔诚斋肃。他这样做，意味着将孔子诞辰的祭祀典礼由过去的中祀改为大祀了。雍正八年（1730），世宗认为孔庙执事人员没有爵秩，不足以光祀典，因此特设三品执事二员、四品执事四员，由衍圣

① 《清世宗实录》卷16，雍正二年二月辛酉。
② 《清世宗实录》卷17，雍正二年三月乙亥朔。
③ 萧奭：《永宪录》卷3，第226页。

公在孔氏子孙中拣选，报礼部备案。同年十月，被火烧毁的曲阜孔庙大成殿落成，殿内所用器皿均由宫中颁出，用去白银150万两。世宗命皇五子弘昼、淳郡王弘景前往主持落成告祭典礼。

世宗如此地尊孔崇儒，自有他的道理。他曾在给国子监的上谕中强调："朕惟圣人之道，昭揭日月，弥纶天地。万世帝王，下逮公卿士庶，罔不仰遵成宪，率由教言。我国家尊崇至圣，远迈前代。朕缵承大统，古训是学，惟日孜孜，……思以鼓励群英，丕隆文治"[①]，认为孔子以仁义道德启迪万世之人心，"若无孔子之教，则人将忽于天秩天叙之经，昧于民彝物则之理，势必以小加大，以少凌长，以贱妨贵，尊卑倒置，上下无等，干名犯分，越礼悖义。所谓君不君，臣不臣，父不父，子不子，虽有粟，吾得而食诸？其为世道诸？其为世道人心之害尚可胜言乎"？他接着说："使为君者不知尊崇孔子，亦何以建极于上而表正万邦乎？人第知孔子之教在明伦纪，辨名分，正人心，端风俗，亦知伦纪既明，名分既辨，风俗既端，而受益者之尤在君上也哉！朕故表而出之，以见孔子之道之大，而孔子之功之隆也。"[②]世宗说得明白，尊孔崇儒的目的在于使人安于本位，通过教化，建立起君君臣臣、父父子子的封建社会秩序。社会安定了，受益的是百姓，但从中受益最多者当是君王，即所谓"圣人之道，其为福于群黎也甚溥，而为益于帝王也甚宏，宜乎尊崇之典与天地共悠久也"[③]。世宗从君王统治社会的角度对尊孔崇儒的目的加以阐释，明确将孔子思想作为国家意识，要求人们对孔子思想要抱以"诚敬"之心，用孔子思想规范人们的行为，维护社会的稳定，并直言不讳地说君王从中受益最多。其认识不可谓不深刻，其言语不可谓不直白。

---

① 《清世宗实录》卷17，雍正二年三月乙卯。

② 《清世宗实录》卷59，雍正五年七月癸酉。

③ 《清世宗圣训》卷4，《圣学》。

儒家思想的要义在于使人知礼义廉耻。据《清世宗圣训》卷4的记载，世宗以“士人当有礼义廉耻”为雍正二年（1724）会试题目，而士子们所答“皆词章记诵之常谈，未能真知题中之理蕴而实有发明”，这样只是“止于仪文末节而已，非礼义廉耻之大义”，借此就自己对儒家思想的理解，阐发礼义廉耻意蕴。

世宗说若只知进退周旋，俯仰揖让，这只是小礼，而礼的本意在于“化民成俗，立教名伦，使天下之人，为臣皆知尽忠，为子皆知尽孝”；“义”则在于开诚布公，荡平正直，无党无偏，和衷共济，而如果认为“义”只是要人们讲信用，不欺人，谨言行，这是对“义”的偏狭理解；“廉”也有大廉小廉之分，如果为官者做到从老百姓那里不拿不吃，这只是小廉，真正的廉则是要善于理财，教民务本崇俭，所管辖的地方家给人足，路不拾遗，盗贼不生，争讼不作，有一个清廉的环境，贪官污吏无以自容；不同阶层的人应当有不一样的“耻”：人君当以一夫不获其所为耻，人臣当以其君不为尧舜为耻，一般百姓当以失言于人、失色于人为耻。不失言于人、不失色于人，这只是知耻之末义。而士人以天下为己任，有致君之责，不可徒知小节而失去大义，检束己身，拘于小节，不敢担负起天下重任，这是小民的作为，而不是士人应取之道[1]。世宗从有利于稳固封建统治秩序和帝王的需要出发，对礼义廉耻做出阐发和解释，发人所未发，言人所未言，直言不讳地要求人们忠君守责，从理论上和实践上都有一定的价值和意义。

多管齐下　改革科举

自隋代创行科举制度后，科举考试便成为之后中国封建社会选拔官吏

①《清世宗圣训》卷4，《圣学》。

的主要途径，也是读书人最主要的一条仕进之路。清军入关后，为了缓和汉族地主和知识分子的反满情绪，笼络和收买他们，增强统治力量，便仿照明朝制度举行开科取士。首先提出这一建议的是浙江巡抚张存仁。他鉴于江南地区借反对剃发所引起的声势浩大的反清斗争，于顺治二年（1645）七月上疏，称“近有借口剃发反顺为逆者，若使反行既露，必处处劳大兵剿捕。窃思不劳兵之法，莫如速遣提学，开科取士，则读书人有出仕之望，而从逆之念自息”①。他把开科取士看成是“不劳兵之法”便可巩固统治的手段。之后，给事中龚鼎孳也进言：“诸士身依辇毂，归顺最先，必亟开功名之门，乃益作从王之志，此课收世人心也。”②与张存仁一样，人们都认为开科取士是收买和笼络汉族知识分子、赢得士人之心的最好方法。同年十一月，范文程提出“治天下在得民心，士为秀民，士心得则民心得矣”，把开科取士上升到赢得民心、稳定社会的高度。清朝统治者采纳了他们的建议，在顺治二年便举行乡试，三年三月在京会试，四月举行殿试。这一措施，自然得到许多汉族知识分子的拥护，参加的人很多。清朝的科举制度经过不断完善和发展，至康熙时，已从以笼络汉族知识分子为主要目的发展为宣扬统治者意志和统治思想的重要手段。世宗即位后，宣称要“将唐宋元明以来积染之习尽行洗濯”，改变唐宋以来的科举积弊。他对科举的变革，主要有以下几方面。

第一，增设科目。世宗在其即位的恩诏中，要求各府、州、县、卫所学官各举孝廉方正，被举之人暂给六品顶戴荣身，以备召用。由于推荐出的人较少，世宗又再次下令，要求各省督抚“速遵前诏”“广询博访”，在其治下“果有行谊笃实，素为乡党所推者，俱列名具奏”③。据《清朝通典》卷1记载，浙江、直隶、福建、广西等省所推荐之人中，各有二人被用为知县，

① 《清世祖实录》卷19，顺治二年七月丙辰。

② 《龚端毅公奏疏》卷1，《请宏作人之化疏》。

③ 《上谕内阁》，雍正元年四月十五日谕。

年龄在55岁以上者则被用为知州。这是清朝实行孝廉方正的开始，此后的新皇帝即位，都照此例荐举孝廉方正。而在雍正年间，类似荐举孝廉方正的情况还有两次：一次在雍正三年（1725），世宗命令在八旗和汉军中推举“孝友”和读书之人；另一次是在雍正五年（1727）四月，世宗要求府州县官会同该地方官于各府、州、县学的贡生、生员中，公举“居家孝友”一人，条件是“行己端方，才可办事，而文亦可观”，于年底申报上司，如果确实系偏僻之地无人可举，也要地方官、教官出具印结，避免人才被隐没①。世宗还打算效仿其父开“博学鸿词科”之例，开“博学鸿儒科”。他于雍正十一年（1733）下令，三年后开科，规定除现任翰林院、詹事府官员外，都可作为推荐对象，要求三品以上京官各举所知，各直省督抚会同学政保题，并说届时他将亲加考试，优加录用，以“广示兴贤之典，茂昭稽古之荣”②。但可惜的是，之后的两年内，只有河东总督、直隶总督各举荐了一二人，其他封疆大吏迟延未动，世宗下诏催促，然而不久他即去世，后由清高宗分两年举行。“博学鸿儒科”最终未能办成如康熙朝“博学鸿词科”一样的盛典，影响力要小得多。除举孝廉方正外，于雍正元年（1723），世宗还下令举办恩科会试，并考虑到入闱官员的子弟按定例需回避，不得参加考试，而少了一次应试的机会，对他们不公平，因此决定让这些人也参加本次恩科会试，专为他们另行制作回避试卷，使他们得以应试。世宗对一些特殊的技术人才也特别关注，曾下令开设专门技术科。雍正元年，侍讲学士戚麟祥上疏，奏请设医学科，考取医生。世宗命交礼部议奏，后因礼部官员所拟意见不当，又让吏部和礼部协商，要求“将如何教习方成良医之处详议具奏”。在同一年，世宗命令满洲人于考试汉字生员、举人、进士外，另外增设考试满汉文

① 《上谕内阁》，雍正五年四月初八日谕。

② 《上谕内阁》，雍正十一年四月初八日谕。

翻译，恢复康熙年间中断的满洲翻译科。满蒙关系是清朝时期重要的民族关系之一，所涉事务较多，于雍正九年（1731），世宗命令特设蒙古文翻译科，照科举之例，取生员、举人、进士，储备人才，以备理藩院使用。雍正十一年（1733），世宗以算法为六艺之一，要求各部院笔帖式、官学生、候补笔帖式等学习算法，三年后举行考试。但还未到期，他已离世，此项考试也就再未举行。

第二，扩大科举中式的额数，增加录取人数，为读书人提供更多入仕的机会。雍正元年（1723）开恩科，顺天乡试后，世宗命检查落榜考生的试卷，从中又另外取中二人。同年会试后，复检落榜试卷，从中竟选取落榜者多至78人。清代乡试有取副榜的制度。雍正四年（1726）乡试，命中副榜者，若之前曾中过，则直接授予举人。此为世宗所创，在其后的清中后期一直施行。为了给参加会试后落第的举子一个出路，同时也为广罗人才，于雍正五年（1727），世宗命令于落第的举人中，选择“文理明通”之人，引见后发往各省担任教职。按旧例，州学、县学每十二年选取“拔贡”一次。世宗即位，即命令普选一次，以示皇恩。同年，世宗命令之后拔贡每六年选取一次，压缩了选取拔贡的时间，等于增加了拔贡名额。

第三，继承康熙朝科举考试注重《四书》的传统，并将其进一步强化。雍正十年（1732），世宗针对当时“士子逞其才气辞华，不免有冗长浮靡之习”的文风，向礼部发出敕谕：“制科以《四书》文取士，所以觇士子实学，且和其声，以鸣国家之盛也”[1]，说明其倡导以《四书》文取士，是将其当作实学，说这是盛世的表现。要求考官衡文“支蔓浮夸之言当所屏去”，以“雅正清真”作为判定《四书》文的标准，借以制约文风。“雅”即文雅，“清”为清新，指文章应为美文；“正”为思想纯正，以儒家思想

① 《上谕内阁》，雍正十年七月二十八日谕。

为经；“真”即真切，要发乎于心，指文章要符合圣贤的原意，以朱熹所作《四书章句集注》作为标准。“孝为百行之首”，是“化民成俗之本”。清朝统治者声称“以孝治天下”，在顺治时，乡试、会试二场考试之题出自《孝经》，但由于《孝经》中可出的题目不多，后来便不再考了。世宗标榜自己“纯孝”，自雍正元年五月会试，便在科举考试中恢复已停止多年的由《孝经》中出题的做法，将其“与五经并重”。在世宗的提倡下，又经乾隆朝的持续推行，以经义取士，以《四书》为科举考试的主要内容，一直持续到清末。整个社会“以《四书》文义相为时尚”，把经世致用之学视为“杂学”，把诗文辞赋当作“杂作”，只有精于《四书》文之人才可认为有学问，其他才能都不被认为有学问。这种以八股文取士的学风严重束缚了人们的思想，致使“士子惟知习学时文，以为梯荣之具，身心民物久置度外”[①]。学术研究中经世致用的思想被抛去，造成士人皓首穷经，不关心社会实际问题，不关心国计民生的状况。

第四，在科举考试中施行一些人性化措施，关心应试的士子。雍正元年的恩科，殿试在十二月二十七日举行。北京地处北方，当时天气已很寒冷，世宗怕砚台之内的墨水结冰，影响考试，命令将贡士在丹墀对策改为在太和殿内举行，让人多置火炉，以使室内温暖，便于书写。湖南省没有建乡试考棚，以往湖南士子应举均在湖北省举行。世宗认为部分应试之人要乘船过洞庭湖，有覆溺的危险，因此命在湖南建立考试院。每次会试后，均要建进士题名碑。顺治年间，进士题名碑由国子监建造，费用为公家出，康熙三年（1665）改为由国子监监造，费用则由中进士之人出资。世宗认为建造进士题名碑，是国家振兴文教的大事，于雍正二年（1724），命令之后的进士题名碑仍由公费建造，以使应试举子和民众观览丰碑，“知读书之可以荣名，

① 沈日富：《沈端恪公年谱》卷下，转引自冯尔康《雍正传》，第426页。

益励其自修上达之志”[1]。雍正五年（1727）的会试原定在二月举行，因天气寒冷，改在三月举行。然而三月份天气依然没有好转，若再延期举行，考虑到有的举子盘费不足，遂决定仍按期举行，特许应试举子携带手炉、穿皮衣、厚棉衣入场考试，并由官府供给木炭、姜汤取暖。

第五，用停止科举资格作为惩罚的手段。前已述及，因发生查嗣庭、汪景祺案，世宗认为浙江风俗硗薄，于雍正四年（1726）至雍正八年（1730）间，停止浙江士人的乡试、会试。更有意思的是，雍正六年，世宗说州县官员与民最亲，官员临民，说话要让老百姓能够听得懂，官员与百姓之间才能够沟通，把政务办好。然而浙江和广东的官员，每逢召见时，世宗自己全然听不懂他们带着浓重乡音的话，他由此推断，这些人到地方任官，办理公事，老百姓肯定也听不懂，需要胥吏代为传话，这样胥吏就有可能上下其手，必然会出现弊窦，因此要求这两省的士人学习官话，改变乡音，并定出则例：进入各类学校学习的士人要在8年内学会官话，否则不得参加科举考试，直到改变了乡音，才能应试。推广官话，有利于地方官理政，有益于官员之间、官员与民众之间的交流，也有益于汉文化的推广，本来是件好事，但世宗以此作为应试的资格，就有点简单了。到雍正十一年（1733），署理广东巡抚杨永斌奏称，广东士人学习官话很困难，学了4年，仍然一点也没有改变。

劝学兴文　首隆学校

在中国封建社会，自实行科举考试后，“科举必由学校”。学校教育不仅培养科举人才，还可向读书人传达统治者的思想和意志，起到正风俗、统

① 《雍正朝起居注》，雍正二年十二月初四日条。

一人心和稳定社会的巨大作用，培养统治阶级所需要的统治人才。教育是否兴旺，是盛世的一大标志，历代有作为的君主，无一不重视教育。

清朝入关后一直十分重视教育，清世宗即位，把办教育、育人才提上治国的重要议程。他说“自古帝王皆以兴贤育才为务”，并追述了他的先辈兴贤育才的功绩，称“我国家自太祖、太宗肇造鸿图，世祖定鼎中夏，首隆学校，加意人材，开国规模超越前古”，还特别提到他的父亲康熙帝，“御极六十一年，培养教育，怙冒涵濡，深仁厚泽有加无已。御制训饬士子文颁布学宫，东西南朔、海澨山陬，户习诗书，家敦礼乐，遐迩无不向风。文教之隆，莫过于此矣！”世宗表达了对其先辈“首隆学校”所创造出的“文教之隆”的赞许，表示自己将“遵守旧章，寤寐求贤”[1]。他将“首隆学校”作为为政的根本，要求从中央到地方的各级学官“劝学兴文”，为国家培养“柱石”人才。世宗为发展教育，兴贤育才，采取了许多措施。

雍正一朝的教育，在康熙朝发展的基础上，继续广设学校、增学额、置教官、推行义学，得到大力发展。雍正二年（1724）三月，世宗发出指示，认为国家教育已有了很大发展，非昔日可比，要求各省督抚大臣会同督学官员，查明“实在人文最盛之州县”，上报后经批准，可将小学改为中学，中学改为大学，“大学照府学额数取录”。学校升等，实际上是给予文化教育发达地区增加录取名额的优待，以便让更多的士人有出仕之阶，进一步激励这些地方发展教育，多出人才。同时，在教育较为落后的边远和边疆民族地区增设学校，并且给予特别的优待政策，使这些地方的教育从整体上也得到了长足发展，不仅使儒家文化在上述地区得以传播，也为边疆的发展培养了人才。

在东北边疆，自清军入关，政治文化中心发生转移，八旗将士及大批家

①《清世宗实录》卷3，雍正元年正月辛巳朔。

口迁离东北，从龙入关，遂使这一广大地区变得荒凉，即使原来教育文化较为发达的辽东地区也急剧衰落，直到雍正时期，学校教育才逐渐得到恢复和重建。雍正二年（1724），“增定盛京（今沈阳）入学数额”，奉天府学、锦州府学各增加5名，其中满字号各增1名，合字号各增2名[①]。雍正十二年（1734），奉天府尹吕耀曾疏请在今辽南各县设立学官，发展学校教育。复州（今辽宁复县西北）已建有学校，要求设学正一员，照小学之例，文武童生各取进8名，增设廪生5名，3年出贡一次；在金州新设立的宁海县，增设教谕一员，义州（今辽宁义县）刚由县改州，新设州治，设学正一员，两地各取进文武童生4名，增设廪生2名，5年出贡一次；永吉州和长宁县原均隶属于奉天府学，但两地离府穹远，都在800余里之外，府学鞭长莫及，请于永吉州增设学正一员，长宁县学生不过数名，由永吉州学代为管理。所请经礼部审核后，得到世宗批准。

在西南边疆，不仅原有学校规模得以扩大，伴随着“改土归流”的实施，边疆民族地区的学校教育也获得显著的发展。雍正三年（1725）六月，大幅增加西南边疆各省取进的文童额数，仅云南一省，“安宁、晋宁、寻甸、建水、石屏、新兴、邓川、赵州、剑川、腾越等十州，昆明、宜良、南宁、通海、河西、太和、浪穹、保山、楚雄等十县，向系大学，准照府学例，各取进二十名。陆良、沾益、宁州、阿迷、宾川等五州，呈贡、蒙自、云南等三县，向系中学，升为大学，各取进十五名。和曲州向系小学，升为中学，取进十二名。添置黑井、白井、琅井三学为小学，各取进八名。移定远县训导驻黑井，大姚县训导驻白井，姚州训导驻琅井”[②]。一次就对云南省增加此之多的州、县、盐井学额，说明整个云南省的教育水平得到了普遍提高。

① 《清世宗实录》卷23，雍正二年八月甲午。

② 《清世宗实录》卷34，雍正三年六月壬午。

雍正年间西南地区大规模改土归流后，对云南、贵州、广西等改流地区，世宗以“苗民向化，新增土司入学额数”。以云南各改流区为例，地方大吏奏请在条件成熟的地区设置学校，均得到世宗批准。

在广设儒学的同时，云南地方大吏还倡导于各属设立义学，并将义学推进到改流区。雍正五年（1727）八月，东川府从四川划归云南后，鄂尔泰奏请，以“东川府土人习读蛮书，不谙文艺，请设立义学”[①]。雍正八年（1730）七月乙酉，鄂尔泰在遵旨酌定乌蒙善后事宜时奏称：“苗俗向无学校，应于各属四乡适中之所设立义学，以广化导。”[②]雍正时期，是云南省义学建设的高峰期，据《（乾隆）云南通志》卷7“义学”条统计：云南全省设有义学562处，康熙时建有99处，雍正时则建有463处，而在改流的各府州县，即建有义学148处，分别为：曲靖府沾益州6处，宣威州8处；临安府阿迷州6处；广西府丘北8处，广南府8处；元江府5处，新平县5处；开化府文山县10处，镇沅府10处，恩乐县6处，威远厅10处；东川府2处，会泽县6处；昭通府4处，恩安县2处，镇雄州5处，永善县4处，大关厅3处，鲁甸厅5处；普洱府6处，攸乐3处，思茅厅3处；大理府邓川州5处；鹤庆府剑川州5处，维西厅5处，中甸厅4处；丽江府4处。

雍正时期，皇室教育也得到重视和发展。清代皇族，分为宗室和觉罗两部分。自努尔哈赤之父塔克世的直系子孙，称为“宗室”，系黄带子；自努尔哈赤祖父觉昌安以后的支派，称为“觉罗”，系红带子，以此分别与皇家的亲疏远近。世宗鉴于康熙时期的储位争夺使得宗室之人各怀私心，互相倾轧，把骨肉视为仇敌，以致“邀结朋党，专事钻营”，或骄奢淫逸，荡尽产业。世宗认为，所有这一切，都是因为“失于训教”，以致“末流猥鄙，至

① 《清世宗实录》卷60，雍正五年八月乙未。

② 《清世宗实录》卷96，雍正八年七月乙酉。

不可言”，种种恶劣风气，必须加以改变。最好的办法就是教育！“亟筹保全之道，若非立学设教，鼓舞振兴，循循善诱，安能使之改过迁善，望其有成！”[①]至于教育的内容，“必教以典礼伦常及治生之计，俾各好善恶恶，崇俭戒奢，方可谓教育有成”[②]。宗室有千余人口，人数不多，但地位显赫，如不立学校，不加以教育，是不能让这些宗室子弟改过从善的，也难以使他们成才，于大清的基业和统治不利。

据《清世宗实录》等相关资料记载，雍正二年（1724）闰四月，世宗下令设立宗学，左右两翼各设一学，置宗学学正、教长、副教长，选翰林院编修、检讨充任，招收宗室子弟入学。凡是宗室子弟，不论长幼都要入宗学接受教育，由宗人府按月发给银米、纸笔。雍正六年（1728），世宗下令设立咸安宫宫学，招收内务府包衣佐领的子弟，还选取景山官学生内俊秀者入学。雍正七年（1729）闰七月，世宗又指示为觉罗子弟开办专学——觉罗学。他说：“前者宗人府设立宗学，只令教习宗室，未及觉罗。觉罗人众，今若一概归并宗学，教者势难遍及。应每旗各立一衙门，管辖觉罗……即于该旗衙门之旁各设一学”[③]，招收年龄在8岁～18岁的八旗觉罗子弟，学习读书和骑射，满汉文皆习。18岁以上未曾读书者，于每月初一和十五两日，传集公署，宣讲圣谕广训。每旗派出一名王公为总管，觉罗为教长，选取能通满文的笔帖式教“清书”，礼部派出教习一人教授“汉书”，兵部派出一人教习骑射。至此，清室皇族的教育初具规模。

雍正四年（1726）四月，坐落于江西省的著名的“白鹿书院”业经修葺一新，当年圣祖曾御书匾额，使其成为一个兴贤育才的基地。世宗借以发表感言，再次强调他兴贤立学的思想，对官员提出要求，称：“朕临御以来，

---

① 《清世宗实录》卷19，雍正二年闰四月戊寅。

② 《清世宗实录》卷41，雍正四年二月辛卯。

③ 《清世宗实录》卷84，雍正七年闰七月癸未。

时时以教育人材为念，但期实有益于学校，不肯虚务课士之美名。盖欲使士习端方，文风振起，必赖大臣督率所司，躬行实践，倡导于先，劝学兴文，孜孜不倦，俾士子观感奋励，立品勤学，争自濯磨。此乃为政之本！”[1]他把兴贤立学看成“为政之本”，强调学校教育的重要性，要求各级官吏像他一样务实而不尚虚名，督率学官，倡导宣传，亲身实践，力争使教育收到实效。

尊孔崇儒、重科举、隆学校，三者是相互联系的，重科举、兴学校与崇儒重道是完全一致的。世宗三项并举，在变革科举、推动教育发展和促进思想文化“大一统”的同时，既培育了大批人才，也进一步强化了思想统治和君主集权。

① 《清世宗实录》卷43，雍正四年四月乙亥。

『教化』五种

世宗认为：“天下之治平在乎端风俗，而风俗之整理在乎正人心。”[1]所以，他希望通过实施各种教化措施以“仁育万民”，规范人们的思想和行为，讲礼义，兴仁让，端正心术，让人们的行为合乎礼法，以使得风俗休美，天下治平。

严禁奢靡之风

雍正元年（1723）八月，世宗向百官发出上谕：“国家欲安黎庶，莫先于厚风俗；厚风俗，莫要于崇节俭。《周礼》一书，上下有等，财用有度，所以防僭越、禁骄奢也。”[2]他认为要乂安民生、稳定社会，首先要厚风俗。要做到厚风俗，重要的是崇尚节俭，这样，官民各安本分，防止僭越，

① 《清世宗实录》卷71，雍正六年七月初五日。

② 《清世宗实录》卷10，雍正元年八月己酉。

严禁奢侈，形成良好的社会风气，建立起一个秩序井然的社会。为此，他更定官员服色，制定官民婚丧礼仪，倡导移风易俗。

据《永宪录》《清世宗实录》记载，雍正元年（1723）五月，世宗说朝廷的大小官员都有一定的品级，也就有一定的服制，文武百官要按其品级佩戴素珠，穿马褂，用坐褥，放引马，之所以要如此，“所以重名器也”。但近来官员多不按品级穿戴，随便用素珠、踢缨、引导和纺丝坐褥，是不该出现的僭越，因此下令八旗大臣、步军统领、都察院严行查核，对违规者即行指参。福建巡抚黄国材奏请将违制使用服色的官员治以僭妄之罪。世宗认为，移风易俗只宜渐行而不宜骤然苛求，从宽不迫，对违犯者徐徐劝导，然后严为定制，如再违犯，再将其绳之以法。之后，又将规定进一步细化。雍正元年八月，禁止官民穿戴有五爪龙图案的纱缎衣物；雍正二年（1724）二月，左都御史尹泰请官民穿戴，再次重申不准使用已久经禁止的玄狐、黄色、米色、香色服饰，如有违犯，加等治罪，获世宗允准；雍正五年（1727），对王公、百官的顶戴做出细微规定：亲王世子、郡王长子、入八分镇国公用红宝石顶，不入八分公、民公、侯、伯、镇国将军、辅国将军、奉国将军、固伦额附、和硕额驸、多罗额驸、一品大臣用净明珊瑚顶，二三品大臣用起花珊瑚顶，奉恩将军、固山额驸、四品官员用青色宝石顶，五六品官员用水晶石顶，七品以下官员及进士、举人、贡生用金顶，生员、监生用银顶；雍正八年（1730），又因一品以下官员顶戴区分不够细，再次做了进一步详细规定。

康熙六十一年（1722）十二月，世宗刚一即位，即提出丧葬“务从俭朴，毋得僭妄”的要求，命九卿分别为满汉官员和兵民制定婚丧礼仪[①]。第二年五月，对官民婚嫁彩礼、鼓乐数目和纳聘彩礼、成婚做出如下规定：四

① 《上谕内阁》，康熙六十一年十二月十二日谕。

品以上官员之家，绸缎、首饰以8件为限，食物限10样；五品以下官员之家分别递减，平民之家送绸绢、果盒限4种。举行婚礼当天，有品级的官员用本官执事，限用6盏灯、12名吹鼓手，庶民限用4盏灯、8个鼓乐手。兵民丧葬入殓，前后殓衣5套，鞍马1具，若是秀才、监生，则可用春绢。之后，又因有的地方军民送葬前一天，聚集亲友，设筵演戏，出殡时在队列前演戏，闹得动静太大，铺张浪费，世宗命令严加禁止[①]。雍正五年（1727），针对一些地方喜用金银陪葬，世宗认为这对生者和死者都没有任何好处，是极其愚昧的行为，要求晓谕劝阻。

世宗对一些暴发户，特别是盐商过于靡费非常反感。于雍正元年（1723）八月，向各省盐政发出上谕，称有的盐商"衣服屋宇穷极华靡，饮食器具备求工巧，俳优伎乐恒舞酣歌，宴会嬉游殆无虚日，金钱珠贝视为泥沙，甚至悍仆豪奴、服食起居同于仕宦，越礼犯分罔知自检，骄奢淫佚相习成风"，要求盐政对盐商严加约束，"使其痛自悔改，庶徇礼安分，不致蹈僭越之愆"[②]。

春秋农闲之时，民间会举行仪式，载舞欢歌，求神赛会，娱神娱己，祈求丰收，这是根深蒂固的民间习俗。雍正元年（1723），鸿胪寺卿李凤翥上疏，认为迎神演戏使得男女混杂，耗费多端，有伤风化，要求严加禁止。世宗以集会可能招致匪类，有碍治安，男女混杂有伤风化，演戏费钱，影响生活，同意禁止[③]。在以农为本的小农经济时代，人们敬神畏神，祝愿平安，祈求丰收，是再正常不过之事，统治者一般不会干预。所以，在禁止几年后，世宗发现这一禁令不得人心，发出指示，称"有力之家祀神酬愿，欢

① 参见《清史稿》卷89、卷93；《清朝文献通考》卷55。
② 《上谕内阁》，雍正元年八月初二日谕。
③ 《上谕内阁》，雍正元年六月二十三日谕。

庆之会，歌颂太平，在民间有必不容已之情，在国法无一概禁止之理”[①]，要求地方官不要简单禁止，只需惩治借端生事的地棍就可以了。但对于官员设戏班演戏，要求则严厉得多。雍正二年（1724）十二月，世宗发表谈话，说有的地方官设私人戏班，用至二三十人，一年要开支好几千两银子，官员终日看戏，以此为乐，耽误公事，使诸务废弛；所养戏子，有的仗势扰害百姓，有的被官员送至属员处打秋风，因而互相交接，夤缘生事，因而下令禁止各级官吏在家中自设戏班。

倡导“乐善好施”

雍正二年（1724），世宗提议在京城彰义门外建起普济堂，收养无以为生、鳏寡孤独之人，每年从国库中拨出所需经费，每月派大臣去稽察运行情况。在京城广渠门内原建有育婴堂，世宗下令将其在原有基础上进行扩建后，交给顺天府经管，除朝廷拨钱外，还号召京中贵族、官吏、士人和商人捐资，收养弃婴。他说，孔子所说“人不独亲其亲，不独子其子”，讲的是“大道”，建立普济堂、育婴堂，是行善，是实践孔子的“大道”，并希望京城带头，各地方都能仿照，做到“老安少怀，风俗益臻醇茂”[②]。

世宗为激励人们“乐善好施”，特别制定了旌奖办法：凡捐助多至一定数量，由地方督抚题请议叙，捐助相对少的，由地方官给予匾额，登记存案，免其差徭。所谓“议叙”，是清廷对考绩优异的官员，交部核议，奏请给予加级、记录等奖励。具体而言，通过“议叙”，有职衔而没有位子的即可获得实在的官位，有衔有位的可得到升迁，无衔无职的贡生、监生等可获得

① 《清世宗实录》卷67，雍正六年三月癸酉。
② 《清世宗诗文集》卷14，《育婴堂碑文》。

选官的资格。开捐助议叙，通过捐助可以获得官职或升迁，与捐纳捐官类似，都具有卖官的性质。所以有人说，世宗开捐助议叙，“授予秩官，视有明之所以劝之者尤厚”[①]。一些有钱人和官员的捐助，实则是买官和冲议叙而来。对此，世宗也不避讳，说“此乃另开捐纳之条也”[②]。不管怎样，在世宗的倡导和鼓励下，一些地方官吏、绅衿、商人，不论其出于何种目的，纷纷捐献钱银、田产，除在地方上建立起各种慈善堂所外，还修缮或兴建文庙、城垣、书院、义学、考棚、道路、桥梁、义仓、义田等。

捐助或“乐善好施”，被认为是一种美德，被视作风俗醇厚。但捐助应当是自愿的，然而由于世宗的倡导和议叙措施的实施，捐助变味了。一些地方官为博取化民成俗、民风丕变的美誉，授意下属捐助。甚至有的地方官根据富裕之家的财产状况，定出认捐数目，强迫缴纳，使人们“被捐助”，有时更使捐助变成苛政。乾隆初年，监察御史郭石渠上疏指称：“素封之家趋捐助以博功名，假好善之虚声，启夤缘之捷径，因之贿嘱官吏以虚作实，以少报多，受爵公朝，拜恩私室。种种弊端，皆从此起。”[③]

旌奖“拾金不昧”

雍正五年（1727）十二月，喂养御马的上驷院官员奏称，一位名叫六十一的满人，系打杂的铡草夫，在送钱粮回程的路上，发现有人落下一个元宝在车内，于是呈报主官。世宗认为，这么一个卑微的夫役不贪钱财，献出拾到的元宝，深属可嘉，便将其拾到的那个元宝赏给他，并下令将此

① 李绂：《穆堂别稿》卷24，乾隆十二年刻本。

② 《清世宗实录》卷156，雍正十三年五月癸亥。

③ 《澄怀园文存》卷4，《议复好善乐施奖励叙用》，转引自冯尔康《雍正传》，第374页。

事在八旗内广为宣传[①]。由此开了世宗朝旌表拾金不昧的先河。雍正六年（1728）八月，河南总督田文镜奏报，河南孟津县农民翟世有在地里拾到商人秦泰失落的170两银子后，交还原主，秦泰要分给他一半作为谢礼，他坚辞不受，他的妻子徐氏支持他这样做。田文镜获知后，赏银50两给他，并向其妻颁发“士女淳良”匾额，又在当地给他立一牌坊，以教育民众[②]。世宗得报，命赏给翟世有七品顶戴，另赏银100两，以表彰其善行。并就六十一和翟世有之事，要官绅士民广为效法，说那些贪赃纳贿、出入公门、网利营私、不守官箴、不端士品之人听闻此事，怎不惭愧[③]！一月之后，田文镜又报商丘贫民陈怀金拾得银24两8钱后交还失主，也坚不受谢，与翟世有之事迹相仿，并说出现这样的事，“仰见圣教流行之速”。世宗赏给陈怀金九品顶戴，赏银50两，还就此两事发表长篇议论：“朕训诲臣民，惟以正人心、厚风俗为首务，期以薄海内外去浇漓之习，敦仁让之风”，通过翟、陈之事，“可见民心淳朴性善，皆同率教”，实为“风俗转移之机会”，冀望从此后“人人各怀乐善之心”[④]。

世宗大力宣传和旌表拾金不昧，于是各地呈报拾金不昧、路不拾遗之事不断出现，世宗均给予表彰或奖励。雍正六年（1728）底，直隶总督何世璂先后奏报平山县民人郭见忠、景州民人李世齐拾金不昧，世宗命各赏给八品顶戴，各赏银50两。雍正七年（1729）二月，川陕总督岳钟琪奏报绿营兵丁刘子奋在张掖拾得银两交还原主。拾金不昧之事出在边疆民族地区，则更令世宗高兴。雍正七年（1729）五月，云贵总督鄂尔泰、云南巡抚沈廷正相继报称，云南广南营兵丁李应芳、大理城守营兵丁金贵分别拾得纹银12两、

① 《上谕内阁》，雍正五年十二月十三日谕。
② 《朱批谕旨·田文镜奏折》。
③ 《上谕内阁》，雍正六年七月初五日条。
④ 《上谕内阁》，雍正六年八月十六日条。

6两；还有从江西流落到云南的客民彭世奇，以栽烟度日，拾得银60两，均奉还原主，不受谢礼。鄂尔泰赏给李应芳纹银5两，赏给彭世奇花红银牌，并说："以上三人，两系穷兵，一系小民，能却已得之财，均还非分之物，实圣化之远被，为边境之雅观。物虽甚微，而所关于世风者大。事经屡见，而感动乎民心者深。"[①]世宗以边疆兵民都能闻风慕义、尚义轻财，足见圣德远被，除赏给银两外，还给予李应芳、彭世奇把总头衔，遇缺补用。雍正八年（1730）初，贵州巡抚张广泗奏报古州土通事家人、麦董寨仲苗阿罗拾得银两后交还原主。世宗以新改流地方出现如此义举，非常高兴。接着在湖南，凤凰营汉族妇女张林氏迷路进入苗民寨苗有龙家，苗有龙报官，将人送回。于此二事，世宗认为这"足征苗俗之奉公向化"，对二人格外加恩奖励。在台湾，有母女二人拾得银钱衣物后报官，将拾得之物给还原主。世宗认为"廉让之义举见之番黎妇女，更属可嘉"，命赏银30两[②]。

"夜不闭户，路不拾遗"，一直被作为盛世的标志。世宗认为，拾金不昧是"风俗休美之明征，国家实在之祥瑞"，这样的美德出现于内地和边疆，事涉满、汉、苗、黎各族军民男女，足见"圣治淳熙，化及愚夫愚妇"，成为整个社会的风尚，表明在他的统治下，大清国民风淳美，世道清明，是"尧舜之世再现"，以此证明他统治下的国家步入了太平治世，实现了他仁育万民、"移风易俗，跻斯世于熙皞之盛"的政治理想。所以，世宗旌奖拾金不昧，有着强烈的政治意义，他要借此宣扬自己的政治。同时，通过旌奖拾金不昧，起到端正人心的"教化"作用，有利于淳化社会风气，维护其统治。但世宗旌奖拾金不昧的规模太大、范围太广、渲染太过，且除了物质和精神的奖励外，还给予官职。在这样巨大的诱惑下，必然会引得

① 《雍正朝汉文朱批奏折汇编》第十五辑，雍正七年五月十八日云贵总督鄂尔泰《奏报穷兵小民路不拾遗情形折》，中国第一历史档案馆，第336页。

② 《上谕内阁》，雍正八年元月初二日、十二年四月十二日、十三年闰四月二十八日谕。

一些人弄虚作假，骗取奖赏。对此，人们心知肚明。雍正七年（1729），鄂尔泰在奏报兵丁李应芳等拾金不昧的事迹时曾说："臣因河南、直隶皆有此等事，荷蒙圣恩赏赉旌奖，已见邸抄，或有巧诈之徒勾捏图利，亦未可定。"[①]他说自己是在询问查实后才奏报的。而有的官员为表示自己对其治下的地方化民成俗、劝奖有功，便弄虚作假，通过制造"拾金不昧"猎取名声，获取政治资本。清高宗弘历即位后，便对此加以禁遏，规定：若真有拾金不昧之事，州县官可以酌量奖励，但不许再申报上司，督抚大吏亦不得再以此类事情陈奏[②]。

宣讲"圣谕广训"

《圣谕广训》是由清朝官方颁布，并运用政治力量使之广为刊行的官方书籍。《圣谕广训》一书的内文，分为康熙九年（1670）颁布的"圣谕十六条"和清世宗为阐释"圣谕十六条"而写就的"广训"16篇及序言1篇。"圣谕十六条"每条7字，结构工整，兹列于下：

1. 敦孝悌以重人伦；2. 笃宗族以昭雍睦；3. 和乡党以息争讼；4. 重农桑以足衣食；5. 尚节俭以惜财用；6. 隆学校以端士习；7. 黜异端以崇正学；8. 讲法律以儆愚顽；9. 明礼让以厚风俗；10. 务本业以定民志；11. 训子弟以禁非为；12. 息诬告以全善良；13. 诫匿逃以免株连；14. 完钱粮以省催科；15. 联保甲以弭盗贼；16. 解仇忿以重身命。

① 《雍正朝汉文朱批奏折汇编》第十五辑，雍正七年五月十八日云贵总督鄂尔泰《奏报穷兵小民路不拾遗情形折》，中国第一历史档案馆，第335页。

② 《清高宗实录》卷5，雍正十三年十月乙酉。

在《圣谕广训》的序言中，世宗认为圣祖的十六条圣谕，“自纲常名教之际，以至于耕桑作息之间，本末精粗，公私巨细，各举纲要，垂训万世”，几乎所有社会问题和社会规范都讲到了，但由于只是条文，人们对此认识不一，加之颁行已久，担心民间怠忽，为了警醒告诫，遂决定对其各条目以通俗的文字逐一加以阐释，以“寻绎其义，推衍其文，共得万言，名曰《圣谕广训》”，目的是便于宣传，使民众更为明了。洋洋万言的《圣谕广训》，于雍正二年颁布，世宗要求各直省督抚、学臣，转行该地方文武各官暨教职衙门，晓谕军民生童人等，通行讲读，期望民众“俾服诵圣训者咸得晓然于圣祖牖民觉世之旨，勿徒视为条教、号令之虚文”，通过诵习和宣讲，使万民能“共勉为谨身节用之庶人，尽除夫浮薄嚣凌之陋习”。

“圣谕十六条”和《圣谕广训》，是清王朝制定的基本社会规范，也是清王朝治理地方的施政纲领，其中心内容就是教人做良民、做孝子。自康熙以来，“宣讲圣谕”便已成为清朝地方施政的要目之一。雍正二年（1724）颁布《圣谕广训》后，世宗要求在八旗和各地方设立讲约所，进行宣讲，每月于朔望日，即初一和十五两日宣讲两次，做到家喻户晓，人人皆知。每到宣讲日，在省会举行隆重仪式，先在公堂设香案，文武官身穿蟒衣，齐集公堂，行三跪九叩礼，礼毕后，赴宣讲所，在司礼生宣布宣讲开始后，宣讲人到香案前跪拜，然后手捧上谕登台讲解。整个宣讲过程，军民都严肃地站立听讲。在城镇，地方官和绅衿、百姓聚于明伦堂，主讲者在鼓声中登台，宣读《圣谕广训》条文。

在乡村，由值月宣读《圣谕广训》条文，约正用通俗的语言讲解，便于听众明白。在雍正一朝，随着乡约制度的推行和普及，宣讲《圣谕广训》变得更为普遍。雍正七年（1729），严令全国农村遍设乡约，凡大乡大村，设约正一人，值月三四人。约正于举、贡生内老成者拣选充当，政府酌量发给廪饩，值月为朴实谨守的耆老充任。约正、值月的主要任务就是宣讲《圣谕广训》。乡约果能化导督率，行至三年，卓有成效，督抚会同学臣，择其学行最优者俱送部引见，其诚实无过者，量行旌异，以示鼓励；其不能董率、怠惰废弛者，即加黜罚；如地方官不实力奉行者，该督抚据实参处。乡约在讲解完《圣谕广训》后，还要对民众进行善、恶登记。乡约备有两种簿册，一记民间“善行”，一记“过恶”，便于对百姓进行表彰和规教。有的地方考虑到宣讲时有过恶之人不出席，无法对其进行教育，建议在乡约公所前竖立木榜，上书“奸盗诈伪，干名犯义，有伤风化，现经犯法之罪”之人的姓名，以便邻里宗族帮助他、监督他，迨一年后，若已改正，便把其名字从榜上去掉。世宗认为，横暴不法之人，乡约一定不敢公布他们的名字，而有小过的良懦乡民反倒可能被写上，怕此举会有名无实。又说此举是有益无损之事，可以试行，只是要注意办好，不要弄成民间的笑料[①]。

曾静案发生后，由世宗编纂的《大义觉迷录》也由地方官和乡约进行宣讲，同《圣谕广训》的宣传结合进行。乾隆时期，高宗继续强化《圣谕广训》的教化作用，将其“布在学官，着于令甲。凡童子应试、初入学者，并令默写无遗，乃为合格。而于朔望日，令有司、乡约、耆长宣读，以警觉颛蒙。盖所以陶成民俗，祗服训言者，法良意美，洵无以复加”[②]。之后士子凡求取科甲功名者，需熟读该书，无论县考、府考或科考，其中必有默写《圣谕广训》之考试，非但不可有错，亦不得误写或添改。

《圣谕广训》不过万言，每月宣讲两次，成年累月逐条宣讲，不断重复，目的是让人们入心入脑，但这样做，也势必会使人们生厌。雍正朝末年，世宗就发现八旗中宣讲《圣谕广训》基本停滞，于去世前数日，还谕令八旗都统，要求每月逢三、逢八操练结束之后，讲解一二条。

① 《朱批谕旨》卷73，《王士俊奏折》，雍正八年三月十六日折。

② 《文溯阁四库全书提要》，《圣谕广训》条。

推崇“天人感人”

在农耕时代，人们把自然现象与为政得失联系起来。凡是遇到水旱灾害，认为是“天变示敬”；遇到“天降甘霖”“麒麟出现”“黄河水清”之类，必定是“海宇生平，民安物阜”，标志着政治清明、治世出现。

世宗笃信天人感应，他说：“天人相感之理至微而实至显，凡人果实尽诚敬，自能上格天心；人君受天眷命，日鉴在兹，其感通为尤捷。”他把天人感应与民间信仰结合起来，用以宣扬他的政治。认为地方出现灾荒，一定是这一地方的官员有问题，要求他们“内省行事之过愆，详察政治之得失”[①]；如地方出现祥瑞，他则加以称赞，认为这是地方官治绩显著，是国家征祥的表现。在世宗的影响下，雍正一朝呈报祥瑞之事不断。

雍正元年（1723）八月，大学士等奏报，江南、山东出产的麦谷，大多双歧、双穗，蜀黍有一本4穗，而这都是“皇帝圣德之所感召”，请求宣付史馆，加以记录。世宗接受了。此风一开，各地官员纷纷献瑞，越报越多，越报越离奇，各种祥瑞都出现了。据《上谕内阁》《清世宗实录》《朱批谕旨》等资料记载，各地所报谷、麦、粟米等，从一茎几穗，十几穗，最多的达到24穗，长达数尺。浙江湖州一养蚕人家万蚕共同织出瑞茧一幅，长5尺8寸，宽2尺3寸；顺治的孝陵生长出蓍草，百官“惊喜赞颂以为奇瑞”；康熙景陵圣德神功碑建成，碑亭仪柱石上生出瑞芝，长六七寸，“祥光焕发”，世宗认为是“上天特赐嘉祥，以表扬我皇考功德之隆盛”。麒麟现，意味着“圣人生，王道行”。山东巨野县农民家牛生瑞麟，麗身牛尾，遍身皆甲，甲缝有紫毫，玉定文顶，光彩灿生；宁阳县牛产玉麒麟；四川盐亭县一农家

①《雍正朝起居注》，雍正三年四月十一日条。

也获瑞麟，并绘图进呈。在修建世宗陵寝的采石场，飞来一只高五六尺的神鸟，“毛羽如锦，五色俱备，所立处，群鸟环绕，北向飞鸣”；浙江嘉善、嘉兴二县，天降甘露，遍结于树枝苇竹之上，形若脂凝，味如饴美。雍正三年（1725）二月初二日，出现“日月合璧、五星联珠”的景象。这一奇异的自然现象，数百年才出现一次，历来被认为是天降祥瑞。世宗接到钦天监报告即将出现五星联珠现象，特命史馆加以记录，并宣告臣民，普天庆贺；雍正四年（1726）十二月初八日至五年正月十三日间，在陕西、河南、山东三千余里的黄河河道上，河水清澈见底，山西、甘肃也报告黄河水清。群臣说这是从未有过的祥瑞，世宗将其归为上天和圣祖玄烨的赐福，说他不能一人独享，要转赐给诸臣，使君臣同享，朝野同庆，还给知县、参将、主事以上内外文武百官每人各加一级的恩典；云贵总督鄂尔泰奏报，在雍正六年（1728）十月二十九日世宗万寿节的当日，云南四府三县出现“五色卿云，光灿捧日”，至次日“绚烂倍常”，之后又报贵州思州、古州“改土归流”后，一个月内祥云连续出现7次。之后，各地有关出现祥云的报告层出不穷。

世宗除对顺天府尹进呈的一茎24穗耤田嘉禾提出质疑，说这种谷子本来就是多穗品种，叫作“龙爪谷”，播种时不能将其掺入其他谷种之中，并警告该府尹“嗣后不可被小人愚诈”外，对其他所报祥瑞都相信是真的，即使是万蚕所织出的那幅瑞茧，开始他还怀疑有人为加工的成分，命令确察，待地方官回报确系天然而成后，也将其向廷臣宣布。他把地方官奏报的各种瑞谷绘制成《嘉禾图》《瑞谷图》，并亲自作跋，称：“览各种瑞谷，硕大坚实，迥异寻常，不但目所未见，实亦耳所未闻。若但见图画而未见谷本，则人且疑而不信矣。”[①]皇帝都信了，臣民还能不信吗？重要的是，官员报祥瑞时都声称：“此皆皇上之至诚，足以感召天和，协应地灵”，或是“皇上

① 《清世宗诗文集》卷12，《瑞谷图跋》。

敬诚所感，仁孝所致”之类谄媚之语。世宗并不推让，欣然接受，还表白说“天下之人勿误以为朕为夸张祥瑞而忘自修之道也”[①]。他把地方出现祥瑞归于当地民风淳朴，地方官吏实心任事，吏治清明，因此对报嘉禾祥瑞的地方官加以表彰。世宗君臣对祥瑞之事大肆张扬，有着强烈的政治目的。

世宗即位后所推行的各项改革逐步取得成效，社会发展，国库充盈，但人们对其即位合法性的质疑一直不断。而祥瑞频现，正好制造出在他的统治下国家进入太平盛世的社会舆论，也是他作为圣孝天子、有为君主的最好证明。因此，当世宗看到鄂尔泰在奏报卿云的奏折中援引《孝经纬·援神契》里“天子孝，则卿云现”，说明卿云的出现是“皇上大孝格天”的庥征，颂扬他是至孝的天子，异常高兴，朱批：“朕每遇此祥瑞，蒙上天慈恩，岂有不感应之理！”并就此向群臣发表谈话：“朕之事亲，不敢言孝。但自藩邸以至于今四十余年以来，诚敬之心有如一日。只此一念，可以自信。”[②]云南大理一个刘姓的知县不赞成鄂尔泰这样迎合谄媚，说自己的眼睛进了沙子，看不见卿云。世宗听了很不高兴，说鄂尔泰陈奏祥瑞是出于爱君的真实感情，对其怀疑，不是出于春秋时期责备贤者之意，而是藏有幸灾乐祸的邪心[③]。他大力表彰鄂尔泰，将其由头等轻车都尉超授为三等男爵，对云南其他官员也大加赏赐，提督郝玉麟由云骑都尉晋为骑都尉，巡抚、藩臬、总兵各加二级，知县、千总以上各官俱加一级。

世宗大搞祥瑞，一方面是因为他笃信天人感应，相信祥瑞是真的；另一方面则是出于对当时政治的考量。但这种做法最终也没有消除人们的质疑。乾隆皇帝即位后，认为地方官员呈报祥瑞搞得太过，甚至为报祥瑞，匿灾不报，民怨沸腾，将其视为雍正朝的败政之一，不准地方官员再行呈报。

---

① 《上谕内阁》，雍正七年十二月二十一日谕。

② 《上谕内阁》，雍正七年正月初九日谕。

③ 《上谕内阁》，雍正七年八月二十一日谕。

设置四省观风整俗使

特设职官　四省试行

“观风整俗使”是世宗为整饬地方风俗而特设的一个职官，从雍正四年（1726）年到雍正七年（1729）在浙江、福建、湖南、广东四省设置了“观风整俗使”。

雍正四年（1726），浙江巡抚李卫奏称，该省“民刁俗悍，动则钱粮诖误，命案参黜”，以致地方上“大吏屡易其人，守令席不暇暖”[①]。联想到之前曾为允禵即位造势的欧阳秀臣，因文字谤讪见法的汪景祺、查嗣庭等，这些都是浙江人，而杭州士绅曾发动过反对“摊丁入粮”的斗争，因此世宗认为“浙江士习浇漓，甚于他省”，当地缙绅“好尚议论”“弊俗颇喜争讼”，长期以来，“刁风未革，积习日深”，浙江人是“恩德所不能感化

① 《朱批谕旨》卷74，《李卫奏折》，雍正四年八月初二日折。

者，是狼子野心聚于一方”[①]，决心对浙江的这种状况大加整顿。除停止浙江士人的乡试、会试外，所采取的另一重要措施是设立浙江观风整俗使。雍正四年十月，世宗上谕九卿：“朕意专遣一官前往浙江省问风俗，稽察奸伪”，要求九卿就“其如何设立衙门、铸给关防之处，著详议具奏”。九卿会议，以“唐贞观中置观风使巡省天下，观风俗之得失”为据，议奏所遣之官，“应授为浙江等处观风整俗使，铸给关防，以重职守”[②]。唐代贞观年间所置“观风使”的效果并不是很好，不到一年时间便无疾而终了。但世宗仍然接受了九卿的建议，遂决定设置浙江等处观风整俗使，以光禄寺卿、河南学政王国栋充任。

世宗于士人绅衿集中的浙江特设观风整俗使，除了整顿当地“浇漓”的风俗，还表明了他与士人绅衿斗争的态度和决心，以期对全国的士人起到警诫作用。同时，浙江地处东南，物产丰饶，经济发达，是清王朝重要的赋税来源地，稳定浙江对清王朝也有着重要的经济意义。而该省士绅不仅反对“摊丁入粮”，还“动则钱粮诖误”，仅雍正三年（1725）至雍正五年（1727）的积欠就达77万两。因此，世宗在首任浙江观风整俗使王国栋陛辞时，明确要他参与清理积欠。王国栋到浙江后，也把此项工作作为一项重要的政务。《朱批谕旨》收录了王国栋在浙江观风整俗使任上的奏折18件，涉及钱粮的最多，有5件。而当雍正八年（1730）浙江完纳逋赋后，世宗便免除了浙江当年的部分赋税，并称“朕实为浙省风俗称庆，非重此数十万两国帑也”[③]。完纳钱粮就认为是风俗有了改变，可见世宗对浙江是风俗和赋税二者兼要的。王国栋及其继任者许容、蔡士舢在浙江的作为颇令世宗满意，他认为观风整俗使的设置起到了效果，于是决定扩大其设置范围。雍正七年

① 《雍正朝起居注》，雍正四年十月初六日条。

② 《清世宗实录》卷49，雍正四年十月甲子。

③ 参见《上谕内阁》卷78；《清朝通典》卷16，《食货十六·蠲赈上》。

（1729），一年之内，先后于福建、湖南、广东三省设置了观风整俗使。

雍正七年（1729）二月初七日，设福建观风整俗使一员，以内阁学士刘师恕充任。福建地处沿海，民穷事繁，世宗有意于此地设置观风整俗使，就此询问过时任礼部右侍郎的福建人蔡世远，并要他与同籍的京官讨论。蔡世远回奏称，“子弟骄悍”“民多因怒互争”是导致福建风俗不淳的两个重要原因，并说“应请设观风整俗使，防范化导，于人心风俗有益”[①]。所谓“子弟骄悍”，是指康熙帝统一台湾和镇压朱一贵领导的台湾农民起义，使许多福建人以功绩封官晋爵，这些人的子孙中有不少人仗着其父祖的功绩和势力，横行乡里，现任官员的亲属中也多有为非作歹之人。刘师恕上任后，就曾参奏过蔡世远之子蔡长汉擅自征税，以及李光地的孙子、举人李清机违法采矿之事。另外，宗族械斗在福建也愈演愈烈，“起初，大姓欺压小姓，小姓又联合众姓以抗之”。为消弭宗族械斗，雍正四年（1726），福建巡抚毛文铨曾奏请设立“乡望”，但效果并不明显。雍正六年（1728），闽浙总督高其倬奏报同安县大小姓之间“彼此聚众格斗，互相杀伤”；泉州、漳州一带，大族中“奸恶有力之人”暗提线索，众人听其指挥，另寻一“愚悍泼赖之人”率众与别族械斗。他建议对此加大打击力度，“以后，查出暗提线索者及敢于率众打斗之人，重则杖毙，轻则充发远省”，得到世宗批准[②]。除此之外，福建还有令世宗更为担心的问题：第一，雍正五年（1727），在闽浙总督高其倬等地方大吏反复奏请后，福建获准开放洋禁，而世宗于此是极不情愿的。他担心久居海外的人回乡后别有企图，“保无奸徒包藏诡谋，勾连串通之故”，更担心“倘有与外夷勾连，奸诡阴谋，不可不防耳”[③]。第二，台湾当时为福建所辖的一个府，孤悬海外，汉族与土著杂居，矛盾突

① 《清史稿》卷290，《列传七十七·蔡世远传》。

② 《清世宗实录》卷65，雍正六年正月初八日。

③ 《朱批谕旨》卷176，《高其倬奏折》，雍正六年正月初八日折。

出，朱一贵领导的起义虽已被镇压，余众却在大陆继续活动。第三，福建“地狭人稠，无田可耕，民且去而为盗”。人民衣食无着，铤而走险，以致盗案频发。这些因素综合在一起，使世宗决定设置福建观风整俗使，以期能改变福建地方风俗不淳的状况。

雍正七年（1729）二月二十日，“照浙江、福建例，设湖南观风整俗使，以佥都御使李徽任之。以该省既有奸民谢录正等逞凶肆恶，又有大逆曾静等灭绝天良，楚风愚悍，自昔为然也”[①]。设置湖南观风整俗使最为直接和重要的原因就是曾静案。曾静是湖南安仁县人，案发后，时为湖南巡抚的王国栋，在处置世宗异常重视的这一惊天逆案中的表现令世宗非常失望，他不仅在审理案件过程中没能穷究曾静的党羽，且对发配广西的太监在经过湖南时传播的对世宗不利的流言失察，对茶陵民人陈帝西扩大流言范围也处置不力，世宗震怒地训斥他：“你地方上百姓如此风气而不能知觉，而不肯奏闻。他处发觉，特命钦差来究审，原为恐奸民闻风远扬，方著你就近作速设法诱问。今但将此已经问出之口供，而令彼此推卸，耽延时日，总不能体察其出谁之口，亦可谓才德兼全、忠诚任事矣！”[②]最终以“苟且塞责，纵奸旷职”将王国栋解任。王国栋曾首任浙江观风整俗使，是因其在浙江任上的优异表现才被擢为湖南巡抚的。处置曾静案，整饬湖南“浇漓”的风俗，王国栋是再合适不过的人选。但王国栋在湖南巡抚任上实在不够称职，世宗对其非常不满，才决定派遣湖南观风整俗使，以协助新任湖南巡抚赵弘恩处置曾静案。另外，湖南也是盗案频发之区，民众反抗活动较多。康熙五十八年（1719），沅州民人谢录正因官府丈量田地不公，他聚众抗官，打死县衙，后组织“正义军”，坚持斗争数年，直到雍正四年（1726）九月，才被

① 《朱批谕旨》卷176，《高其倬奏折》，雍正四年六月十九日折。

② 《朱批谕旨》卷60上，《王国栋奏折》，雍正七年六月初十日折。

镇压下去。谢录正被擒，后遭凌迟，但其“聚众伤官，持械拒敌，负固八年”[①]，在湖南影响很大。

雍正七年（1729）十二月初八日，世宗上谕内阁：“广东盗案繁多，民俗犷悍，应设观风整俗使一员，化导训饬，令风俗人心渐归醇厚。”[②]广东矿徒问题严重，这是世宗所担忧的。当时，广东田少人多，人民生活困苦，开矿本可以资养穷民。但世宗认为开矿害多利少，实行严厉的矿禁政策，禁止民人开采。广东地方官多次呈请开矿，均遭训斥，得到的回答都是“断不可行”，并再三重申“粤东矿厂，除严禁之外，无二议也”。公开的开采不行，只好私采。当时广东聚伙私采的人很多，这些人被官府指为“矿徒”，“奸匪之徒”多于他省，形成“无业穷民多，剽掠劫夺相沿成习”，仅雍正元年（1723）正月至雍正七年（1729）四月，查明的盗案就达560余起[③]。另外，广东民风尚武，宗族势力强大，宗族间的械斗也时有发生。除上述因素外，设置广东观风整俗使，可能还有其他两个原因：一是雍正初年，继承了康熙晚年严禁西洋人在华传教和国人出洋贸易的政策，并把传教士驱逐到澳门或集中于广州，西洋和南洋的商人来华贸易，也只准在广州进行。雍正五年（1727），福建、广东开放洋禁，设置广东观风整俗使，也有对此加强监督之意。事实上，之后广东观风整俗使焦祈年较多地涉足此事。二是世宗认为“粤省向来各立门户，文武不和，而文武不和中又各相党庇”[④]，设置观风整俗使，也有意加强对广东文武官员的稽查。

除上述四省外，雍正七年（1729）六月，广西学政卫昌纪曾请设广西观风整俗使，御史陈宏谋继请，均遭世宗拒绝。世宗认为“广西通籍者本

① 《清世宗实录》卷60，雍正五年八月乙未。

② 《清世宗实录》卷89，雍正七年十二月戊申。

③ 中国人民大学清史研究所编：《清史编年》第4卷，雍正七年五月二十七日辛丑，第380页。

④ 《朱批谕旨》卷209，《杨永斌奏折》，雍正九年五月十二日折。

少”，即地方绅衿势力不算强大，在朝为官的广西籍人数不多。再者，虽然广西也有如谢济世、陆生柟等以文字获罪之人，其风俗薄劣可见，但请设之人一个是学政，一个是御史，他们都应当是“士之仪型，官之表率”，都有教化百姓、端正风俗的责任，而他们的举动，在世宗看来，是“不能端本正源，躬先表率”，是“逐末而忘其本”，是在推卸责任[1]。另外一个重要原因，在雍正六年（1728），置云贵广西总督，以鄂尔泰统辖三省，统筹“改土归流”事宜；广西巡抚金铁在曾静案发生后，在处理广西传播世宗即位的“流言”中的表现得到世宗的肯定，在其奏折上批示：“料理可嘉之至。”可能正是由于此时广西有鄂尔泰、金铁主政，世宗比较放心，才没有批准在广西设置观风整俗使。

特设之官　收效不佳

自雍正四年（1726）始设观风整俗使于浙江，雍正七年（1729）一年之内又在福建、湖南、广东三省增设此官，到雍正八年（1730）裁撤浙江观风整俗使，雍正十一年（1733）最后裁汰福建观风整俗使，此官前后存在7年多一点的时间，在各省存在的时间都为4年左右。担任过此职务的共6人，浙江前后有3人，分别为王国栋、许容、蔡世舢，福建、湖南、广东各1人，分别为刘师恕、李徽、焦祈年。这6人均为科甲出身，许容、蔡世舢出身举人，其余4人均出身进士；王国栋为汉军旗人，其余5人都是汉人。这些熟读性理之书的举人、进士，在担任此职务之前又都曾任过御史或学官，是那个时代的道德楷模，用他们去化导风俗，当然是最适宜的。

观风整俗使一职，为世宗特设之官，具有临时差遣性质。但世宗并未

① 《清世宗实录》卷83，雍正七年六月壬寅。

赋予此官职十分明确的职权，只给了一个整饬风俗的含糊要求。由于各省的情况不同，事务不同，任此官职的官员品级和能力又有差异，导致职权上的不一致。王国栋任职浙江时，“巡行宣谕，清逋赋，惩唆讼，饬营伍，严保甲，次第疏闻，上温谕奖之”①，职权非常广泛，俨然是浙江的第二巡抚。但越往后观风整俗使的职权越小，到雍正八年（1730）时，此官已沦为“其责不过为稽查耳目之寄，非有专阃重权”②的耳目之官了，这也成为其被裁撤的主要理由。

世宗曾说过：“地方之害，莫大于贪官蠹役之朘削，强绅劣衿之欺凌，地棍土豪之横暴，巨盗积贼之劫夺。此等之人，不能化导惩戒，则百姓不获安生。”③他在风俗浇漓、强绅劣衿和巨盗积贼相对集中和严重的浙、闽、湘、粤四省设置观风整俗使，把整顿风俗和打击绅衿、消除地方积弊结合起来，派专官去整饬，惩治不法绅衿，力图改变当地恶劣的风俗，强化对绅衿和人民的控制，这是世宗的创造。至于此官设置的效果，《清史稿》卷291《列传七十八·论赞》称：“师恕、国栋等使车问俗，与民为安静。以皆世宗特置之官，故谨而书之。”《清史稿》的编纂者似乎对此有微词，但仍肯定了他们的活动，强调他们并未扰民，也未引起地方混乱。

总体而言，观风整俗使的设置，是世宗的一个创造，取得了一定效果，但整体上的效果不佳。

① 《清史稿》卷291，《列传七十八·王国栋传》。

② 《朱批谕旨》卷73，《王世世奏折》，雍正八年六月二日折。

③ 《清世宗实录》卷70，雍正六年六月丙申。

数百年之贱籍一朝废除

封建社会有着严格的等级制度，有士、农、工、商“四民”之分。所谓“贱籍”，是指从事卑贱职业之人的户籍身份，他们不属于“四民”之列，处于社会最底层，是由于历史原因形成的一个特殊阶层，受到种种歧视和非人待遇，主要有乐户、堕民、蛋户及世仆等名目。

准乐户、堕民出贱为良

乐户，主要存在于山西、陕西两省。乐户的先人，是明朝永乐皇帝夺取天下时坚决拥护建文帝的官员，后遭到永乐皇帝迫害，将他们的妻女罚入教坊司，充当官妓，身陷乐籍，世代相沿，久习贱业，成为遭人蹂躏的对象。雍正元年（1723）三月，监察御史年熙上疏，说这些山陕乐户是忠义之士的后代，沉沦至此，无由自新，请求世宗皇帝豁出他们的贱籍，准许他们改业从良。世宗批准了山陕乐户改业从良，并命令各省，若有类似此乐户的，一律准许出贱为良。同时，世宗命除豁京中教坊司乐户，另选精通音乐的良人充当教坊司乐工，从事演奏。雍正七年（1729），世宗又将教坊司改为和声署，不再使用教坊司名称，彻底将其与贱民、贱业脱钩。

堕民，顾名思义即堕落之民，居住在浙江绍兴府一带。雍正元年七月，两浙巡盐御史噶尔泰奏请除豁堕民丐籍。他在奏折中叙述了堕民的基本生存状况："所谓堕民者，细问土人，并查绍兴志书，相传为宋罪俘之遗，故摈之，而名以堕民。其内外率习污贱无赖，四民中居业不得占，四民中所籍不得籍，即四民中所常服彼亦不得服，特别以辱之者也。"[①]堕民的来源可追溯到宋代，已有几百年历史，籍属丐户，成为贱籍。他们不得从事"四民"的职业，不得转为"四民"之籍，不得穿着"四民"的服装，当然更不许读书做官，不得与良民通婚。经济上，男子靠捕蛙、捕龟，或卖饧、卖饼，当吹鼓手、演戏、抬轿子、替人驱鬼等为生，女子则以做媒婆、当伴娘、充栉工、穿珠子等为业，遭人侮辱，受人欺凌，实与乐籍无别。噶尔泰请求照山陕乐户除豁之例，也让这些人改籍为良。世宗将他的奏折发礼部议奏，而礼部官员认为捕龟、卖饼、穿珠、做媒是这些人糊口的职业，若开除他们的贱籍，就是不许他们再继续干这些事，他们又没有别的技能，这样他们反倒无以为生了，所以不同意除籍。世宗则说，无论如何，除籍"亦系好事"，因此不顾礼部反对，令堕民放弃原来的职业，改籍为良，转为民户，别习新职，按照良民纳税服役[②]。

将世仆、蛋民等编户为民

雍正五年（1727）四月，世宗发出上谕："朕以移风易俗为心，凡习俗

① 《朱批谕旨》卷170，《噶尔泰奏折》，雍正元年七月十一日折。

② 《雍正朝起居注》，雍正元年九月初六日条。

相沿，不能振拔者，咸与以自新之路。如山西之乐户、浙江之堕民，皆除其贱籍，使为良民，所以励廉耻而广风化也。”[1]他从维护封建伦理道德的角度，阐述了移风易俗、除豁贱民的主张，明确表示给贱民以自新之路。他听说安徽宁国府的“世仆”、徽州府的“伴当”，当地人称为“细民”，其地位“几与乐户、堕民相同”，甚至处境更糟，“有如奴隶，稍有不合，人人皆得加以箠楚”，要求安徽巡抚魏廷珍查核，并指示：“若果有此等之人，应予开豁为良，俾得奋兴向上，免至污贱终身，且及于后裔。”[2]魏廷珍回奏称，这些伴当、世仆，情况各异，提出应区别对待：绅衿之家典卖奴仆，如有文契可考，未经赎身者，本身及其子孙俱应听从伊主使役；即使已赎身，其本身及在主家所生子孙，仍应有主仆名分；奴仆在赎身后所生子孙，与原主没有也不应再有主仆名分，应准许照旗人开户之例，开豁为良；年代久远，没有文契，也不受主家豢养的，概不得再以伴当、世仆称呼他们，永远严禁。世宗认为所议允当，批准执行[3]。虽然在具体实行中，对年代久远、文契无存之人，以及如何区分豢养与不豢养等不好把握，产生纷争，但仍有相当一部分伴当、世仆摆脱了奴仆的地位，成为编户齐民。

在广东沿江沿海地区居住着一群被称为“蛋户”的人，他们“以船为家，以捕鱼为业”，人数众多，被视为“卑贱之流，不容登岸居住”，常年栖息在船上，不敢与平民抗衡，“终身不获安居之所”。“蛋户”产生于宋元时期，他们采集珍珠，向政府纳贡。入清以后，由广东河泊所管辖，每年按户按船交纳渔课。雍正七年，世宗发出上谕，认为：“蛋户本属良民，无可轻贱摈弃之处，且彼输纳渔课，与齐民一体，安得因地方积习强为区别，而使之飘荡靡宁乎！”他认为蛋户是良民，是向国家纳课的编户齐民，不能

①③《清世宗实录》卷56，雍正五月四日癸丑。

②《上谕内阁》，雍正五年四月二十七日谕。

因地方积习而区别，应一体对待。因此指示广东督抚大吏，蛋户中无能力的人，不必强令他们登岸，可继续以船为家；有能力建盖房屋或搭棚栖身的，批准他们在靠近水边的村庄居住，与齐民一样编入保甲，强调“势豪土棍不得借端欺凌驱逐”，并要地方官劝谕这些人“开垦荒地，播种力田，共为务本之人”[①]。苏州府常熟、文昭等地有一种丐户，情况与浙江堕民完全一样。雍正八年（1730），江苏巡抚尹继善以这些人业已“化行俗美，深知愧耻，欲涤前污”，奏请照乐户、堕民事例，除去他们的丐籍，编入齐民，得到世宗批准[②]。

“贱民”“贱籍”相沿数百年，是历史遗留问题。明朝人沈德符在其所著《万历野获编》中就曾质问过，“何以自宋迄今六百余年”，“堕民不蒙宽宥”？世宗开豁他们的贱籍，对这些人而言，无异于再生。据记载，乐户开豁，“令下之日，人皆流涕”[③]。噶尔泰奏请除去堕民丐籍，说此举“即千万世之后，共戴皇恩于无既矣”。说明此举深得人心。毫无疑问，世宗除豁贱民，所施行的是一种仁政，是移风易俗和改造社会的一项重要内容。贱民改业从良，需要社会为他们提供新的就业机会，但当时没能做到，影响了这一政策的实际效果；另外，这一政策的执行也并不彻底，遭到部分绅衿的抵制，绅衿与贱民的斗争延续至清末仍然存在。但世宗以政治家的远见、改革家的气魄，革除了千百年的积弊，使得处于社会底层的这群人大部分摆脱了屈辱的生活，获得一定的政治地位，过上人的生活，不仅有利于社会风俗的好转，也部分解放了生产力，对于消弭民间的反抗、稳定社会、维护封建统治均有积极意义。

① 《上谕内阁》，雍正七年五月二十八日谕。

② 《清世宗实录》卷94。雍正八年五月丙戌。

③ 《清文献通考》卷152。

七 控制基层 强化治安

发挥保甲制度的三个职能

突出治安功能　取代户口编审

保甲制度作为一种军事化的基层治安制度，它的本质特征是以“户”（家庭）为社会组织的基本单位，并以此形成金字塔式的管理模式，其滥觞是周朝的乡里制度。秦时商鞅变法的“什伍连坐”制，已基本具有近代意义上的保甲之实，北宋王安石倡导的熙宁变法使之名副其实。宋以后，乡里组织的官治因素日重，并逐渐衍生为官衙在乡间的派出机构，或承官衙意志的办事机构。保甲制度始于北宋，为王安石首创，而为后世沿用和发展。清代的乡里组织承前代而有新的发展，主要为保甲。顺治元年（1644），清廷即在直隶、山西、山东推行保甲制，以整顿、稳定战乱后的秩序。之后的康熙时期，保甲制度又有所发展。康熙四十七年（1708），保甲组织被扩大，由原来的保、甲二级变为牌、保、甲三级，且组织监控更为严密。清圣祖颁布的《圣谕十六条》中，第十五条即为“联保甲以弥盗贼”。雍正时期，保甲制度又有新的发展。

雍正二年（1724），世宗颁行《圣谕广训》，在其序言中称：“城市乡村严行保甲，每处各自分保，每保统一甲，城以防分，乡以团别，排邻比户，互相防闲。”世宗认为，安民之道在于消弭盗贼，而治道的最有效办法就是实行保甲，使人民相互监察，不使盗匪窃藏，盗案窃发。这时施行的保甲制度，仍然是与“户口编审”相联系的。

传统社会以户口编审制度实施对基层社会的控制，侧重掌握人口数字与家庭财产，以便征收税赋和徭役。王安石变法，创设保甲制。之后，在许多时候，户口编审制度与保甲制度同时施行。户口编审制度侧重于赋役的征收和摊派，保甲制度则作为户口编审制度的辅助手段，主要用以维护地方治安。入清后，继续实行户口登记制度，以户为单位，填注丁口、籍贯、职业、财产。丁口与财产，是政府征收税赋和摊派徭役的依据；籍贯，与地域和宗族相联系，关系到人们的社会活动、读书、应试、做官等项权益；职业，是人们的社会身份，对于一部分人而言难以改变。上述内容攸关政府和个人的利益，而家庭状况总是在不断变化，因此户口登记就要不停地进行。清初，规定3年编审1次户口，随后改作5年编审一次，又因特别重视核实丁口，因此又称之为“编审壮丁”。随着世宗朝“摊丁入亩”制度的实施，“编审壮丁”的必要性就降低了。

“摊丁入亩”最早在直隶实现，而在此项制度实施过程中，于雍正四年（1726）五月，直隶总督李绂在一份奏折中称：“直隶丁银业已照粮均摊，是编丁之增损与一定之丁银全无关涉。”[①]丁银已摊到钱粮内，而丁银的数量又是固定不变的，人丁的变化与征收钱粮已没有关系，以征收和摊派赋役为主要目的的户口编审制度就成为多余。而且每次编审人口，需要动用很多的人力物力，用去不少经费。因此，李绂提出“似宜斟酌变法”，即停止编

① 《朱批谕旨》卷22下，《李绂奏折》，雍正四年五月初十日折。

审户口。停止编审户口后，政府征税，仍需要掌握人丁数字。李绂认为，可以通过保甲之法弥补，因为保甲之法既能清查户口，又能稽查游民，比编审更有效。他提出了以下实施办法："于编排保甲时逐户清查实在人丁，自十五岁以上勿许一名遗漏，岁底造册，申送布政司汇齐，另造总册具题，进呈御览。"[①]以实行保甲替代户口编审，李绂的建议切合世宗之意。

在收到李绂奏折之前的四月二十三日，世宗就推行保甲制度发出上谕，指责地方官奉行不力，稽查不严，把保甲之法视为成规故套，并针对保甲之法在村落零散、沿海和少数民族地方不宜实行的论调，指出几户几家亦可编为一甲，甚至那些受汉文化影响较深一些的"熟苗、熟僮"，也都可编甲，并要求制定出相应的条例，惩处奉行不力的官员。收到李绂奏折后，世宗详加批阅，给予肯定。他只是担心由于摊丁入亩刚实行不久，骤然取消人丁编审，是否会出现别的问题，因此要李绂以题本上奏，然后再发给廷臣，让他们议奏。七月，吏部将议定的保甲条例上奏，分为四点：（1）十户为一牌，设一牌头；十牌为一甲，设甲长；十甲为一保，设保正。（2）畸零村庄、熟苗、熟僮，一体编入保甲。（3）地方官不实力奉行，按情节分别议处。（4）建立民间权惩办法，对违反保甲条令之人，若行告发，按被揭发的人数给奖，若为隐匿，予以杖责。世宗批准了上述条例，命令将其通行于各直省，限一年内执行完毕[②]。

世宗制定条例，严行保甲，所施行的保甲之法，与此前的方法差异很大，它包含了维护治安与户口调查两项内容，并突出其治安的功能，取代户口编审，成为清政府控制人民的主要手段。至此，户口编审制度已名存实亡，到乾隆三十七年（1772），清廷正式下令停止全国的人丁编审。

① 《朱批谕旨》卷22下，《李绂奏折》，雍正四年五月初十日折。

② 《清世宗实录》卷46，雍正四年七月乙卯。

扩大设置范围　控制“棚民”“寮民”

世宗将执行保甲条例的好坏作为考核地方官的一项内容，地方官吏不敢怠慢，特别在“摊丁入亩”实施较早和治安问题较多的地方，官员们结合各地的具体情况，执行得较为认真，促进了保甲之法在全国各地的推进。在河南，“模范疆臣”田文镜对推行保甲之法十分留意，雍正三年（1725），他就要求州县官做好捕役，严查窝盗之家，训练民壮，查察寺庙、客栈等场所。雍正四年（1726），朝廷制定了对地方官员执行保甲的劝惩措施，田文镜执行得很认真；唐县知县周璠“诸务废弛”，尤其是“不能勤查保甲，一任捕役纵贼”，将其参劾；而固始县县丞程秉礼署理光山县及息县知县，“奉行保甲极其谨严”，又能革除地方积弊，被保举提拔为县令；考城令高镗在所管地方“稽查保甲”，地方“亦无盗案”，受到称赞。田文镜将保甲之法与发挥捕役、民壮的作用结合起来，使保甲法推行得更为有效和顺畅。在浙江，另一位“模范督抚”李卫对推行保甲也不遗余力，特别在捕盗方面，力度较大，相关情况，将在下节叙及。

在一些地方，保甲法施行的范围也在扩至“熟苗、熟僮”的基础上进一步扩大到棚户、寮民。一些在本籍无业的游民，为了生计，到异地开山种地，或做雇工，因无居所，便搭棚居住，被称为“棚民”。这些“棚民”多居于南方丘陵地带，如江西、安徽、浙江、福建、湖北、陕西、四川、云南等省山区，在广东的“棚民”则被称为“寮民”。“棚民”“寮民”生活没有保障，迁徙不定，在实行户口编审制度时，政府对这些流动人口难以管制，他们常与当地居民发生冲突，成为地方不安定的因素。如康熙年间，江西棚民就曾发生过暴动。雍正初年，这些“棚民”“寮民”就引起清政府的关注。雍正二年（1724），户部尚书张廷玉就指出，发生在浙江、江西的一些抢掠事件，就为棚民煽惑倡首所致，提出对这些人要设法安置，因此疏请敕令地方督抚派遣能干的州县官对其严加管束，加以编排，在稽核保甲时一并查察，同时允许棚民子弟入学读书，使他们与当地相融合，成为地方居民，这样便可以绥靖地方。世宗将其奏疏交有关官员议处。雍正三年（1725），两江总督查弼纳、闽浙总督觉罗满保分别疏奏处置浙江、福建、江西三省棚民的办法。雍正四年（1726），世宗对处置棚民问题发出上谕，下令按照颁布的保甲条例，查清棚民，按户编入册内，租给棚民土地的山主、雇佣棚民做工的雇主，要对棚民做出担保；愿意入籍本地的棚民，一经获准，即与当地土著居民一体当差；棚民入籍二十年后，可以参加文武生考试。各地都较认真地落实上述处置棚民的办法，其中浙江省在巡抚李卫、观风整俗使王国栋的主持下，执行得尤为认真，对棚民的控制较为严格。雍正六年（1728），大理寺卿性桂密访衢州情况后奏称："棚民近日光景，皆知安分，不敢生事。"世宗认为，这都是地方官执行上"棚民处置条例"后发生的改变，称："在昔，棚民何有目今光景？经大费一番措置，方能如是帖然。"[①]对棚民的管控，世宗一直十分留意，就在去世前的一个月，还针对地方官对棚民疏于控制而发出上谕，称："督抚等转饬有司，实力奉行，勿或怠惰，倘有不遵，即行严参，从重议处。若督抚失于觉察，经朕访闻，亦必加以严谴。"[②]

定型保甲制度　有效控制基层

随着"摊丁入亩"政策的实施，与赋役制度相联系的用以控制基层社会和人民的户口编审制度已不再适用，世宗及其官僚集团迅速做出调整，以强

① 《朱批谕旨》卷177，《性桂奏折》，雍正六年九月二十八日折。

② 《上谕内阁》，雍正十三年七月十四日谕。

化保甲制度实施对基层的控制，制定出相应的条例，突出其维护地方社会稳定的作用，并将保甲法实施的范围扩大到“熟苗”“熟僮”等少数民族和“棚民”“寮民”等流动人口，将他们一体编入保甲，这是清政府实施基层社会控制的一项重要制度调整和安排，表明清世宗所领导的政府是一个有作为的、行政效率很高的政府。世宗改造和推行的保甲制度，在中国历史上有划时代的意义。在此之前，保甲制度只是户口编审的辅助性手段，此后它替代户口编审制度，成为政府控制基层社会和人民的主要措施，受到此后历代统治者重视。乾隆二十二年（1757），清高宗又做了大的改进，实施范围更大，稽查更为严密，并明定“甲长三年更代”“保长一年更代”，自此清代保甲制度被基本固定下来。

清代保甲制度定型后，其职掌主要为三大项：户政、治安与赋役，其中治安又为重中之重，即所谓“保甲之设，所以弥盗安民”。保甲法对人民的控制，相较于与赋役相联系的户口编审制度松动了一些，因为政府的目标在赋役，赋役有了保证，户口编审停止了，对人民的控制要求也就相对减弱了。从这一层面来看，是一种社会进步。但须指出，保甲制度是从维护富人利益的角度出发的，正如嘉道时期著名词人张惠言所说：“保甲之法，原为保安富户起见。”[①]设保甲以保富民，说得再明白不过。

保正、甲长、牌头一般由当地民众公举，报县官点充，其任职资格为诚实、识字、有身家之人。上述职务，限年更代，轮流充任，以均劳逸。实际任此职者多为普通中等民人，尤其是甲长、牌头。乡保和牌甲人役均要向县衙递交保状，并要有保证人一同画押。而乡保更是须定期赴县衙述职，即“点卯”。各府厅州县保甲事务，其指挥监督之责，由州县官总负其责，而按察使总其成。可见，保甲制度确为官治行政在基层社会的延伸，承载着封

① 《清经世文编》卷74，《兵政五·保甲上》。

建国家管制基层社会的重要职能。保正、甲长、牌头虽不是在编官吏，不领官俸，但却是“在官人役”，以供县吏之役使，其虽“流品卑低，并不齿于齐民”，但却受到统治者的重视，日趋职役化。

时人在谈论保甲制的重要性时，有如下的说法：“保甲之设，所以使天下之州县复分其治也。州县之地广，广则吏之耳目有不及，其民众，众则行之善恶有未详，保长甲长之所统，地近而人寡，其耳目无不照，善恶无所匿，从而闻于州县，平其是非，则里党得治，而州县亦无不得其治……天下无一家一人不治焉。”[①]这种以百姓居住地为基础，按一定规则将高度分散聚居的基层人民组织起来的做法，是封建政权实现其对基层社会有效统治的重要措施。在当时地广人众，交通、信息条件差，正式官吏人数不多的条件下，清统治者必然如同前代一样采行保甲制，并促进其发展。这样，一方面可避免在州县之下再设正式官僚机构、委派正式官吏所带来的统治成本的剧增，另一方面又可博得不扰民、“无为而治”的美名。而本乡本土的保甲人员熟知当地情况，保甲制所涉及的民人相互间共同担保、连带负责的机制，使官府可通过对保甲人员的督责，达到对基层社会的有效监控和统治。有学者称：“以保甲和连坐为重要内容的连带责任，是小政府在有限的信息约束下控制大国家的有效手段”[②]，即是此理。这种上下相维、左右相连、以民（实为半官半民）治民的制度，从统治者一方来说，确是良法美意。而保甲制的精髓即在“共同担保及共同责任之制”，“以为检举非为之制，此甲牌、保正之精意也”。在保一方安宁这点上，保甲制或能起一定作用，但对改善人民生产、生活却全然无涉。可见保甲法的实质全在役民与制民！因其对基层社会控制的有效性，保甲制度被一直沿袭到民国时期。

---

① 《清经世文编》卷74，《兵政五·保甲上》。

② 张维迎、邓峰：《信息、激励与连坐、保甲制度的法和经济学解释》，《中国社会科学》，2003年第3期。

雍正四年族正民选官定

实行族正制度　弥补保甲不足

清世宗推行保甲制度，但“地方官惮其繁难，视为故套，奉行不实，稽查不严。又有借称村落畸零，难编排甲。至各边省，更借称土苗杂处，不便比照内地者……如有堡子、村庄聚族满百人以上，保甲不能遍查者，拣选族中人品刚方、素为阖族敬惮之人，立为族正。如有匪类，报官究治；徇情隐匿者，与保甲一体治罪”[①]。因此在雍正四年（1726），为弥补保甲制之不足，清政府规定在聚族百人以上、保甲不能遍查的宗族聚集地和各边省，“拣选族中人品刚方、素为阖族敬惮之人”，立为“族正”，“以稽查匪类”，然后报官究治。族正发挥着类似保甲的功能。

“族正”一词，始见于隋代什伍制，五家一保，五保一闾，四闾一族，其首领曰“族正”。雍正朝所行之族正制，是与保甲制并行的，两者相辅相

①《清文献通考》卷23，《职役》。

成。《清文献通考》记载："雍正四年，严饬力行保甲，定保正、甲长、牌头赏罚及选立族正之例。"另外，族正与族长不是一回事，两者是有区别的。族长由宗族自行确定，"并不由官选定"，即族长是民选的。而族正则不然，是"拣选族中人品刚方、素为阖族敬惮之人"担任，即先由宗族内部选举出来，报给官府，官府确认后，由官府给予牌照，属于"民选官定"。族正并非由族长担任，而是在原来的族长之外重新选举确立的，其标准是看其人品、威望和在宗族中的地位，虽然选定的标准没有明确界定，但能担任族正的，则肯定只能是那些宗族尊长和有功名的"族绅耆老"。族正与族长、房长等共同管理宗族事务。

族正制是在清世宗强化宗族制度、力行保甲制的背景下，为维护基层社会治安而设立的，是宗法社会背景下中央集权体制的特殊产物。

所谓"宗族"，《白虎通》的解释为："宗者，何谓也？宗者，尊也。为先祖主者，宗人之所尊也。《礼》曰：宗人将有事，族人皆侍。古人所以必有宗，何也？所以长和睦也。大宗能率小宗，小宗能率群弟，通其有无，所以纪理族人者也。……族者，何也？族者，凑也，聚也。谓因爱相流凑也。上凑高祖，下凑玄孙，一家有吉，自家聚之，合而为亲，生相亲爱，死相哀痛，有合聚之道，故谓之族。"宗族是指拥有共同祖先的人群，以血缘为纽带，聚居一地，形成聚落。一个宗族通常为同一姓氏，可以包括很多家庭。宗族通过一定的组织机构、管理规则管理族人。而在其聚居之地，可能并非只有一个宗族，或一乡一姓，或一乡二三姓。

宗族制度寄身于传统的农业经济体系之中，依托于农耕生产方式而存在，构成传统社会的价值体系、政治制度的基础。宗族观念支配着中国古代社会生活的方方面面，对于中国传统社会的绝大多数人而言，宗族关系是人生中最主要的社会关系，一个人的生、养、病、死、婚姻、丧葬等生前身后事，这些人生中最基本的问题，几乎没有能脱离宗族关系的。宗族意识、宗法伦理贯穿于社会结构中，是维系社会结构的纽带，是稳定社会的因素。在中央集权体制之下，通过设置郡县实施对地方的管理和控制，其政府组织体系难以直接深入农村基层社会，实现对基层的管理与控制。因此，政府常常利用绅衿、耆老充当乡村负责人，通过强化封建伦理道德，维护家庭、家族、宗族、乡里的传统秩序，维护基层社会的稳定。

宗族政策是清王朝治国政策的组成部分。清世宗强调和推行包括族正制在内的宗族制度，就是想要借助宗族的力量来强化对基层的控制，这与他加强君主集权，实现“一人治天下”的君权至上、君主至治思想是一致的。

族正民选官定　加强基层控制

世宗即位，强调“孝为百行之首”。雍正元年（1723）恩科会试，题目即出自《孝经》，其目的，正如世宗所说：“庶士子咸知诵习，而民间亦敦本励行，即移孝作忠之道胥由乎此？”[1]他在《大义觉迷录》中批驳“华夷之辩”的观点时，对“移孝作忠”做了进一步阐述：“人与天地之间，最重者莫如常伦。君臣为五伦之首，较父子尤重，天下未有不知有亲者，即未知有君者。”中国封建社会是家天下的社会，家与国同构，有“求忠臣必于孝子之门”的社会认知，认为只有在家为孝之人，才可能在朝忠君。清世宗所说的“移孝作忠”，即是此意。他要通过倡导孝道，培养人们的孝义，通过表彰孝行，形成重孝尊君的社会氛围。世宗将“圣谕十六条”逐条进行解释所形成的《圣谕广训》，是清朝以孝治天下伦理政治的纲领，通过在全国范围内的反复宣讲，并借助宗族的力量在全社会推行，入心入脑，民间敦本励行，使之成为人们自觉遵守的社会规范，培养忠君的顺民，达到以孝治天下

①《上谕内阁》，雍正元年五月二十一日谕。

的目的。

清世宗在《圣谕广训》中讲到“笃宗族以昭雍睦”时指出，宗族内部不相和睦的原因：“大抵宗族所以不睦者，或富者多吝而无解推之德，或贫者多求而生觖望之思，或以贵凌贱而势利汩其天亲，或以贱骄人而忿傲施于骨肉，或货财相竞不念袒免之情，或意见偶乖顿失宗亲之义，或偏听妻孥之浅识，或误中谗慝之虚词，因而诟谇倾排，无所不至，非惟不知雍睦，抑且忘为宗族矣。”他号召人们应以同宗共祖而相亲相爱，称：“凡属一家一姓，当念乃祖乃宗，宁厚毋薄，宁亲毋疏，长幼必以序相洽，尊卑必以分相联，喜则相庆以结其绸缪，戚则相怜以通其缓急”，并提出“笃宗族”的四项具体措施，即“立家庙以荐蒸尝，设家塾以课弟子，置义田以赡贫乏，修族谱以联疏远”，用以维系宗族制度。

家庙即宗祠，一般大一点的宗族都建有宗祠，设有管理宗族事务的族长和其他管理人员，成为联络、管理族人的机构。宗祠族长和其他管理人员的产生，是宗族内部的事务，政府一般不加干预。但世宗为强化宗族的职权，于雍正四年（1726）开始推行族正制，在族长之外另立族正，族正由“民选官定”，官府给予牌照，代表官方，表明官府开始插手宗族事务。雍正五年（1727），清廷更改与祠堂有关的律条。同年，江西永新县发生民人朱伦三与其侄子将屡次犯窃案的弟弟殴打致死的案件，刑部拟将朱伦三处以流徙之罪。世宗针对这一案件发表自己的看法，他认为：“从来凶悍之人，偷窃奸宄，怙恶不悛，以致伯叔兄弟重受其累。本人所犯之罪，在国法虽未致于死，而其尊长族人剪除凶恶，训诫子弟，治以家法，至于身死，亦是惩恶防患之道，情非得已，不当按律拟以抵偿。”最终宽免了朱伦三的流徙之罪，并提出：“嗣后凡遇凶恶不法之人，经官惩治，怙恶不悛，为合族之所共恶者，准族人鸣之于官，或将伊流徙远方以除宗族之害，或以家法处治，至于身死，免其抵罪。”[1]接着，九卿根据世宗的旨意，定出了“恶人为尊长族人致死免抵”之例。原只有政府才具有的司法权，经过这一条例的制定，使宗族也拥有了某种惩治族人的司法权，将族权视为政权的辅佐者，族正和祠堂的权力被加大，与保甲制相配合，使其在维护社会治安和基层社会秩序方面发挥更大作用。

族正制滥觞于雍正朝，盛行于乾隆朝，在太平天国军兴后，随着清王朝对地方控制的减弱，族正制也渐趋衰落了。由于目前关于雍正朝推行族正制的资料发现较少，有关这一时期族正制施行的状况很难明确叙述，但其作为一项制度加以施行则是确定无疑的。除前引相关记载外，雍正七年（1729）由河东总督田文镜和浙江总督李卫撰拟，清世宗赐名颁发的《钦颁州县事宜》的《弭盗》部分，以及雍正十二年（1734）另一位河东总督王士俊撰拟的《吏治学古编》的《劝诫》中，都有设立族正的记载。然而，雍正朝族正制仍然是实验性的。从现有资料看，在此期间，由于族正为初设，其制度体系还不太完善，除有族正的选立为“拣选族中人品刚方、素为阖族敬惮之人”担任的记载外，对族正的考核、奖赏都没有明确记载，其职权也仅为“稽查匪类”，发挥着类似保甲的功能，许多制度因素都是高宗时期才逐步完善起来的。且雍正朝族正的设立范围不广，仅限于保甲不能遍查的宗族聚集地和相关各边省，为局部地区，即便是之后设立族正的范围扩大，也没有扩展到全国，而是“因地制宜，本非通行之制”[2]。尽管如此，世宗施行族正制，是中国宗族制度发展的一项创造。族正的民选官定，使其具有官府与宗族的双重身份，成为官府与宗族之间相联系的桥梁，通过这一桥梁，官府得以直接插手宗族内部事务，与保甲制相配合，增强了官府对基层社会的管

① 《雍正朝起居注》，雍正五年五月初十日条。

② 《清文献通考》卷19。

理和控制，有利于维护社会治安和封建社会秩序，有利于巩固封建统治。同时，族正的设立也使一些地方的宗族进一步组织化，在增强宗族的凝聚力、促进宗族发展的同时，宗族势力也得以膨胀。

两起『教案』

民间宗教盛行　扰乱社会治安

雍正时期，没有出现过大规模的民众运动，社会秩序相对而言是稳定的。但由于封建社会固有的矛盾，社会不稳定的因素大量潜存着。清世宗施行“教化”、除豁贱民、强化保甲等措施，其目的都是为消除社会不稳定因素，维护封建统治秩序，而控制、严禁民间秘密宗教和制定主佃关系新律文，也是预防和消除社会不稳定因素的两项重要举措。

民间秘密宗教是封建社会的产物，是为中国下层人民所创造和信仰的宗教，因其组织和仪式简单、教义朴素而易于为下层人民所接受。一些宋明以来就已存在的宗教，如白莲教等，入清以后仍然存在。民间秘密宗教在形式上、内容上多荒诞无稽。在等级森严的封建社会，一些生活在社会底层的民众受官府与社会其他阶层的压制，要求身心得到解脱和释放，又求助无门，很容易将希望寄托于秘密宗教所宣扬的神明，以求得生活的安宁和命运的改变，这就使得秘密宗教有了存在和发展的空间。

雍正时期，存在于民间的宗教很多，如白莲教、清净教、无为教、罗门教、三元教、祖师教，以及所派生的各个教派。此时期民间秘密宗教的组织和势力遍及全国，主要分布于河北、山东、河南、山西、江苏、安徽、浙江、福建、江西、湖北、四川、陕西等地，其基本群众是农民、手工业者、矿工、流民、漕运水手、城市贫民等。由于教派多、流传广，在社会下层拥有广大信众，活动方式隐蔽，组织严密，社会影响很大，成为影响社会稳定甚至发生动乱的根源。尤其在社会矛盾尖锐，天灾人祸相继而来的年代，常常成为组织和发动群众反抗封建统治的重要形式，因此被官府视为邪教。

清世宗深知民间秘密宗教的危害性，他一即位，就着手整治。雍正元年（1723）春，新任河南巡抚石文焯陛辞时，世宗就要他设法秘密清除白莲教，并一针见血地指出："涓涓不塞，流为江河，所以圣人谨于防微杜渐。若不除之于早，其害必致蔓延。"[①]也许是对石文焯没有用心有力地处置白莲教不满，一年之后，世宗再次指示他："处处留心，时时密访。第不可妄嘱属员，致令扰民惊众，魁奸得以诇知消息，深藏潜匿，反与事无益。须不动声色，严加伺察，少有风声，即权巧设法，不惜重赏，弋获首恶，必能除其教长，方为拔树寻根之善着，庶可永断葛藤。倘若处置失宜，反致激出事端，则又大不可也。"[②]不仅提出查办的要求，还具体指示了方法和注意事项。在石文焯随即奏报查拿白莲教事宜的奏折上，世宗再一次提醒他，对"此事慎勿泛泛视之"，要设法"抑邪扶正，消弭祸患于未形"[③]。

针对湖广、浙江、江苏、江西等江南地区"颇有邪教，妄立名号，惑诱愚氓"，且"党类繁多，踪迹诡秘"的情况，世宗在杨宗仁、黄淑琳等江南督抚的奏折上批示，提出处置的原则：一是高度重视。民间秘密宗教是影响社会安定的隐患，地方大吏要防患于未然，不能因其势未成、其变未做而

①②③《朱批谕旨》卷30上，《石文焯奏折》，雍正二年六月十三日折。

忽视，“但需时刻留心，不可日久而怠”。二是在具体的处置上要“慎之！密之！”民间秘密宗教的形成不是一朝一夕之事，其对社会稳定的影响也不是一下子就显露出来的，对其处置，“此当徐徐而行之事，非急务也”，不能操之过急，“急遽声扬，扰民骇众，致生事端”，得稳妥进行，通过秘密侦访，将“为首之人严拿治罪，有能去邪归正者概予从宽，出首者量加奖赏”，稳步瓦解，一网打尽。他甚至提出派人打入秘密宗教内部以掌握其活动情况的主意。雍正五年（1727），在河南总督田文镜报告该省秘密宗教活动情况的奏折上批示：“此等邪党，率皆诡寄深藏”，“不但地方大吏莫能施为，便州县有司亦无从探其脉络”，因此，“非深入其教者，断不能窥测底里”。之后，田文镜报告已命令有才能的州县官，选择一二名心腹，“改装易姓，潜入其教”[1]。

破获两起教案　维护社会安定

雍正时期，曾破获两起较大的秘密宗教案。

一起是雍正五年（1727）发生在山西的“泽州匪类妖言聚众”案。据《上谕内阁》六年三月二十五日条、四月二十九日条以及《朱批谕旨》高成龄、纪成斌、田文镜等人的奏折记载，河南济源人翟斌如，又称翟神仙，曾跟从陕西郃阳“妖道”潘风池传授符术，会看风水，以行医为掩护，在泽州进行传道。案件主要人物为：张冉公，系组织教会之人，藏有“立天后会经”一部，内中“俱是泄露天机的话”，世宗说此经是“妖妄邪书”；杨廷选，原为河南济源县千总，与翟斌如是同乡，后来参与传道；靳广，原系山西泽州王奉来的家人。案件的缘起，是因为靳广不满富人的刻薄，聚众在

① 《朱批谕旨》卷126，《田文镜奏折》，雍正五年闰三月二十日折。

泽州大箕村练习武术，准备打劫富人王奉来家，被人告密，泽州知州刘毓嵒以查点保甲为名，逮捕了其中的两名会友。靳广率众于途中抢回被逮捕的两人，打伤衙役，并擒拿13人。刘知州一面请地方绅士出面讲和，令靳广将被擒之人放回，一面暗中抓其党羽。案件发生后，翟斌如等逃往河南，山西官吏知会河南官吏，河南、山西等省全力配合，将翟斌如、靳广等先后抓获，杨廷选自杀。之后，世宗派遣监察御史性桂到山西审理此案，并要求竭力缉捕其余党，不许一人免脱。审理结果：翟斌如、张冉公、靳广等6人被处斩，其余党羽量刑不等；办理此案不力的山西巡抚明德被削去纪录2次，河南总督田文镜等则从优议叙。世宗就此案等发出谕旨，要求各省督抚藩臬等地方大员，务将民间秘密宗教“随时随地逐一搜剿，铲除精尽”。

另一起是雍正六年（1728）发生在山东的三元会案。据《朱批谕旨》田文镜、万际瑞、岳濬等的奏折记载，山东平州人牛三花拉，又名牛三花子，组织三元会，又称空宗教，以贸易为名，在山东莱州、青州等地进行传教活动，广收徒众，自称能超度他人的祖宗，以“正空家乡，无生无父，现在如来，弥勒我主”进行宣传，哄骗人们可以去灾获福。雍正六年七月，被人告发，高密县令下令抓捕，牛三花拉逃亡。世宗得到山东提督万际瑞的报告，随即指示：既然是邪教，一定查清是什么教，为何立教，哪些人参加；要分清有政治目的和为敛财的两种情况，区别对待。但无论如何，务须将为首之人捕获，万不能使其脱漏。追查了一年多时间，毫无牛三花拉的踪迹。河东总督田文镜题请将空宗教教徒处以枷号三个月、重责四十板或枷号两个月、重责四十板。世宗同意他的意见，仍要求“严缉正犯务获，就拟示惩”。但之后，未见是否将牛三花拉捕获的记载。

整饬社会治安的三种手段

世宗使用了多种手段整饬社会治安，遏制赌博、整肃盗风、镇压反抗是其中主要的三种。

遏制赌博

世宗认为赌博是诸恶之源，不但荒弃人的本业，荡尽人的家财，社会上“斗殴由此而生，争讼由此而起，盗贼由此而多，匪类由此而聚”，不仅是影响社会治安的一个重要因素，还败坏人的品行，恶化风俗。因此，赌博非禁不可！他说：“禁止赌博者，所以戒游惰匪僻之行，使保家立品，以厚民俗也”，是“正德厚生之要务，实切于民生日用者”，鉴于“愚民一时未必即能醒悟，于是谆谆训诫，至再至三”[①]。他即位不久，即要求地方官查禁赌博，强调不但要处罚参与赌博的人，还要穷究赌具的来源，对赌徒聚赌之

① 《雍正朝起居注》，雍正五年九月二十三日条。

地和赌具制造地的官员，也都要以失察之罪加以处罚。

雍正四年（1726）九月，他发现地方官对禁赌政策执行不力，因赌博而引发的案件屡有发生，因此再次颁发谕旨，再颁禁令：

> 赌博之事，最坏人之品行。若下等之人习此，必至聚集匪类，作奸犯科、放僻邪侈之事多由此而起；若读书居官之人习此，必至废时误事，志气皆浊，何能立品上进！乃向来屡申禁饬，而此风尚未止息，深可痛恨。若不严禁赌具，究不能除赌博之源。著京城内外及各省地方官，将纸牌、骰子悉行严禁，不许货卖，违者重治其罪。常有窝赌之家，诱人入局，以取其利。嗣后准输钱之人自行出首，免其赌博之罪，仍追所输之银钱还与之，庶使赌博之人有害而无利，则其风可以止息矣。[①]

世宗遏制赌博，采取的措施十分特别：注重追查赌具来源，强调对地方官失察的处分，对参与赌博输了钱的人，不仅准其自首，免其赌博之罪，甚至所输的钱也可追还，使参与赌博的人，不论是输家还是赢家，都无利可图，对遏制赌博之风还真有实效。

世宗对赌博深恶痛绝，甚至将其与杀人致死的重刑犯同等对待。雍正五年（1727）十月，刑部议准一批在监服刑的犯人照营田赎罪例，在交纳一定数量的银钱后便可赎罪。在审查刑部上报的愿交纳赎金的人中，有一个名叫王惠的人，犯有殴人致死的命案，没有得到世宗的批准。杀人是重罪，世宗不准其赎罪，这很好理解。但有名叫林必映、林鼎勋的两人，分别为举人、监生，他们开设赌场，被人告发获刑，也要求交钱赎罪。世宗认为两人均系

① 《雍正朝起居注》，雍正四年九月二十三日条。

读书人，开设赌场，诱人赌博，性质尤其恶劣，罪有应得，因此坚决不准他们交钱赎罪，仍让他们去服刑[①]。

雍正六年（1728）六月初一日，庄亲王允禄等奏报“查拿违禁造卖纸牌、骰子董五等共十三案，俱经审讯，应照例分别之罪，并将失察之各该管，查取职名，交部议处”，世宗就此发表谈话：

> 董五等系严禁赌博之后初次犯法者，着宽减其罪，将应行充发者枷责完结，应行杖流者杖责完结，该部酌量轻重发落。仍将伊等姓名记注档册，倘再犯违禁，加倍治罪。这本内有各犯供称，骰子系本京造卖，纸牌系外省人贩卖等语。今该部将如何根究造卖赌具之处，并未议及。嗣后京城有犯赌博者，务将何处造卖赌具之人严行究出治罪，将该管地方官及督抚一并处分，通著为例。[②]

世宗对此案的处置，印证了他查禁赌博注重穷究赌具的来源和追究地方官失察的责任，而轻判参与赌博之人的处置方法。

雍正九年（1731）六月，步军统领阿齐图奏称：“贩卖赌具牌骰者，在直隶、山东、山西居多”，他请求世宗“行文该督抚，饬各地方官严行禁止”。世宗认为，所谓赌具难禁，赌博之风难绝，都是因为地方各级官吏疏忽废弛，视定例为具文，因此他又再一次发表长篇谈话，重申地方官的责任和他惩治失察、溺职官员的决心。

① 《上谕内阁》，雍正五年十月十五日谕。

② 《上谕内阁》，雍正六年六月初一日谕。

赌博之事，败坏品行，荡废家赀，其为害于人心风俗者，不可悉数。欲杜绝此恶习，则赌具之禁，自不可以不严。朕为此拳拳训饬，至再至三，凡地方大吏、有司教养斯民之责者，皆当仰体朕心，奉行唯谨，不当视为具文也。京师户口繁多，五方杂处，年来稽查严密，不肖之徒颇知敛跡。至于外省之稽查，则较京师为易，而督抚以至守令，奉行不力，闻省会之地有公然制造赌具、列布市肆而不知畏惧者！百姓之藐法若此，则大小官吏能辞溺职之罪乎？步军统领衙门屡次拿获私卖赌具之人，供称贩自外省地方，则外省之疏忽废弛，显有证据矣。赌博难禁，而造卖赌具之禁尚属易行之事。前年定例：凡失察造卖赌具之知县，照溺职例革职，知府革职留任，督抚司道等官各降一级留任。著该部将朕此旨再行宣谕，倘嗣后有犯者，必照定例处分，不稍宽贷。[1]

世宗惩治失察和溺职的官员，定出条例，动了真格。

就在世宗发表此谈话后一个多月的时间，刑部上报拟定的对四川一起因赌博而闹出的人命案件的判决：四川竹县民田臣，因一名叫褚云的人引诱赌博，醉酒后两人索钱争扭，田臣拳殴褚云，褚云得脱。后来，褚云持棍赶殴田臣，田臣拾石抛掷，正好砸中褚云颅额，致使其4天后毙命。刑部拟定，田臣应拟绞监候；失察赌博的署潼川事德阳知县李维祥，别案革职，毋庸议；吏目何国卿应罚俸一个月。世宗对刑部拟定的判决没有完全同意，他说，田臣情尚可原，从宽免死，照例减等发落；而对失察官员的革职、罚俸的处罚，他则批示“依议”[2]。按照常理，杀人偿命，何况杀人致死是因赌博而

① 《清世宗实录》卷107，雍正九年六月壬寅。

② 《雍正朝起居注》，雍正九年七月初二日条。

起。但世宗对被引诱参与赌博并殴死引诱者的田臣从宽免死，对失察的官员照例处罚，又一次显示他另类的思维。

世宗特别留心赌具的来源，地方上有人造赌博工具，当地的官员失察，就会被处分，而如果官员主动查到，则会受到表彰和奖励。雍正十年（1732）闰五月，刑部呈报安徽凤阳府灵璧县庄三等制造假骰子一案，拟定判以军杖罪行，对“失察赌博之署灵璧县知县杨大勋应罚俸一年，不行缺审之凤阳府知府、今升江苏按察使刁承祖应降一级调用”。案子不大，但牵涉到按察使，也是地方的高级官吏，而皇帝不为所动，批示：“依议。刁承祖著照部议所降之级，从宽留任。”[①]同年十二月初八日，刑部报告安徽合肥县杨老麻子等造卖赌具案，拟定：“各案犯照例拟以充军、留杖等罪”，而对查案有功的地方“各官议叙，分别加级纪录”。世宗认为所拟适当，批示“依议”[②]。

还值得注意的是，世宗对八旗人等参与赌博，与汉人一视同仁地给予处理。雍正十年（1732）二月，刑部呈报有八旗属下人沙里布、喜儿、和尚等人，在孀妇张氏家赌博时被查获，拟定：张氏绞监候；革去沙里布监生资格；喜儿、和尚俱枷号二个月，鞭一百；失察之官员交兵部，分别议处。世宗认为：“八旗窝赌，例应拟绞，但张氏年已七十，伊子又在军前，著免死，照例减等收赎”，对所拟其他涉案之人和失察官员的处分，则一概“依议”[③]。雍正十二年（1734）九月十一日，宗人府呈报，觉罗图尔泰等聚众赌博被查获，拟以“枷责羁禁，裁去一年钱粮”。觉罗是皇家的近亲，号“红带子”，有特殊权力。世宗认为宗人府所拟不当，仅裁去其一年钱粮，惩处太轻，在他们的报告上批示：“此案内赌博觉罗图尔泰等，既拟枷责羁

①《雍正朝起居注》，雍正十年闰五月初七日条。

②《雍正朝起居注》，雍正十二年十二月初八日条。

③《雍正朝起居注》，雍正十年二月二十五日条。

禁之罪，而又议裁去一年钱粮。此等犯罪觉罗人等，亦支给钱粮乎？”[①]

世宗为维护社会稳定而严禁赌博，并坚持不懈。他曾谕令内外臣工：“禁止赌博者，所以戒游惰匪僻之行，使保家立品，以厚民俗也”，说这是“正德厚生之要务，实切于民生日用者，又恐愚民一时未必即能醒悟，于是谆谆训诫，至再至三”[②]。四川提督黄廷桂奏报，从雍正五年四月至十一月，半年多时间内，查获聚赌案件25起，缉拿赌徒128名，并查获大量新旧牌骰。世宗指示：“凡严禁之事，但恐日久废弛”，要他“以长久为务”[③]。

世宗对于赌博恶习，在处置方法上比较特别，注重控制源头，强调地方官的责任，对涉案之人，不分满汉，一视同仁，甚至对觉罗也一样处罚，既体现了他不以私废公的主张，也显示了对赌博恶习与赌博之人的深恶痛绝。由于在全国范围内长期坚持查禁赌博之风，使得赌具在民间已很难找到，于是，在广东、福建一带，有人“因赌具难得，更新造一种赌法，名曰‘夺标’”。此种赌博方式，用纸做标，上书千字文，参赌者出钱买标，开标之日，打标者预先所认八字与所开八字吻合者中标。福建观风整俗使刘师恕将此事奏报，世宗批示：“赌法岂有底止？当择其盛行者禁之耳，不然则不胜其烦矣。”[④]

整肃盗风

一个地方盗案频发，无疑说明这个地方治安较差。世宗对地方上盗案频发极度重视。雍正五年（1727）八月，针对打击地方盗案，他曾说：“朕自

① 《雍正朝起居注》，雍正十二年九月十一日条。
② 《雍正朝起居注》，雍正五年九月二十三日条。
③ 《宫中档雍正朝奏折》第九辑，第278页。
④ 《宫中档雍正朝奏折》第九辑，第30页。

即位五年以来，曾经日夜思维，总无善策，不得已而惟严责督抚大吏，俾督抚大吏严责州县有司，有司自必勒比捕役，勿令玩愒疏纵。”[①]他要整饬社会治安，一项重要内容就是整肃地方盗风。

世宗整肃盗风，首先制定律令。雍正元年（1723）十二月，议定奖惩捕盗官员和严惩窝主的条例，规定：官员捕盗，凡没有拿获“盗首”，即使获盗过半，仍按律分别议处；拿获“盗首”的，从优给予奖励；窝主之家，存留盗贼3人以上者，发配三姓地方。同时，针对“州县有司因畏盗案处分，往往讳盗不报，或以抢为盗，或以多报少，或嘱事主通同隐匿，以致盗贼肆无忌惮”的情况，命九卿重议对地方官讳盗的处置办法和如何加强对盗案频发的治理[②]。次年二月，刑部议复对讳盗不报官员的处分例：凡讳盗不报，州县官革职，道、府、同知、通判失察的，降二级调用，徇庇者降三级调用；州县既经揭报，而上司不行转报者，降四级调用。州县官以强盗为窃贼，案重而轻报，上司不行核查，代为转报，及解审时又不能审出真情，亦降三级调用；若督抚失察，降一级留任。由武职兼任的，亦照文职例议处。清代法律规定，犯窃罪的，犯案三次，或贼赃至银120两以上，就会处以绞刑。官员若不照章就拟，或于窃贼初犯、再犯时不依律文处罚刺字，因而使得窃贼得以屡次犯案，也照失出例议处。上述处罚条例，得到了世宗批准，在全国执行[③]。

其次是重视盗案频发的重点地区，选派善于捕盗的官员经理。盗案在全国普遍存在，但江南、直隶两地尤多，世宗对此是有所了解的。仅雍正三年（1725）六月十七日至七月十七日，一月之内，江南所报盗案就达109

① 《朱批谕旨》卷126，《田文镜奏折》，雍正五年八月二十八日折。
② 《清世宗实录》卷14，雍正元年十二月庚申。
③ 《清世宗实录》卷15，雍正二年正月癸卯。

起，肯定还有其他未报之案，加起来当不止此数[1]。世宗对江南地区官员缉捕盗贼、整肃盗风一开始就提出要求，地方官员也想了许多办法。例如，雍正初年，两江总督查弼纳因江南水网密布，“盗贼”太多，提出在河道钉上木桩，以防盗船出入。尽管地方官做了一些努力，但收效不大。雍正六年（1728），江苏巡抚陈时夏奏报，有四窃贼窃走绸布3000匹。世宗说，这是陈时夏受了下属的蒙蔽，四个窃贼如何能偷走这么多布匹，肯定不是偷窃，而是盗贼抢劫[2]。世宗鉴于江南盗案频发，而江苏巡抚陈时夏柔懦，两江总督范时绎缺乏缉盗之才，不仅下令将江苏的盗案缉捕交由浙江巡抚李卫负责，还要他参与江苏的军政举劾。李卫是模范督抚，是一个捕盗能手，他在任浙江巡抚时，因善于捕盗而名噪一时。世宗将江苏的盗案缉捕交由浙江巡抚负责，可以说是人尽其才。但跨省任职，也使得李卫与范时绎产生过节。李卫报告：“臣因除窝、拿盐、勘塘诸事，获罪于范时绎。”世宗支持李卫，对他说：“范时绎乃不足置论之人，与汝不协，更何待言！即以汝办理下江缉捕一节，揆之其心，便可知矣。”他力挺李卫，不惜将范时绎革职[3]。

广东也是多盗之区，而地方大吏缉盗不力，民众不满，流传着民谣：“孔督（毓珣）去，阿婆（阿克敦）来，盗结党，民何赖。”[4] 广东盗贼结党成伙，有至数十人，数百人，甚至上千人，气焰嚣张。广南道林兆惠命差役往从化县山中采买修建皇陵所需木料，被当地盗贼掳去12人，后放回4人，声言要官衙拿数百两银子去赎其余的人。另外，有数百人组成的团伙到龙门营七子汛抢夺兵丁器械，从事劫掠，该汛的30余名官兵躲藏起来，任其将兵

① 《雍正朝起居注》，雍正三年七月二十一日条。
② 《上谕内阁》，雍正六年七月十一日谕。
③ 《朱批谕旨》卷174，《李卫奏折》，雍正六年七月十八日折。
④ 《朱批谕旨》卷7，《孔毓珣奏折》，雍正六年四月十一日折。

器抢去。署理两广总督孔毓珣不去缉捕，捏称有十余名窃贼，乘兵丁熟睡之时将兵器窃走，仅薄责兵弁了事。再有，高州电白县山中聚集有千余人，白日沿江抢劫，有时一天之内连抢二十几家，并把追捕的乡勇捉入山中，割去双耳后放出，并威胁官府不得再追赶。甚至连广东巡抚衙门都被盗，连巡抚常赉奏折匣子的钥匙也一同被盗，常赉只得向广州将军石礼哈借用。在石礼哈的标兵中，有人窝盗分赃，巡抚常赉发咨文要求提审，石礼哈护短，常赉顾于情面，便不再提审。封疆大吏如此，难怪广东盗案如此频发！这也成为世宗设置观风整俗使的主要原因。

世宗对缉捕盗贼以维持地方治安的重视程度，可从以下事例窥见。雍正五年（1727），河南河北镇总兵官纪成斌在其奏折中报告一起盗案，称案犯不过是游手无赖之徒，“其意在于劫掠富户，似非谋为不轨之类”。世宗认为其对缉盗并不在心，对其严加训斥：“出语可谓乱道之至！试思此等匪类，目无法纪，劫掠富户之后，将作何结局？身膺封疆之责，凡百宁过于慎重，小事如大事办理方是。似此立意，宽纵疏忽，甚负朕之任用。”[①]世宗将盗案当作大事看待，要求地方官认真对待，严行督责，可谓不厌其烦。就在同一年，世宗在田文镜的奏折上写道：“朕自即位五年以来，曾经日夜思维，总无善策，不得已而惟严责督抚大吏，俾督抚大吏严责州县有司，有司自必勒比捕役，勿令玩愒疏纵。”[②]他甚至以加大对奉行严惩盗贼政策不力官员的处罚力度，以示鉴戒。雍正五年（1727），湖北磁阳县知县惠克广因不及时审理盗案，吏部拟定将其革职。世宗认为，惠克广于所查获盗案，既不提审人犯，又不申报上司，罪情可恶，不但将其革职，还把他投入监狱，等到该案查清审结之后再行放出。

① 《朱批谕旨》卷124，《纪成斌奏折》，雍正五年七月初八日折。

② 《朱批谕旨》卷126，《田文镜奏折》，雍正五年八月二十八日折。

尽管世宗一再严行督责，但地方官疏纵盗贼习以为常，致使许多盗案失察。这有其制度设计方面的原因。清代对地方官员的考核，实行的是京察和大计。总督、巡抚及盛京五部侍郎等官以京察考核，由吏部负责，开明履历清单呈送皇帝，听旨简裁。从州县官直到府、道、两司，层层考察属员，其中布按两职，由总督、巡抚出具考语。考核的标准有四条，称为“四格”，即守、才、政、年，不合“四格”条件的，就以“八法”参劾，其中有才力不及、罢软无力的标准，犯此二条者，分别受到降二级调用和革职的处分。地方盗案频发，正是这两条处分的主要内容。地方官员所报盗案越多，则会说明他抚绥地方无方，会有碍其考成，所以他们宁肯少报，甚至不报。尽管朝廷制定了对官员讳盗不报的处分之例，但地方官对于盗案，仍旧采取隐匿不报，或以盗为窃，或以少报多，草率结案。因此，虽然世宗力图打击盗案、整肃地方治安，也取得了一定的效果，但各地盗案仍旧频发。仅在雍正六年（1728），官府记录的讳盗案就有：在直隶，盗贼闯入卢龙县衙门，将幕宾误当作知县，捆绑拷逼，劫去财物，而署理知县卫步青害怕应盗而遭处分，只报为失窃。同年十一月，有数人白天抢劫山海关何字号当铺，官役兵弁如同不知其事，不闻不问。在山东济州城内，一伙盗贼劫狱，抢了仓库，还手持兵器，突袭了正在集会的文武官员，将游击、守备、州同等官员砍伤。在湖南，有韦庭耀为首的百余人团伙，打劫宁远县生员荆之窦家，劫持其家口，打死前来拘捕的官兵多名。

镇压反抗

雍正一朝没有发生过大规模的民众反抗活动，但康熙末年台湾朱一贵领导的起义和湖南人谢禄正组织反抗队伍对抗清廷，其余部在雍正时期仍有活动。此外，有一些汉人假借朱姓之名从事反清活动，一些底层民众为表达诉求，也曾发生过一些零星的小规模的反抗官府的活动。上述活动均遭到官府的镇压，但涉及面小，影响不大。

据《朱批谕旨·赵弘恩奏折》记载，康熙六十年（1721），台湾朱一贵领导起义，并形成一定的规模，但当年就遭清廷镇压而失败。起义期间，朱一贵曾封福建上杭人温上贵为元帅，让其回乡组织当地群众。起义失败后，温上贵带余众转移到江西万载县一带活动，他们联系棚民，准备攻打万载县城。雍正元年（1723），万载县知县施昭庭获悉温上贵的活动，派清兵前去镇压，温上贵率众抵抗，300余人战死，温上贵被俘后被清廷杀掉。虽然另一位领导者裘永锡逃亡，但温上贵的族弟温廷瑞继续率余众进行反抗活动，并委任官员，任命沈子荣为大将军，温淘滨、温廷奉为军师，操练武艺、打造兵器、夜聚晓散，准备与清廷长期对抗，斗争一直坚持到雍正末年。清廷在万载、瑞州一带添设同知、游击等，增强镇压剿捕力量，强化对该地区的统治。雍正十一年（1733），赵弘恩出任两江总督，再一次发出对温廷瑞等人的通缉令。次年二月，被温廷瑞委任为千总的温坤生向清廷自首，投降清廷，温廷瑞等遂被逮捕处死。世宗得报，鉴于这次反抗活动的历久性，在当地造成了一定影响，“蔓草不除，逢时勃发”，指示赵弘恩，要“严饬搜缉，务尽根荄，毋使一匪漏网”。在清廷的严行剿捕下，反抗活动就此终结。

康熙五十九年（1720），湖南辰溪人谢禄正拉起一支队伍反抗清廷，他们占据山谷，坚持了几年。雍正四年（1726），清廷派遣一千多人前往剿捕，谢禄正等抵抗失败后逃亡。世宗指责湖广提督赵坤等“因循疏忽，纵盗养奸”。不久谢禄正被捕，遭到凌迟，妻子被没为奴。其他领导者中，陈彬臣被杀，张如茂等被发配到三姓地方为奴。这一反抗活动就这样被镇压了。

据《清世宗实录》卷86、《朱批谕旨·王士世俊奏折》《朱批谕旨·郝玉麟奏折》记载，继康熙时期发生多起假借朱三太子名义的反清复明案件后，雍正时期，仍有一些汉人假借朱姓之名煽惑民众，反抗清廷。雍正七年（1729），清军拿获山东人张玉，其伪称朱姓，冒充前明帝裔，宣称有星士为他算命，当有帝王之分。同年，广东总督郝玉麟奏报，在恩平县拿获藏有“楚震公”令旗的人，据说其军师叫李梅，以灾变鼓动造反，并宣称有一人，生辰八字俱为壬寅，时年8岁，与朱三太子相同，住居交趾，山西、陕西、福建、广西等省都有他的人，还颁发了委任状；又称朱一贵的儿子即是“朱三太子”，原在交趾小西天，已出发到了巫山，有众几十万，不久就要领大兵前来。“朱三太子”当然是虚构出来的，人众也绝没有几十万，但如地方官所奏报的，“人犯众多，情事重大”，当组织了不少人。他们原计划于雍正七年（1729）十二月初二日攻打恩平县，后事情泄露，清廷派兵剿捕，首领区在台、陈京干、梁伟杰等被捕，李梅逃亡，后也被捕，再后来又逃脱。又有广西人张淑言等人散布谣言，称钦天监奏称紫薇星陨落福建，朝廷派人到福建，把3岁以上的男子全部斩杀。

据《朱批谕旨 · 李卫奏折》记载，浙江总督李卫查获的甘凤池一案，与康熙朝“朱三太子”朱慈焕一案有牵连。甘凤池为朱慈焕一案的案中人，在朱慈炯案当日被捕，受刑后被放出，继续从事反清活动，并因其“武艺高强”而“声气颇广”，成为地方上的领袖人物。甘凤池通晓天文兵书，以传授武艺为名，广泛联络社会各阶层人士，甚至与地方大吏都有往来，其中包括两江总督范时绎、江苏按察使马世烆等。甘凤池等人的活动引起浙江总督李卫的注意，他派人打入其内部，侦知其活动，假意要甘凤池教授自己儿子学武艺，诱骗甘氏父子入总督衙署，而将他们逮捕，此后又相继将其同伙逮捕。案件告破，世宗极为重视，称“此种匪类，踪迹诡秘，习尚乖张，暗怀幸灾乐祸之心，敢做逆理乱常之事，关系国家隐忧”，他们是“为生民害甚于盗贼，孟子所谓恶莠恐其乱苗也”。因甘凤池等与朱明后裔有牵连，世宗显然没有将他们当作一般匪类对待，他特派工部尚书李永升到浙江与其他地方官一同会审。两江总督范时绎、江苏按察使马世烆为掩盖其与之交往事实，从中作梗，与李卫等发生摩擦。世宗支持李卫，赞扬其“能于众所忽处留心查究”，是“矢志坚定，勇于奉公”。

上述事件以反清复明为目标，均属于政治事件。一些汉人假借朱姓之名煽惑民众，反抗清廷，虽有些荒诞，但确是清朝满汉之间矛盾长期存在的反映。从清朝统治的角度看，这些事件影响地方社会稳定，关系国家隐忧，必然遭到清廷的残酷镇压。

一些底层民众也曾以聚众对抗官府的形式表达其诉求。其中，有涉及农村的，如雍正元年（1723）冬，山西平阳府万泉县农民聚集几千人，冲入县城，焚烧衙署，抗议官府强行征粮。知县瞿某逃走，山西巡抚诺岷调遣官兵擒拿为首之人，遭到反抗，官兵被杀；雍正四年（1726），福建安溪屯户聚众反对追征屯地钱粮，举行罢市，闽浙总督高其倬将为首之人逮捕后斩杀；雍正八年（1730），江苏崇明县佃农聚众反对附加地租，浙江总督兼管江苏盗案事务的李卫认为佃户聚众妄行，图赖地租，要严行整治，捉拿为首之人。有涉及城市的，如苏州的踹匠，为碾布作坊的手工工人，工价低廉，大多为江南的失地农民，人数众多，据称雍正时有两万余人，成为社会不安定因素。所谓“凡遇盗案发觉，常有踹匠在内”，因此受官府的严密控制，被编入保甲，入作坊做工要有保人。若投河、自刎、自缢，由保人及家属领回尸体，不得告官。雍正元年（1723），踹匠栾晋公、徐乐聚众准备抢夺仓库，并做好逃亡海上的准备，但还未实施，即被包头告官，官府捉人，35人被逮捕，13人被杀[①]。雍正十二年（1734），苏州长洲县发生“机匠聚众叫歇勒加阻工案”，事态平息后，官府竖立“永禁机匠叫歇碑”，署理两江总督史贻直、浙江总督兼管江苏盗案事务李卫、江苏巡抚尹继善联名上奏，设

① 《朱批谕旨》卷174，《李卫奏折》，雍正八年七月二十五日折。

置“专事弹压”的官员，严格关隘、汛塘巡逻，加强地方治安，得到世宗批准。另外，还有一些绿营兵卒、八旗下层兵丁等，因不满上司克扣军饷、夺其钱粮而举行的反抗活动。

这类反抗活动，是底层民众在自身利益受到侵害时，以较为激烈的方式表达他们的利益诉求，这固然是由封建社会固有矛盾所引起的，但并不具有政治斗争的性质。清世宗认为，民众有诉求，不通过正常渠道反映，“辄敢聚众喧嚷”，此类“刁风尤当禁遏”，应将为首之人按律治罪，以警刁顽。他把底层民众的反抗活动看作“民变”，把领头和参与之人称为“刁民”，以治安案件来对待和处理。

八

剑指西北　平叛止乱

SHUDU QINGSHI YONGZHENG BIANGE

八个月平定罗卜藏丹津之乱

火速平定青藏之乱

就在清世宗即位后不久的雍正元年（1723），青海和硕特蒙古首领罗卜藏丹津举兵叛清，在西北掀起动乱。

青海和硕特蒙古，原为居住新疆地区的厄鲁特四部之一，明末时，该部首领固始汗率众进入青海和西藏地区，成为青藏地区的统治者，并以其子孙分别管理青海、喀木（今昌都地区）、藏（今日喀则地区）、卫（今拉萨地区），管理藏地的称“拉藏汗”，管理青海的称“鄂齐图汗”，在河西的为“阿拉山王”。入清后，固始汗与清朝交好，接受清朝的封号，臣服于清朝。稍后，准噶尔部崛起，其首领噶尔丹打败鄂齐图汗，占据青海。固始汗子孙投奔清朝，并在清圣祖亲征噶尔丹时往见圣祖。康熙三十七年（1698），圣祖赐封固始汗之子扎什巴图尔为亲王，其余头领封为贝勒、贝子、公等爵位。康熙五十二年（1713）九月，扎什巴图尔去世，其子罗卜藏丹津承袭亲王爵。康熙末年，准噶尔部策妄阿拉布坦派兵进藏，杀拉藏汗，侵占西藏。圣祖迅速派清军分两路入藏，“驱准保藏”。包括扎什巴图尔之子罗卜藏丹津在内的和硕特部随清军前进，叛乱平息后返回各自驻牧之地。固始汗子孙参加平息策妄阿拉布坦的叛乱，得到清廷的奖励，察罕丹津晋封亲王，额尔德尼厄尔克托奈晋封郡王，另有3人被封为贝勒、2人封为镇国公，给予罗卜藏丹津年俸银200两、缎5匹的奖励。

青海地区原只有罗卜藏丹津一人有王爵，通过这次分封，多人获得王爵，此举在使和硕特整体势力得以复振的同时，又使罗卜藏丹津的势力相对削弱。但罗卜藏丹津具有政治野心，他以自己是固始汗嫡孙，一心想恢复其先人的霸业，成为青藏地区和硕特部的首领，“总长其部”，对清廷分封其他部落首领不满，开始暗中与准噶尔部策妄阿拉布坦勾结。康熙六十一年（1722），圣祖去世，世宗即皇帝位，镇守西北的抚远大将军、皇十四子允禵被召回京。罗卜藏丹津趁清朝无暇顾及西北之际，于雍正元年（1723）夏天，诱逼青海和硕特各部首领赴察罕托罗海“会盟”，自称达赖浑台吉，号令诸部，命令他们放弃清朝封爵，恢复旧有名号。这些活动，表明了罗卜藏丹津欲摆脱与清朝的隶属关系，分裂国家的野心。

世宗得报，初以为是青海和硕特蒙古诸部相争，又因自己即位不久，朝中需要处理的事务很多，加之此时期防守的重点是准噶尔部，大军驻扎河西走廊，调遣不易，遂特派驻西宁的兵部侍郎常寿前往罗卜藏丹津驻牧地沙拉图，令其停止军事行动，以达到“罢兵和睦”的目的。罗卜藏丹津叛逆之心已决，不听清廷劝告，还扣留了常寿，并谎称察罕丹津、额尔德尼企图阴谋割据青海，众台吉不服，所以才“会盟兴兵”，准备与之决战。常寿向世宗报告，罗卜藏丹津的意图是先灭额尔德尼，再灭察罕丹津，然后“独霸青海”，胁迫众台吉奏请清廷给予其汗号，他自己驻扎招地（地名），遥管青海。世宗得到奏报，以“此事甚大”，交大臣们详议，命其提出具体意见[①]。总理事务大臣等商议后认为，罗卜藏丹津的行为“殊属背逆”，应立即派兵剿灭，并提出了具体建议：调西宁兵于罗卜藏丹津叛军渡黄河时，在渡口处击其后背，另由四川提督岳钟琪率松潘兵前往接应。同时行文年羹尧，责成其详议办理。世宗批准了此方案，任命川陕总督年羹尧为抚远大将军，开始做战争前的准备。不久，罗卜藏丹津联络位于西宁附近的喇嘛教圣地塔尔寺的大喇嘛察罕诺门汗，进行大肆叛乱，进攻西宁，四川、甘肃的藏人也附从为乱。

鉴于罗卜藏丹津公开反叛，世宗决定用兵西北，将前线指挥权交由年羹尧负责，“授年羹尧为抚远大将军，改贝勒延信为平逆将军”[②]。在给年羹尧的敕谕中，世宗历数罗卜藏丹津的祖父、父亲与清廷的密切关系及朝廷给予的隆恩，指责其不效法乃祖乃父，“乃逞强梁，弟兄骨肉自相仇敌”，欺凌诸部，不听劝告，肆意侵占土地，杀戮抄掠，如此“悖逆天常，扰害生灵”，必须给予严惩。在给年羹尧的敕谕中，世宗说：“朕欲拯救西域生灵，大张天威，特命尔为抚远大将军，统领满洲、蒙古、绿旗大兵”，与其他将领一起，“酌定方略，公同计议而行”，并强调“罗卜藏丹津自夏季作乱以来，人马疲乏，若不乘此时击之，迟延日久，则贼人得以蓄养气力”，要年羹尧尽心筹划，务期剿灭，并谕令在西北的平逆将军延信、边防理饷诸大臣以及四川、陕西、云南督抚提镇，一切军务都要告知年羹尧，以便统一行动[③]。

年羹尧受命之后，对战争做了周密部署。九月二十日，年大将军自甘州军营启程移驻西宁，派兵驻守永昌及布隆吉河，防止叛军进入甘肃腹地，分兵固守巴塘、理塘、黄胜关，截断叛军入藏通道，又请求世宗敕令靖逆将军

① 《清世宗实录》卷10，雍正元年八月庚午。

②③ 《清世宗实录》卷12，雍正元年十月戊申。

富宁安屯兵吐鲁番和噶斯口，隔断敌军与准噶尔的联系。之前，年羹尧命令四川提督岳钟琪率兵驻扎松潘，以便合期进剿。九月三十日，岳钟琪奏称，军机不可预料，奏请不必同年羹尧合期并进，自己相机行事。世宗批示："朕信得你。但凡百持重为上，西边有年羹尧、你二人，朕岂有西顾之虑！愿你等速速成功，朕喜闻捷报"[①]，表达了对岳钟琪的信任。十月二日，世宗将储放在甘州的抚远大将军印信派人送至西宁交与年羹尧，以重其事权。

清军对罗卜藏丹津叛军的攻势全面展开，进展神速。年羹尧在西宁，自十月十九日始，在不到20天的时间内，就肃清了西宁周围地区的叛军，挫败了罗卜藏丹津的进攻气焰；到十二月初，清军在各个战场都有捷报，已收罗降众10余万。这时，罗卜藏丹津感到了恐惧，于十二月十三日，将常寿送还，并呈送奏章，表示悔过，请求罢兵。世宗断然予以拒绝，谕令年羹尧："罗卜藏丹津，乃辜负国恩，与吾兵对敌之叛贼，国法断不可宥！不得因伊曾封王爵，稍存疑虑。再与罗卜藏丹津同谋之王、贝勒、贝子、公等，既经背叛，其爵即宜削除。伊等或来归顺，或被擒获，不必更论其先曾封爵，但论其行事之轻重，可宽者从宽，应治罪者治罪。"[②]世宗不许罗卜藏丹津这样深负国恩的叛逆请和投降，欲将其消灭之而后快；对其他附逆为首者，也决不宽贷。例如，塔尔寺的大喇嘛察罕诺门汗，在清军攻破塔尔寺的反叛喇嘛时，他"势穷来归"，世宗对其不予宽恕，下令年羹尧将其处死。雍正二年（1724）正月，郭隆寺的主持胡必尔汗与叛首达可玛胡土克图，召集寺内众多喇嘛，又传令东山一带"番人""齐集拒战"，伏击清军。清军先破寺外山谷间的喇嘛伏兵，余众逃入洞内负隅顽抗，清军施以枪炮，纵火焚烧，洞内喇嘛全部被熏死或烧死，捕获叛首达可玛胡土克图，将其就地正法。

① 《雍正元年九月三十日四川提督岳钟琪奏折及朱批》，中国第一历史档案馆藏，《朱批奏折、民族事务类》，全宗四109，第2号。

② 《清世宗实录》卷15，雍正二年正月戊寅。

罗卜藏丹津逃到离西宁千余里外的柴达木，年羹尧欲在四月春草生发时，调兵二万，分四路进攻。岳钟琪认为青海地方辽阔，叛军虽遭重创，尚有十万之众，若深入其境，敌军分散开，清军反而会顾此失彼，四面受敌，提出不如趁此春草未生之时，以精兵五千，带足马匹，兼程前进，乘其不备，直捣贼巢。世宗认为岳钟琪的方案可行，并赞赏其勇气，授予他为“奋威将军”，参赞军务，率部追剿罗卜藏丹津[1]。雍正二年（1724）二月初八日，岳钟琪率部进击，一路“蓐食衔枚，宵进百有六十里”，于二十二日黎明即抵达柴达木，对叛军展开猛烈进攻。叛军毫无准备，四下溃散。罗卜藏丹津慌乱之中穿上女人衣服，骑上骆驼，带领200余人逃奔准噶尔部，被策妄阿拉布坦收留，侥幸逃得一死[2]。此役，清军斩敌八万，降男女数万，获驼、马、牛、羊、器械、甲帐无数，俘获罗卜藏丹津的母亲阿尔太喀屯，妹妹、妹夫克勒济藏巴吉查，以及叛乱头子吹喇克诺木齐、阿喇布坦鄂木布、藏巴札木等和助乱的8个台吉。自出师至扫荡贼巢，到取得完胜，仅用时15日，以神奇的速度，创造了草原作战的奇迹。三月一日，清军班师凯旋。仅用了8个月时间，清廷就平息了罗卜藏丹津的叛乱，稳定了青海局势。世宗以此大捷，在北京举行献俘仪式，祭告太庙、社稷、康熙景陵，晋封年羹尧为一等公、岳钟琪为三等公，并于太学勒石刻碑纪念[3]。

多措并举　巩固统一

为根治青海乱源，强化对这一地区的统治，年羹尧于雍正二年（1724）五月向世宗奏呈《青海善后事宜十三条》和《禁约青海十二事》。世宗将

① 魏源：《圣武记》卷3，《雍正两征厄鲁特记》。
② 《清世宗实录》卷16，雍正二年二月戊午。
③ 《清世宗实录》卷17，雍正二年三月乙酉。

其交总理王大臣讨论后，批准实行。《青海善后事宜十三条》的主要内容为[①]：

（1）恩威并用。根据青海和硕特各部在此次叛乱中的表现，给予奖赏或惩治，警戒那些叛服不常的部落首领。

（2）仿照内蒙古编盟设旗的方式，实行札萨克制度，以分其势，使之彼此制约，无法形成统一势力。划定和硕特各部的游牧地，将他们编为佐领，每百户编为一佐领，不满百户者编为半佐领，该管诸台吉都授为札萨克。每个札萨克设协领、副协领、参领各一员；每个佐领设佐领骁骑校一员、领催四名；其一旗有十佐领以上者，添设副协领一员、佐领两员。每年会盟仍许举行，但会盟时，奏选老成恭顺之人委充盟长，不许妄行私自推选。

（3）定朝贡和互市制度。“朝贡交易，宜按期定地”，即自雍正二年起，青海诸王台吉派定人数，自备马驼，由口外进出，赴京进贡，分为三班入贡，三年一次，九年一周。与内地贸易，按季度进行，每年交易4次，指定在西宁西川口外那拉萨拉地方（即日月山）举行，不准擅自移动。

（4）在青海的喀尔喀蒙古人，原受和硕特统治，为分和硕特之势，允许其单独编旗，设立佐领，建立札萨克，由中央政府直接管辖。青海境内共编为29旗，其中和硕特蒙古21旗，土尔扈特4旗，绰罗斯2旗，辉特、喀尔喀各1旗。

（5）青海境内以及甘肃、四川、云南的西番人（指藏人），自明代以来，“失其抚治之道”，受制于和硕特，向其纳赋贡役，“惟知有蒙古，而不知有厅、卫、营伍官员”。他们参与叛乱，应乘此机会，将其收为编户齐民，添设卫所，收其赋税，所纳钱粮要少于原交和硕特及喇嘛寺的数额，“以便抚治”；在藏人中选取部分忠顺之人，给予其土千户、土百户、土巡

① 《清世宗实录》卷20，雍正二年五月戊辰。

检等职衔，归早先设立的道、厅和新添设的卫所管辖。

（6）原和硕特的统治区域与达赖、班禅治区有所交叉，为扶绥达赖、班禅，朝廷每年赐给达赖茶叶5000斤，赐给班禅2500斤；过去藏人与内地贸易，达赖在察木多、乍丫等处收“鞍租”，清廷在打箭炉收税，今后两处均免租税，以利于藏区贸易。

（7）整顿喇嘛寺。鉴于青海叛乱，西宁各喇嘛寺的喇嘛是重要参与者，危害甚大。这是因为喇嘛寺的喇嘛数量过多，大寺有两三千人，小寺也有五六百人，广收钱粮，供应叛匪，私藏武器，成为“藏污纳垢之地”。因此限定每寺房屋不得超过200间，僧侣不得超过300人，小寺为十数人；寺庙不得收税，由政府供给衣服粮食。每年稽查两次，寺庙大喇嘛须“出具甘结存档”。

（8）在西宁等处筑墙建城。自西宁北川口外，至大通河、野马河及甘州，修筑土墙，建设城堡，禁止蒙古人入内地游牧。

（9）在西宁等处增设镇营，添兵驻守，保持军事上的威慑，以便弹压。在大通河北添设大通镇，驻军3000名；盐池设副将，驻兵1600名；镇海营参将移驻西川口外丹噶尔寺，添兵至1000名。西宁原设通判，改设同知；原属河州的保安、归德二堡，因其靠近西宁，改归西宁同知管辖。

（10）为管理藏人，添设安西镇，驻扎木鸦的革达；理塘设副将，领兵1200名，鄂洛、巴塘、宗俄等地也各设驻军。

（11）因新设镇营，相应裁撤内地镇营或减少营兵。裁撤川北、重庆两镇，减少西宁驻军。

（12）在西宁与甘州、凉州间兴办屯田，将直隶、山西、河南、山东、陕西等省军流犯解往屯田之地，给予土地、种子和耕牛，让其从事开垦，三年后起科，所开垦土地归开垦者永为世业。

（13）将年羹尧从西宁前线撤回西安，专心办理川陕总督事务，岳钟琪率兵四千，留在西宁，办理善后事宜。甘州有藏人部落，俟秋天马肥时，由西宁派兵加以招抚。

《禁约青海十二事》，前六事已体现在《青海善后事宜十三条》内，后六事的主要内容为：背恩反叛，朝廷必出兵剿灭；内地差遣到青海的官员，不论品级高低，如奉谕旨，当地王公等首领都须跪迎；差员、商贾通过该地方时，不得抢掠；父死，不许娶其继母，不许强娶兄弟之妇；不得在察罕诺门汗喇嘛庙内妄聚议事，等等。

当时的青海问题，主要是解决青海蒙古人的问题，又因青海、西藏毗邻，也涉及藏区的问题。康熙帝分封固始汗子孙，试图“以夷制夷”，实际上对青海采取的是间接管理，使得和硕特蒙古与藏人联合，削弱了清朝对这一地区的控制，使野心家罗卜藏丹津有了反叛的机会。罗卜藏丹津利用圣祖刚去世、世宗即位之初的时机发动叛乱，鉴于当时的形势，世宗一开始时想通过和平的方式解决，一旦发现这并不现实，即决心用兵平叛，中途不接受罗卜藏丹津的请和投降，他要利用这次机会彻底解决青海问题，维护国家的大一统。罗卜藏丹津发动叛乱，逆“大一统”的历史潮流而动，妄图分裂国家，不得人心，其失败早已注定。而世宗处理罗卜藏丹津的叛乱，态度坚定，用人得当；作为前线总指挥的年羹尧措置得宜，调度有方，善后安排周全；作为统兵将领的岳钟琪胆识过人，孤军深入，建立奇功。他们君臣一心，在短短8个月时间内就彻底将叛乱平息，并迅速而全面地制定善后措施，置郡县，添镇营，兴屯田，完善对待蒙古人和藏人的民族政策，变间接统治为直接统治，不仅彻底解决了青海问题，也为接下来清王朝设置驻藏大臣和对西藏地方实行更加直接的统治奠定了基础。青海功成，既对雍正朝初政产生重大影响，也是清世宗对国家“大一统”做出的一大贡献。

首创驻藏大臣制

矛盾复杂　藏区动荡

康熙五十六年（1717）底，借真假达赖之争、西藏内部矛盾重重之际，准噶尔部策妄阿拉布坦派其堂兄策零敦多布率领6000余人突袭西藏，杀死拉藏汗，终结了青海和硕特蒙古对西藏的统治。次年五月，清廷始知拉藏汗已死的确切消息，圣祖遂派兵平叛。十一月，清廷派往西藏平叛的西宁将军额伦特、侍卫色楞统领的军队在喀喇乌苏（今西藏那曲）全军覆没，朝廷震动。大臣们提出："藏地遥远，路途险恶，且有瘴气，不能遽至，宜固守边疆。"圣祖远见卓识，力排众议，决定重新组织大军征讨，任命固山贝子皇十四子胤禵为抚远大将军，敕封格桑嘉措为"弘法觉众第六世达赖喇嘛"，由进藏大军护送入藏。清军进藏，在将准噶尔叛军驱逐出西藏后，康熙六十年（1721），清廷对西藏事务做出重大改革。第一，为保持西藏地区的长久安定，防止准噶尔的再次袭击，经抚远大将军胤禵题请，决定留3000名兵丁驻守拉萨，其中札萨克蒙古兵500名、额附阿宝兵500名、察哈尔兵500名、云南兵300名、四川兵1200名，由蒙古喀尔喀王公策旺诺布尔统领管辖。派兵在西藏长期驻守，这是自元朝西藏正式归入祖国版图后的第一次。第二，敕封在这次“驱准保藏”中有功的藏人首领，阿里地方首领康济鼐、工布地方首领阿尔布巴被封为贝子，隆布鼐被封为镇国公，3人俱授为噶伦，共同处理西藏地方事务，因康济鼐派兵阻断入侵的准噶尔军与策妄阿拉布坦的联系，在击败准噶尔派军时出力最多、功劳最大，被委以首席噶伦。康济鼐的助手颇罗鼐以抗击准噶尔有功，被封为一等台吉，与达赖喇嘛的父亲索南达结一起，参与西藏事务的决策和管理。废除第巴独揽西藏地方之权，以西藏的上层人物管理西藏事务，形成众噶伦共同负责的机制，以委员制代替了一长制，通过他们实现清朝对西藏的施政，彻底结束了蒙古诸部对西藏的统治，有利于加速西藏地方与封建中央的一体化进程，这是西藏历史发展的一个转折点。

世宗即位后，听从廷臣的建议，以驻兵拉萨开销太大，西藏地方难以供应，下诏从四川绿营兵内挑选1000名兵士驻守昌都外，其余驻藏兵士分别从打箭炉和云南撤回，策旺诺尔布和阿宝率察哈尔等兵从西宁回京[①]。清军奉旨从西藏撤回之时，康济鼐正奉命在阿里巡视，听到清军要撤走的消息，即派遣两名使者到拉萨，恳请策旺诺尔布暂缓撤兵，他说会派专使到北京请求，在专使未返回之前，请求暂在拉萨留一位将军镇守。他向策旺诺布尔陈述说：“将军及大军撤回，虽使藏民免于纳税支差之苦，对其有益，但凶恶的敌人却会以迅雷不及掩耳之势杀来。残暴狡诈的准噶尔部，既不受君命，也未被王师降服，故后顾之忧实未解除。观世音化身达赖喇嘛活佛年纪尚幼，班禅佛爷已达高龄，西藏庶民极其诡谲，缺乏诚意，貌合神离。”[②]但

① 《清世宗实录》卷5，雍正元年三月甲申。

② 参见苏发祥：《清代治藏政策研究》，第56页。

清廷未采纳康济鼐的建议，策旺诺尔布仍然按旨撤兵。从之后的发展看，世宗从西藏撤兵，减弱了朝廷对西藏的控制力，使失去弹压的西藏内部各噶伦矛盾激化，阿尔布巴等于雍正五年（1727）举兵叛乱，杀死康济鼐，阴谋投奔准噶尔，西藏再现内乱，证明这是世宗的一个失误。

清军从拉萨撤军后，为保持西藏地方政府中的权力平衡，体现清王朝中央对西藏地方管理的权威，世宗命令："理藩院郎中鄂赖为内阁学士兼礼部侍郎，前往西藏办事。"[①]鄂赖进藏后，贯彻世宗的旨意，与达赖喇嘛及诸噶伦商讨后，任命颇罗鼐和达赖喇嘛的管家札尔鼐为噶伦，扩大了噶伦的人数。对颇罗鼐的任命，是为增强康济鼐的势力，利用后藏的军事力量防备准噶尔，而任命札尔鼐，则是因为其代表黄教集团利益，表明清廷对黄教的支持。事实证明，这是一项成功的策略，之后康济鼐、颇罗鼐与清廷保持良好关系，有效地防止了准噶尔势力对西藏的侵扰。雍正元年（1723）罗卜藏丹津叛乱后，世宗派遣松潘镇总兵官周瑛率少量军队进藏，协助康济鼐防止罗卜藏丹津窜入西藏。雍正二年（1724），世宗派大喇嘛噶居罗桑班觉、加果齐等人入藏，册封七世达赖喇嘛，赐其金册16页、金印1颗，封其为"西天净土佛王，地上圣教之主，一切智持金刚达赖喇嘛"，并赐锦缎、镶银酥油茶筒等物[②]。

虽然清世宗在清军撤出西藏后采取了一些措施来增强对西藏的控制，但西藏噶伦数目过多，他们代表不同地区和不同阶层的利益，容易形成派系，又缺少清朝驻军的弹压震慑，很快便为权力发生争斗。就当时西藏的政治状况而言，康济鼐、颇罗鼐出身低微，之前又都为拉藏汗的属下，合作多年，在抵抗准噶尔时行动一致，控制后藏，深得清朝中央政府的信任和重视；阿

① 《清世宗实录》卷5，雍正元年三月己亥。

② 《七世达赖喇嘛传》，第101页。

尔布巴虽与康济鼐一同被封为贝子，但康济鼐为首席噶伦，他仅为协理，而又自认为功劳与康济鼐一样，对这种安排十分不满，不愿接受康济鼐的指挥。随后任命的噶伦隆布鼐和阿尔布巴是一个阵营，这一阵营的实际操纵者是达赖喇嘛的父亲索南达结。当时七世达赖喇嘛尚年幼，一切活动都由索南达结暗中控制。清世宗了解到西藏诸噶伦间一触即发的紧张关系，意识到了西藏问题的严重性，于是令内阁学士僧格、副都统马喇进藏办事①。有学者认为，此即为清王朝在西藏正式设立驻藏大臣②。但雍正五年（1727）八月五日，僧格和马喇尚未到达拉萨，阿尔布巴等人却设计谋杀了首席噶伦康济鼐及其多名家人，并派兵到后藏追杀颇罗鼐。颇罗鼐一面火速派人到北京报告阿尔布巴反叛和康济鼐被杀的情况，一面组织后藏武装与前藏叛军进行战斗，西藏动乱全面爆发。颇罗鼐在呈报世宗的奏疏中，详述了西藏众噶伦之间矛盾和斗争的由来，直言不讳地说出他和康济鼐与七世达赖喇嘛父子以及阿尔布巴等人的不和。

平息叛乱　调整政策

世宗初闻阿尔布巴叛乱事件时，深恐策妄阿拉布坦趁机窥伺西藏，因此命令陕西、四川及云南各路大军做好随时出发征讨的准备。但在了解到整个事件的经过后，他认为这是西藏各噶伦之间“彼此不睦，自相残害之小事，不须用兵，着将各路兵马停止，不必预备”③。他敏锐地认识到这是重新处理西藏问题的一个绝好机会，应当乘此机会，先将西藏事宜料理清楚，以为

① 《清世宗实录》卷52，雍正五年正月丁巳。

② 参见丁实存《驻藏大臣考》、萧金松《清代驻藏大臣之研究》、吴丰培《清代驻藏大臣制度的建立与沿革》等。

③ 《清世宗实录》卷61，雍正五年九月庚申。

边防久远之计。又考虑到若发兵进藏，阿尔布巴若因畏惧而挟持达赖喇嘛逃往准噶尔，会使情况变得复杂，因此下令暂缓进兵。直到雍正六年（1728）五月，了解到颇罗鼐在战场上已取得明显优势，达赖喇嘛不可能去到准噶尔，世宗才决计出兵。他命令左都御史查郎阿、正蓝旗满洲副都统迈禄率满汉官兵近两万名从西宁进藏，料理西藏事务。世宗如此处理，是把西藏问题与蒙古问题联系在一起考虑的。他在鄂尔泰陈述西藏问题见解的奏折上批道："西藏、准噶尔之事，比不得安南、鄂洛素海外诸国，（内蒙）四十八旗、西海、喀尔喀等众蒙古系焉。准噶尔事一日不靖，西藏事一日不妥，西藏料理不能妥协，众蒙古心怀疑二。此二处，实为国家隐忧，社稷民生忧戚系焉。"[1]世宗处理西藏问题，兼顾准噶尔问题，表明他对边疆问题具有敏锐的意识和全局的观念。

雍正六年（1728）七月，阿尔布巴叛乱近一年，颇罗鼐统率的武装攻入拉萨，阿尔布巴、隆布鼐、札尔鼐被迫投降，达赖喇嘛出面斡旋，颇罗鼐答应在清朝大军来到之前保证上述3人及其追随者的生命安全。两个月后，查郎阿、迈禄率领的清军兵不血刃进入拉萨，并带来了世宗给颇罗鼐的3万两赏银。随后，查郎阿会同僧格、马喇和颇罗鼐一起，对阿尔布巴等人进行审判，将阿尔布巴、隆布鼐、札尔鼐等17人处死，把他们的家人发配到江南为奴。

叛乱平息，为巩固在西藏的统治，清廷开始调整其治藏政策。据《雍正朝汉文朱批奏折汇编》第11册相关史料记载，早在雍正六年（1728）三月，岳钟琪、查郎阿、迈禄等就已陈奏西藏事宜十事折，经世宗修改，批准执行，成为阿尔布巴之乱后处理西藏善后事宜的基本纲领。其善后措施包括以下主要内容：

① 《朱批谕旨》卷125，《鄂尔泰奏折》，雍正四年十一月十五日折。

其一，确立西藏最高执政机构及人数。雍正六年（1728）十二月，清廷仍以颇罗鼐总管后藏事务，同时明确“自后藏至冈底斯、阿里等处，俱令其管理”[1]，又封其为贝子，并同意颇罗鼐的提议，任命色朱特色不腾和策零旺扎尔为噶伦，管理拉萨及前藏事务[2]。这样的安排，实际组成由颇罗鼐总管全藏事务，两噶伦直接对颇罗鼐负责，颇罗鼐向清朝中央负责的执政体制，以避免出现之前众噶伦各自为政、相互倾轧的状况。之后，又追封在平息阿尔布巴之乱中战死的颇罗鼐之兄噶锡鼐为头等台吉，以其子穆扎尔色卜腾承袭爵位，授为辅国公，后又任命其为噶伦；之后，又增补旺结绕旦为噶伦。这样，西藏地方噶伦人数达到4人，并从此固定，直到1951年民主改革前，西藏噶厦地方政府中噶伦人数一直保持为4人。

其二，扶持班禅势力，减少达赖势力对西藏地方行政的干预。清廷将扎什伦布寺以西的拉孜、昂仁、彭措林划归后藏，由班禅管理，把帕里、江孜、贝第湖划归前藏，由达赖喇嘛管理。扶持和支持以扎什伦布寺为中心的后藏黄教势力，借以分化和抗衡以拉萨三大寺为根本的前藏黄教势力，标志着班禅在后藏建立了在世俗上的权力及类似某种抗衡达赖喇嘛的政治影响。同时，考虑到达赖喇嘛为蒙古、藏民族所信仰，也是蒙古、藏各势力争夺的对象，特别为避免准噶尔部入藏劫持达赖，世宗将达赖喇嘛迁往他的家乡理塘居住，下令“发帑金数十万两，遣官董司工役，仿西方白赖本佛庙之图式，凡为殿堂楼房一千余间，又为平房四百间。赐额曰‘惠远’”[3]。直到雍正十三年（1735），清军打败噶尔丹策零后，世宗才同意达赖喇嘛返回西藏。自雍正七年（1729）三月被迎至惠远寺，到雍正十三年（1735）四月启程返藏，七世达赖喇嘛在理塘住了7年时间。鉴于达赖喇嘛年轻，唯父命是

①②《清世宗实录》卷76，雍正六年十二月丁亥。

③《卫藏通志》卷首。

从，其父索南达结借机干预地方事务，世宗将其召到北京，面斥其干预地方政事。索南达结向世宗保证，以后不再干预藏事。为安抚达赖父子，世宗封索南达结为辅国公，并由此成为定制，此后历世达赖喇嘛的父、兄皆被清廷授为辅国公。自雍正十三年七世达赖喇嘛从理塘返回拉萨后，清廷将其父索南达结安置在桑耶寺，不让其与达赖喇嘛居住在一起，每年只许到拉萨与达赖喇嘛团聚一月，以防其干预西藏地方政务，为西藏地方执政者运行政务减少阻力。

其三，调整西藏的行政区划。世宗将打箭炉、理塘、巴塘等地划归四川管辖，设立宣慰土司；将阿敦子、中甸、维西划归云南管辖，设置维西、中甸二厅；将南称巴彦（今玉树）等79处中划出40处，归西宁办事大臣管辖，其余39处归驻藏办事大臣管辖。这次对西藏行政区划的重大调整，奠定了此后数百年西藏行政区划的基础，形成了延续至今的五大藏区格局。

其四，设置驻藏办事大臣，恢复在西藏驻兵。世宗命令查郎阿、马喇率满汉官兵护送达赖喇嘛到理塘，而将僧格、迈禄留在拉萨，作为清廷的代表，协同颇罗鼐处理西藏边防及日常事务。自此后，成为固定职务，3年一换。一些学者将僧格、迈禄视为清朝派往西藏的第一任驻藏大臣[①]。这时的驻藏大臣主要任务是管理驻藏清军，稳定西藏政局，与乾隆朝所定的驻藏大臣同达赖喇嘛共同管理西藏事务的制度有所不同，但确是这一制度的发端。在设置西藏办事大臣的同时，为稳定西藏局势，巩固清朝在西藏的统治，世宗决定留川陕兵2000名，分驻前后藏，以正蓝旗满洲副都统迈禄、銮仪使周瑛总统管理，并令永昌协副将马纪师一同驻藏料理。到雍正十一年（1733），清军大败噶尔丹策零后，为减轻内地供给负担和西藏百姓运输之劳，世宗决定除留500名四川兵守护西藏地方外，其余1500名兵丁一律撤出西

① 参见苏发祥《清代治藏政策研究》。

藏，驻守察木多的1000名云南兵士减为500名，规定驻藏官兵3年一换[1]。虽然减少了驻藏军队的人数，但清军驻藏防守的机制并未改变。

清政府在平定阿尔布巴之乱后采取的上述措施，尤其驻藏大臣的设置，实为千百年来之首创，使西藏保持了长时间的安宁，对于安定西藏社会、促进地方政治经济发展起到了积极作用。

①《清世宗实录》卷129，雍正十一年三月壬午朔。

西北两路用兵

条件充足　决心用兵准噶尔

康熙末年，圣祖派遣大军进藏，驱逐了准噶尔策妄阿拉布坦势力。雍正初年，青海和硕特首领罗卜藏丹津发动叛乱时，曾联系策妄阿拉布坦，约他一起起兵。策妄阿拉布坦鉴于自己刚刚惨败，不敢轻举妄动，拒绝参与叛乱。但在世宗平定青海叛乱后，和硕特叛乱首领罗卜藏丹津穷途末路，逃亡准噶尔，策妄阿拉布坦将其收留，清廷屡次要他将罗卜藏丹津交出，他却百般推托不交。策妄阿拉布坦抗命，不肯交出叛乱头目，说明他对清朝仍存敌意。虽然策妄阿拉布坦曾两次派人到北京讲和，世宗都厚加接待，也曾派大臣到准噶尔议和，但双方始终没有谈出结果，依然处于对抗状态。世宗即位不久，内部需要处理的事务太多，加之经济力量不足，暂缓对其用兵，但始终加以防范，并密切注视对方动静，留心他与西藏和喀尔喀蒙古的关系。一段时期内，双方关系维持如此。

雍正五年（1727），世宗的各项改革已取得很大成效，政局稳定，财力充足，具备了解决准噶尔问题的条件。这一年，西藏发生阿尔布巴叛乱，准噶尔策妄阿拉布坦病死，其长子噶尔丹策零继汗位。噶尔丹策零“狡黠如其父，屡犯边”[①]，并继续收纳罗卜藏丹津。世宗认为平息阿尔布巴叛乱和策妄阿拉布坦之死是解决准噶尔问题的契机，遂下决心对其用兵。他制定的战略是首先解决西藏问题，然后解决准噶尔问题。因此，在平息阿尔布巴叛乱的同时，世宗就开始筹划对准噶尔用兵事宜。运粮筹饷，交由怡亲王允祥、大学士张廷玉、川陕总督岳钟琪等秘密进行。岳钟琪提出建造战车解决运输问题，并用以对付准噶尔骑兵。具体办法是：造宽2尺、长5尺的战车，以1人推挽，4人保护，5车为1伍，25车为1乘，100车为1队，1000车为1营。行军时，以车装载军需物资；驻防时，以车为营盘；打仗时，2队在前冲锋格斗，3队在后跟进，其余5队保护大营，劫杀冲入的敌军。世宗采纳了他的意见，命令打造战车，挑选满洲护军组成车骑营，加紧训练。雍正五年（1727）十一月，又密令河南、山东、山西三省督抚，于步兵内各挑选2000人，不必擅长弓马，但要能放鸟枪，以备驾车开垦之用，并要三省督抚妥善安排应选兵丁的行装和安家费用。同年，命河南总督田文镜购买驮骡3000匹，送交西安岳钟琪处。雍正七年（1729）初，岳钟琪密令四川松潘镇总兵张元佐整饬马步兵丁1000名，预备一切军装器械，听候调遣。准备工作已基本就绪，“选派将领，悉系镇协中优等人才，挑选兵丁，率皆行伍中出格精壮”[②]。

雍正七年（1729）二月，世宗发布上谕，历数准噶尔的罪行，说噶尔丹策零至今毫无悔改之意，对之用兵，是完成父亲圣祖康熙帝未竟的事业。如今国家富足，士卒奋勇，正是用兵之时，迟疑不决将贻害无穷，要朝臣讨论进兵之事[③]。

①③ 魏源：《圣武记》卷3，《雍正两征厄鲁特记》。

② 《朱批谕旨》卷85，《张元佐奏折》，雍正七年五月初九日折。

其实，世宗早已下定决心进讨准噶尔。雍正七年（1729）四月，世宗命令领侍卫大臣、三等公傅尔丹为靖边大将军，文武官弁、兵丁近25000人，出师北路；命令三等公、川陕总督岳钟琪为宁远大将军，文武官弁、兵丁达26000人，自西安启程，出师西路。六月，世宗以大军远征，祭告太庙，说明此次讨伐准噶尔的必要性："准噶尔世济凶顽，心怀叵测，将来必为蒙古之巨患，贻国家之隐忧"[①]；在太和殿举行授钺礼，与傅尔丹等出征将军、参赞大臣行跪抱礼，并检阅车骑营兵。他踌躇满志，认为"一切兵马粮饷屯守进取之策已筹划万全"，进取准噶尔，会像平定青海和西藏叛乱一样迅速成功。

疑心主将　初期战事不利

就在清军出师之际，噶尔丹策零的特使特磊来到岳钟琪军前，声称罗卜藏丹津与其族人罗卜藏舍楞合谋，欲谋杀噶尔丹策零，事情败露，噶尔丹策零将罗卜藏丹津逮捕，押送到京师让清廷处置，走到半路，听说清军已出哈密，准备征讨，就把罗卜藏丹津送回伊犁，仍派特磊等11人携带呈文，赴京呈述。岳钟琪立即禀报世宗，并说自己对此事有些怀疑，但世宗仍令将特磊等送至京城。特磊见到世宗，向其陈述了事情的经过，请求"天朝俯念愚昧，赦其以往，即将罗卜藏丹津解送"[②]。世宗信以为真，下令暂缓进兵，召傅尔丹、岳钟琪进京商议，西路军委任提督纪成斌护理大将军印务，北路军交由副将军巴赛代理。

就在岳钟琪等进京后，噶尔丹策零背信弃义，乘清军不备，派遣2万余

① 《清世宗实录》卷82，雍正七年六月癸未。

② 《清世宗实录》卷94，雍正八年五月丁丑。

人突袭北路军营，劫掠清军牧放于科舍图的马驼十余万匹，该管副参领查廪逃遁，求救于总兵曹勷，曹勷率兵迎敌，大败而回。总兵樊廷、张元佐等率军往救，夺回了部分被掳掠的马驼。纪成斌欲治查廪之罪，将其绑缚论斩。纪成斌是汉人，查廪是满人，纪对查廪怯懦的行为异常轻蔑，称“满洲之勇固如是耶！”据昭梿《啸庭杂录》记载，时岳钟琪从京城回到军营，见状大惊，说：“满人为国旧人，党类甚众。吾侪汉臣，岂可与之相抗，以干其怒也！”因此放了查廪。此役最后以大捷上报。世宗对樊廷等加以奖赏，并派内务府总管鄂善到前线犒师。这件事说明噶尔丹策零并无与清廷和解、臣服清廷的诚意，不在军事上击败他，西北边疆不会获得安宁。因此，世宗下令增兵，从青海蒙古诸部和漠南蒙古各旗中抽调骑兵1.5万名，分守噶斯、归化等重镇，将西路兵增至近3万。而这次事件，也暴露出了满汉之间、八旗兵与绿营兵之间根深蒂固的矛盾。八旗待遇高于绿营，但入关百余年，满洲上层逐渐腐化，反映到八旗军营中，从将军到士兵，贪图享乐，逃避出征，士兵“胸怀退避，并无勇往之诚心”，而领兵大臣“不以为朕荣任选用之恩，而以为上意不喜，特令远离，服劳受苦者；又或疑人谗谮而有此差者”[①]。如此情形如何能抵抗强敌？纪成斌蔑视临阵而逃的满人查廪，欲治其罪，岳钟琪深知其中利害，放了查廪，而以败为胜上报。世宗不明就里，犒师给奖，等到他知道这是谎报军情，便开始对岳钟琪产生怀疑。

就在此时，曾静案发，使岳钟琪处在满汉矛盾的风口浪尖上。他作为一个汉人，被认为是抗金英雄岳飞的后裔，出任只有满人特享的陕甘总督之位，手握重兵，各种势力都想利用他，他则要证明自己是忠于朝廷的，小心处理着与清廷的关系。征讨噶尔丹，世宗让他统率北路大军。岳钟琪上疏世宗，称有“十胜”的把握：一是主德，二是天时，三是地利，四是人和，五

① 《清世宗实录》卷159，雍正十三年八月辛未。

是粮饷广储，六是将士精良，七是车骑营阵尽善，八是火器兵械锐利，九是连环迭战攻守咸宜，十是士马远征节制整暇，表示此次出征要直捣龙庭，将准噶尔部“指日荡平，以报国恩”[①]。虽然岳钟琪说的“十胜”不无大言，但表达出他急欲再次立功，以证明自己的能力和对清廷忠心的心情。然而经过上次谎报军情之事，世宗已对他不那么信任，开始不断指责他。雍正九年（1731）二月，岳钟琪提出“奏议军机事宜十六条”，疏请在吐鲁番屯田，在哈密、吐鲁番之间设立哨所，有利于对准噶尔部的长期防守，但世宗说他此议“一无可采之处”，并责问他：你过去倡言长驱直入，以今日之势，直捣巢穴，能保必胜乎？[②]之后，雍正九年（1731）三月，世宗任命都统伊札布为西路军副将军，带领八旗兵2000名到军营，若岳钟琪有统兵行走之处，伊札布引领满洲兵1000名一同前往。这明显是要伊札布监视岳钟琪。世宗还指责岳钟琪，说他统兵近3万，不能御敌，而只顾坚壁防守，是筹度无方。同年五月，又派石云倬为西路军副将军，以分岳钟琪的统兵之权。而岳钟琪的川陕总督职衔，早在雍正七年（1729）出征时就已由满人查郎阿署理。世宗对领兵统率岳钟琪的不信任和指责，成为日后清军失败的一个重要因素。

雍正九年（1731）六月，噶尔丹策零派遣大、小策零敦多卜统兵3万进犯清军北路军营，之前又遣人到清军处诈降，谎称准噶尔大军尚未到达，大策零敦多卜未到，只有小策零千余人，有2万驼马屯于博克托岭（即和通泊，在阿尔泰山东面）。傅尔丹有勇无谋，信以为真，不听副都统定寿、海国、永寿等人的劝谏，自率万余人轻装自科布多往袭。据《啸庭杂录》记载，六月二十日，傅尔丹率部抵达博克托岭时，被准噶尔军2万余人包围，一时间“胡笳远作，毡裘西合，如黑云蔽日”，清军大败，副将军巴赛、查纳弼阵亡，

① 《清世宗实录》卷82，雍正七年六月癸未。

② 蒋良骐：《东华录》卷31，第475页。

只有2000余人逃回科布多。岳钟琪得知北路军被围，即派纪成斌进攻乌鲁木齐，企图分敌军之势。但准噶尔军早已弃城而去，清军一无所得。世宗得报，为稳定军心，只说兵马有所损失，将傅尔丹降为振武将军，斩杀临阵逃遁的参赞大臣陈泰，以大学士马尔赛为抚远大将军，驻防归化。

有效遏制　维护国家大一统

和通泊之役，清军失败，助长了噶尔丹策零的嚣张气焰，他向北深入喀尔喀游牧之地，大肆抢掠，策动部分蒙古王公反叛。雍正九年（1731）十月间，据马尔赛奏报，准噶尔军越过那穆山岭，至白格尔察罕鄂尔格地方，将辉特公巴济、图尔古特郭莽喇嘛的徒弟以及厄鲁特色卜腾旺布班第“俱行掠去”；另一路准噶尔军向杭爱由图拉侵袭，与他路叛军在额尔德尼昭（汉名显光寺）拟攻取喀尔喀。另据报告，准噶尔军抢夺阿济卡伦，将公通摩克旗下两个佐领掳去，逼迫他们向南迁移。在噶尔丹策零的侵袭下，西北多处台站被劫，交通断绝，喀尔喀蒙古受到扰乱，“产业牲畜俱被逆贼抢劫，属下之人饥馁，兼无居住帐房”[①]，纷纷内迁，向清廷求助。

噶尔丹策零以“系成吉思汗之后裔，并非人之属下”煽惑各地蒙古人，声称“投顺中国，当差纳贡，深为尔等憾之”，鼓动他们移居阿尔泰，与他同居一处，“共享安乐”[②]。在他的煽惑下，厄鲁特部蒙古王公纷纷反叛清朝。噶尔丹策零的行为扰乱了西北的安定，分裂统一的国家。清廷为维护国家“大一统”，出兵平叛，以军事手段遏制和消除其分裂行径，是完全必要的。

① 《清世宗实录》卷111，雍正九年十月戊戌。

② 《清世宗实录》卷111，雍正九年十月丁巳。

进入雍正十年（1732），清军开始逐渐在战场上取得主动。十年正月，噶尔丹策零以6000人自乌鲁木齐袭扰哈密等地，岳钟琪命曹勷正面迎敌，副将军石云倬抄到敌后截断敌之归路。曹勷率众杀败敌军，但石云倬动作迟缓，让败敌逃回乌鲁木齐。岳钟琪奏劾石云倬纵敌逃跑，而大学士鄂尔泰则奏劾岳钟琪拥兵数万，纵投网之敌逃遁，既不能料敌于先，复不能歼敌于后。世宗将岳钟琪召至京城，指责他“将国家军旅重务视同泛常，且赏罚不公，号令不一，不恤士卒，不纳善言，傲慢不恭，刚愎自用”[①]，削其公爵，降为三等侯。随即撤换西路军统率，以查郎阿署理宁远大将军印务，汉军旗人、贵州巡抚张广泗为副将军，护军统领阿思海为前锋统领，管辖满洲兵，侍郎武格为扬威将军，统辖巴尔库尔满洲兵，副将军刘世明统领巴尔库尔绿营兵。张广泗参劾岳钟琪，说他提出的车骑营战法不适宜草原作战，并指责其在调兵筹饷、统驭将士等方面不得当。

雍正十年（1732）六七月间，噶尔丹策零亲率准噶尔大军，越过阿尔泰山，准备抢夺哲布尊丹巴胡土克图，侵略喀尔喀诸部，直接越过察罕叟尔大营，由杭爱山一直推进到克尔伦。振武将军傅尔丹在乌逊珠勒大败敌军，准噶尔军向北至杭爱山，袭击喀尔喀蒙古诸部中最强大的策零部。策零是清皇室额附，封和硕亲王、喀尔喀大札萨克，与清廷关系密切。准噶尔部侵袭之时，策零不在营中，他的子女被掠，他断发并割马尾宣誓，率部深入敌后，突击准噶尔军，将其阻击于鄂尔昆河畔的额尔德尼昭，与赶来的清军一起，“击斩其半，挤坠溺死亦半，河水赤”，缴获器械、驼马、牛羊无算[②]。但马尔赛和都统李杕拥兵1.3万，拒不出击，致使准噶尔败军逃走。

光显寺大捷，世宗重赏额驸策零，赐号超勇亲王，授其为定边左副将

① 《上谕内阁》，雍正十年十月二十六日谕。

② 魏源：《圣武记》卷3，《雍正两征厄鲁特记》。

军，屯兵科布多；以贻误军机罪，斩马尔赛、李杕，削去傅尔丹爵位和官职，留军营效力；以调度失宜、怯懦畏葸，罢锡保靖边大将军之职，以平郡王福彭为定边大将军。雍正十一年（1733），又斩纪成斌、曹勷，岳钟琪下狱。之后，大学士等议，将岳钟琪处死，世宗命将其斩监候。

噶尔丹策零在光显寺惨败后，精锐尽失，士气低落，所辖诸部也因连年战争，财穷力竭，无力对清廷进攻，于雍正十一年冬，提出释放俘虏的清军，向清廷罢兵求和。而清朝在对准噶尔的几年战争中，也付出了重大代价，人力物力消耗很大，仅帑银就用去五六千万两，国库存银从用兵前的五六千万两降至二千多万两。有大臣上疏请求迅速撤兵，以“舒天下之力”，“养天下之命”。世宗也认识到对准噶尔部的战争师久无功，失败多，获胜少，两路大军共计十余万，跟役近十万，消耗太大。世宗将不能完全取胜的原因归咎于自己和臣工，称“朕之筹划于事先者，虽未有爽，而臣工之失机于临事者，不一而足矣，亦皆朕无能不明之咎”[①]。雍正十一年（1733）五月，世宗命令暂停进兵，召前线统帅回京与诸大臣讨论是否继续进兵。额驸策零、查郎阿、庄亲王允禄等主张继续进兵，张廷玉等认为应议和。十二年七月，世宗决定议和，派遣尚书傅鼐、内阁学士阿克敦、副都统罗密前往准噶尔，议以阿尔泰山梁为分界线，划分准噶尔和喀尔喀游牧之地。十三年春，清世宗批准两路撤军计划，留下部分守兵，西路以绿营兵驻哈密，北路留满洲、蒙古兵。

清廷对准噶尔在内的蒙古诸部，一向采取“叛则伐，服则舍，尤无穷兵扩土之心”的政策，也“无深入犁庭之意”[②]。准噶尔部自康熙末年就挑起事端，清世宗对准噶尔用兵，是为维护清王朝的稳固和国家“大一统”，遏制准

① 《上谕内阁》，雍正十二年七月二十一日谕。

② 魏源：《圣武记》卷3，《雍正两征厄鲁特记》。

噶尔分裂势力是对其进攻的自卫和反击，虽然损兵折将，耗费钱粮，未完全达到目的，但起到了扼制其势力扩张的作用，划定了其与喀尔喀以阿尔泰山为界的游牧地，在喀尔喀西北部设乌苏雅里台定边左副将军，营造科布多城，进一步密切了与喀尔喀的关系，使准噶尔更为孤立，无力再干涉喀尔喀、青海、西藏事务，为乾隆朝最终解决准噶尔问题奠定了一定基础。魏源在《圣武记》中论及清前期经营西北和西藏问题时称："圣祖垦之，世宗耨之，高宗获之"，道出了三朝各自的贡献。

中俄第一个边界条约

中俄谈判

康雍时期，清朝与沙俄的关系与西北局势紧密关联。康熙二十八年（1689），清朝与沙俄签订《尼布楚条约》。该条约划定了中俄东段边界，但在北部边境的喀尔喀蒙古地区，沙俄继续蚕食和侵略中国领土，引诱中国边民，制造叛逃事件。同时，利用清朝与准噶尔的矛盾，诱逼、支持准噶尔，干涉中国内政，以此为筹码要挟清政府，甚至妄图诱逼策妄阿拉布坦臣服于沙俄。另外，沙俄还阻止清廷与早年被准噶尔势力压迫迁徙到伏尔加河下游的土尔扈特人之间的联络，力图把其役为自己的属民。为了遏制沙俄对中国领土的蚕食和侵略，割断其与准噶尔的联系，清廷采取停止俄国商人来华贸易、拒绝沙俄传教士来华等措施与沙俄展开斗争，并多次行文俄国，要求双方举行谈判，划定喀尔喀蒙古地区与沙俄的边界。沙俄则拒不答复，故意拖延。

雍正元年（1723），一部分准噶尔叛乱分子逃往俄国，清政府要求俄国将这些人交还，未获结果，世宗因此下令第二年不许俄国商队来华。沙俄在对中国的贸易中获利丰厚，停止贸易，损失很大。雍正二年，沙俄表示将遣返部分逃亡到其境内的中国逃人，以换取继续对清朝贸易。世宗当即派遣一等公、都统鄂伦岱和理藩院侍郎特古忒前往边境洽谈，他们向俄方提出订立两国边界和逃人问题条约的要求。雍正三年，沙俄新皇叶卡捷琳娜一世登基后，决定派遣伯爵萨瓦出使清朝，祝贺世宗即位，向中方通报她为沙俄的新皇，并就两国贸易和划界问题进行谈判。世宗在收到俄方的照会后，于雍正四年正月，命令理藩院尚书隆科多在视察阿尔泰山后，去往与俄国接壤的喀尔喀蒙古边境查看疆界，在那里等候与俄国使臣会谈，并指令喀尔喀部大札萨克、额驸策零以及散秩大臣、伯四格为谈判成员。

雍正四年（1726）夏天，隆科多、四格与俄方使臣萨瓦在恰克图附近的布尔河会面，萨瓦在转达沙俄新皇叶卡捷琳娜对世宗登基的祝贺后，要求率领商队和同来的库尔齐茨基主教一同到北京。隆科多等同意萨瓦进京，但提出商队、随行教士要留在原地，等待谈判后再决定其行止。萨瓦于当年冬到京，世宗命令吏部尚书察毕那、理藩院尚书特古忒、侍郎图理琛与俄国使臣会谈。在北京期间，萨瓦收买法国传教士巴多明，经巴多明介绍，结识了清廷负责沙俄事务的大学士马齐，并以行贿的方式将马齐收买，从马齐处得到了清朝谈判的一些要求和谈判代表团的内情。萨瓦回到布尔河，与在那里等待的清朝政府代表隆科多等继续会谈。隆科多在与萨瓦的谈判中，坚持要求俄国归还侵占中国的大片领土，萨瓦则以发动战争相威胁，要求中方放弃领土要求。就在此时，隆科多私藏玉牒之事被揭发，尽管朝臣曾建议世宗等隆科多办完与俄国边界事务再将他革职拿问，但世宗仍急不可耐地将其逮捕回京，称：“鄂洛斯事件，系最易完之事”，而且隆科多属于“并非不得办理鄂洛斯事件之人”[1]。

① 《雍正朝起居注》，雍正五年六月初八日条。

签订《恰克图条约》

隆科多被逮捕进京后，中俄双方继续谈判，于雍正五年（1727）七月，在谈判之地布尔河畔，额驸策零和萨瓦分别代表中俄两国签订了《布连斯齐条约》，划定中俄在喀尔喀蒙古地区的疆界。清政府又根据此条约和之前在北京所达成的协议，拟成总条约草案，中俄双方代表于雍正六年（1728）五月，在恰克图正式签字，这就是《恰克图条约》，是清朝与沙俄签订的第二个边界条约。该条约共有11款，其主要内容为：

划定中俄在喀尔喀蒙古地区边界。以恰克图为分界点，东至额尔古纳河，西至沙毕纳依岭为界线，南边为中国国境，北边为俄国国境。

对越境之人的处理。以往之逃人双方不再追究，嗣后双方均不得再收纳对方逃人，并严行稽查，查获后送交对方守边人员。

确定贸易原则。仿照康熙朝的做法，俄国商人每3年到北京贸易1次，每次不得超过200人，中方不对其收税。双方零星贸易另于尼布楚、色楞格择地举行。

规定沙俄在中国的传教人员和留学生额数。沙俄原在北京住有传教士1人，规定可增加到3人；中方接受俄国派4名学童到北京学习满文和汉文，另接受通晓俄文、拉丁文的2人，共计10人，每10年轮换1次，清政府帮助俄国在北京建立一所教堂。

《恰克图条约》签订后双方基本遵守。清政府在喀尔喀地区加强了防务，在沿线设置59个卡伦，在一定时期内遏制了沙俄的侵略野心。在防御沙俄侵略的同时，在客观上也有利于清政府开展对准噶尔部的用兵。喀尔喀蒙古地区一直是准噶尔觊觎的地方，《恰克图条约》规定了中俄在喀尔喀地区的边界，由于条约的约束，沙俄不能再公开支持准噶尔叛乱分子。边境的稳定，使得清廷和喀尔喀蒙古策零等部可以全力对付准噶尔势力。《恰克图条约》签字后的第二年，即雍正七年（1729），清政府即开始在西北两路用兵，讨伐噶尔丹策零。出师后，世宗派人正式通报俄方相关信息，防止其与噶尔丹策零相勾结，利用准噶尔问题干涉中国内政，并派人到俄国境内的土尔扈特部进行联络，利用土尔扈特部与准噶尔部的历史恩怨，争取土尔扈特的支持，以孤立准噶尔部。

清政府与沙俄签订《恰克图条约》，为此付出了高昂的代价。清廷给予沙俄在贸易、宗教等方面的优惠待遇，为其他西方殖民者所艳羡，这还不是主要的方面。世宗在谈判的关键时刻，没有采纳朝臣所提出的等待隆科多办完与俄国边界事务再将他革职拿问的建议，撤换了坚持要求俄国归还侵占中国的大片领土、维护中国权益的谈判代表隆科多，急不可耐地将其逮捕回京，其继任者又不能很好地坚持原则，使中国丧失了很多利益。沙俄萨瓦在向沙俄新皇叶卡捷琳娜的报告中称："边界的划分十分有利于俄罗斯"，"大量空旷的蒙古土地现在并入了俄罗斯帝国的版图"，"有的地方扩大了几天，有的则扩大了几个星期行程的面积"[1]，不仅在条约签订前被沙俄所侵占的喀尔喀蒙古地区的土地被划到了俄国境内，一部分由喀尔喀部所控制的地区也划给了沙俄，使中国丧失了大片领土。在家天下的封建帝王眼中，皇家的利益永远高于国家利益，自称"汉唐宋明之主实对之不愧"的清世宗也是如此！在与殖民主义者的斗争中，缺乏清晰的领土主权观念，冀望以领土来换取边境的稳定，体现出其自私、狭隘和对世界发展趋势的无知。另外，马齐等清朝官员接受沙俄使臣萨瓦的贿赂，出卖国家核心利益，一方面说明，殖民主义者为了达到掠取他国土地和利益的目的，不惜采用任何手段；另一方面，暴露了清朝官僚队伍中唯利是图、受贿成风的恶劣风气。

① 葛斯顿·加恩：《早期中俄关系史》，中译本，第118页。

九

经略西南　改土归流

SHUDU QINGSHI YONGZHENG BIANGE

“大一统”与“改土归流”

“大一统”理念与“改土归流”

土司制度是元、明、清三朝统治者对西南边疆民族地区实行的一种特殊统治方式，即由封建中央任命当地民族首领为世袭地方官，并通过他们实施对当地各族人民的管理，达到加强对西南边疆民族地区统治的目的。土司制度是在历代封建王朝对少数民族地区执行羁縻政策的基础上发展起来的一种新的统治方式，形成于元，鼎盛于明，衰落于清。

作为历史的产物，土司制度具有双重性。在初期，它适应了当时西南边疆民族地区的地理条件和社会经济发展的要求，对于巩固国家的统一，沟通西南边疆与内地的联系，推动西南民族地区社会经济文化发展起到过积极作用。然而，随着封建统治的深入以及西南边疆民族地区社会经济文化的发展，自明中叶后，土司制度本身所固有的弊端逐渐显现，明显已不适应多民族国家统一的需要，统治者开始实施“改土归流”，即废除土司，以朝廷通过正式选拔任命的地方职官——流官，取代世袭的少数民族地方官——

土官，变间接统治为直接统治。但是，直到清雍正朝大规模“改土归流”之前，受历史条件的制约以及封建统治者治边政策的影响，“改土归流”仅仅作为惩罚和控制土司的一种手段，以及防范土司之患的一种应急措施，而没有作为调整和改变土司制度的一项措施，其制度本身并没有因局部“改土归流”的实施而发生根本的变化。

雍正一朝，是西南历史发展的一个重要时期，改土归流成为废除土司制度的一项重要措施。大规模改土归流发生在这一时期，有着深刻的社会历史原因。

清以前历代的“大一统”，实质上是将“四夷”等少数民族摒弃在国家“大一统”之外，只是维持形式上的统一，却没有实现华夏一体化的“大一统”，可称之为“华夷之辨”的大一统。清世宗具有根深蒂固的大一统思想和观念，在处理曾静案后所编辑成的《大义觉迷录》一书中，提出并详细论证了他的新型“民族大一统”理论。他质问道：“天下一家，万物一源，如何又有中华、夷狄之分？……九州四海之广，中华处百之一，其处东、西、南、朔，同在天覆地载之中者，即是一理一气，岂中华与夷狄有两个天地乎？圣人之所谓万物育者，人即在万物之内，不知夷狄在所育之中乎？”

世宗反对以地域划分内外，以地域而分华夷；主张不分华夷，天下一家，中外一体。他批驳曾静的“华之与夷，乃人马物之分界，为域中第一要义”“人与夷狄无君臣之分”等观点，强调“人与天地之间，最重者莫如伦常。君臣为五伦之首，较父子尤重，天下未有不知有亲者，即未知有君者”。即无论夷狄，都要使其尊君、尊亲，使他们“知君臣上下之礼”“明顺逆之义”，这样才能“各尊王化”。他把明朝的大一统与清朝的大一统做了一个比较，认为：“明代之君，……先有畏惧蒙古之意，而不能视为一家，又何成一统之归？”而清朝则不同，“世祖君临万邦，圣祖重熙累洽，合蒙古、中国，成一统之盛，并东南极边番夷诸部俱归版图。是从古中国之疆宇，至今日而开廓，凡属生民，皆当庆幸者，尚何中外、华夷之可言哉”！他进一步阐述道：“我朝崛起于东海之滨，统一天下。所承之统，尧舜以来中外一家之统也；所用之人，大小文武，中外一家之人；所行之政，礼乐征伐，中外一家之政也。”并总结为：“普天率土之众，莫不知大一统在我朝，悉子悉臣罔敢越志者也。”

世宗所表述的，就是“合天下为一家，视异代而无外”的大一统之义，其目的在于使封建国家达到高度的集权统治。这样，不分地域，不分民族，皆在一个国家、一个君王的统治之下。清世宗将其新型的“民族大一统”理论应用于解决边疆民族问题，不仅要将边疆民族纳入封建国家的体系之内，把郡县制推进到边疆地区，实现疆宇的统一，而且要完成思想文化的统一，推进边疆与内地的一体化进程，实现国家的真正统一。而元明及清初以来施行于西南边疆民族地区的土司制度，它的发展已被历史证明不再适应多民族国家的统一和巩固。

土司制度的弊端

政治上，土司制度的最大弊端在于其具有的割据性。众多土司游离于王朝的体系之外，与“大一统”的潮流相悖，严重削弱了封建国家的整体性。土司是获得朝廷认可的世袭地方官，王朝中央通过他们对西南各民族实施管理，以达到对边疆民族地区统治的目的。土司当然也是朝廷的命官，但他们是世袭的，“不由选举”，不像其他地方官一样参加三年一次的考核，有过无惩，无俸可罚，无级可降，“革职则子孙承袭，仍旧为太上土司，得以暴虐其民”。如此状况，要让土司们奉职守法，几乎是不可能的。他们“虽受天朝爵号，实自王其地”，其控制的地区俨然是一个个独立王国。有的土司把自己的衙门当作皇家宫殿，过着做“皇帝”的瘾。如容美土司，自造鼓楼，开“玉带河”，架“月宫桥”，并捉人“割作太监”[①]。有的土司，侵夺国家的司法权，并随意处理土人，生杀任情，“土人有犯，俱不关白流官，土官径自处决”，甚至杀了人还要其亲属出“玷刀钱”。鄂尔泰曾奏报：“土民一人犯罪，土司缚而杀之，其被杀者之族，尚当敛银以奉土司，六十两、四十两不等，最下亦二十两，名曰‘玷刀钱’。”[②]有的土司，甚至发展到“不但目无府州，亦并心无督抚”。将王朝的封疆大吏都不放在眼里，造成“土人知有土官而不知有国法久矣”[③]的局面。因此，时人刘彬将土司制度比作古代的分封制，将土司比作古代的公侯，“今之土司，无异古之封建。但古制，公侯不过百里。今之土司之大者延袤数百里，部落数万余，抢劫村寨，欺压平民，地方官莫之敢指”[④]。雍正时期，云南昆明人倪蜕在《滇云历年传》中对土司制度做了深刻分析，指出：“世每谓土官家争杀淫纵，悉属边蛮沴气。……春秋二百四十年，《左传》所载诸侯卿大夫家事，岂不有甚于今日土官家所为者！……亦封建世官之流弊必至于此极者也。”实在是有过之而无不及！

军事上，西南山重水复，交通不便，而一些重要的战略要地、交通节点被土司占据。各大小土司都有自己的武装，或十数人，或上百人，甚至有的势力强大的土司，其土兵有几千人。土兵的作用，原为保境安民和协助朝廷征伐，如果管理得严、控制得当，土兵确可为朝廷所利用的一支武装。事实上，“历来征缴，皆调土兵，而各土司之兵亦历来最为奋勇效力”。清初在底定西南和平定三藩的过程中，就曾借助过土兵的力量。但一些土司拥兵自重，如四川酉阳土司，擅自“设立五营，副将五人，守备五人，千总

① 《朱批谕旨》卷213，《迈柱奏折》，雍正八年四月二十四日折。
② 《朱批谕旨》卷125，《鄂尔泰奏折》，雍正七年二月二十四日折。
③ 《云南通志》卷29，《艺文志》，蔡毓荣《筹滇十疏》。
④ 《朱批谕旨》卷89，《黄焜奏折》，雍正五年闰三月二十日折。

二十人，把总四十人，衙门大旗书‘崇文振武’四大字”[①]。虽然入清以后未发生过如明代那样土司公开对抗朝廷的战争，但他们“擅土自雄，争为黠悍”，内部争袭夺印，外部为争夺土地、人畜相互仇杀，经年不解，“相沿以夷制夷，遂至以盗制盗”[②]。大量土司的存在，不仅成为西南社会动荡不安的重要因素，也严重干扰了朝廷对西南边疆的管理、控制，阻碍了边疆的开发和西南各地之间的经济交流。例如：原属四川的镇雄、乌蒙（今昭通）、东川三土府，居云、贵、川三省交界处，三地土司“凶暴横肆”，“三省交界均受其扰”；而苗族住居之地犬牙交错于数省之中，称为苗疆，“其地险，其俗悍”，自“宋元以来，屡动王师，时服时叛”，名义上为府、州、县管辖的地境，但既未编户，也不纳粮，不流不土，封建朝廷从未对其实行过真正意义上的管理，官府实际上失去对该地区的控制，“自古未归王化”，系“化外之地”，“滇、黔、粤、蜀之民被其流毒数百年”[③]。云南南部澜沧江内外与缅甸接壤的广大地区，是所谓“自古汉兵所未至者”，设有车里（今西双版纳）、镇沅、耿马、孟连等大小土司，朝廷以之为“藩篱”，但这些土司“无事近患腹心，有事远通外国，自元迄明，代为边害”[④]。

经济上，西南虽然设置了不少郡县，但土地多被土司占据，云贵地区“流官管辖者十之三四，土官管辖者十之六七”，尽管朝廷也对土司“额以赋役”，但征收只是象征性的。而土司在所管地方“世其土，即世其民”，土民在经济上被迫依附于土司，土民向土司交纳的“土徭”，较汉民向政府交纳的丁粮多加十倍，往往土司取于土民者甚多，而交给官府者甚微。如

① 《朱批谕旨》卷125，《鄂尔泰奏折》，雍正八年十一月二十八日折。

② 师范：《滇系九·土司系》。

③ 王履阶：《改土归流说》，引自《小方壶斋舆地丛钞》第八帙。

④ 参见刘彬：《永昌土司论》；师范：《滇系九·土司系》；《（康熙）永昌府志》卷24《土司传》。

雍正四年鄂尔泰在上报云南镇沅土府征得的银粮及上交清廷的数目时所说：该土府“每岁额征米一百石，今每岁应纳米一千二百一十二石零；每岁额征银三十六两，今每岁应纳银二千三百四十八两零。是其征之私橐者不啻百倍数十倍，而输之仓库者十不及一二，百不及二三。由此类推，又何可胜计！”[①]清政府从云贵两省征收的正杂钱粮，所入不敷所出，不仅不能获得经济利益，仅驻扎云贵两省兵丁的费用，每年就需从其他省协济饷银数十万两。这是一笔不小的数目，从长远考虑，“实切隐忧”。

思想文化上，对土司地区的统治，历代王朝所施行的羁縻政策也好，土司制度也罢，其实质都是“以夷制夷”，是间接统治，而非直接统治，未实现思想文化上的一统。有的土司土官甚至不许土民读书应考，“恐其入学，与之抗衡”；土司地方旧俗相沿，伦纪未明，“同族为婚者甚众”；土司“强凌众暴，斗狠操戈”，不是由其天性使然，而是由于“教化未明”。只有通过“改土归流”，在土司地区广设学校，兴办义学，加意化导，“示之以君臣上下之礼，颁之以冠昏（婚）丧祭之制，立之以党庠术序、旌善罚恶之法，开其蚕丛鸟道，通其百工技艺，百年之内，仁渐义摩，德威并布，次第而郡县其地”[②]，使得“猓俗自变，文明日启”，达到教化的目的。清世宗一再强调，对西南各民族，要“化其顽梗，期其善良”[③]。以儒家思想文化影响西南各少数民族，是清朝统治者的迫切要求，也是使西南实现长治久安的最有效途径。

在西南地区实行土司制度，原本就是封建王朝控制西南的一项权宜之计，其弊病自明代中后期已经充分暴露出来。作为废除土司制度的重要措施，“改土归流”已是历史大势所趋。然而由于种种原因，有明一代及清初

① 《朱批谕旨》卷125，《鄂尔泰奏折》，雍正四年九月十九日折。

② 戴名世：《戴南山集》卷12，《纪红苗事》。

③ 《清世宗实录》卷147，雍正十二年九月甲申。

的一段时间内，改土归流仅仅作为控制土司的一种手段和防范土司之患的一种应急措施，因此，直到雍正朝大规模“改土归流”之前，土司制度没有发生根本变化，土司之患也没有得到彻底解决。

中央政府有目标、有计划、有组织的一次大规模改土归流行动之所以发生在雍正年间，不仅是因为“改土归流”已是客观需要，且改土归流的时机已经成熟。经过清初近百年的发展，封建中央拥有了强大的政治、军事、经济力量，已经具备了进行大规模改土归流的条件。雍正初年，在清除允禩集团后，政局已趋于稳定，世宗所推行的各项改革都取得了成功，特别是在平息罗卜藏丹津的叛乱后，基本解决了青海和西藏问题，也增强了清世宗彻底解决包括西南边疆在内的所有边疆问题的信心。加之清世宗有“将唐宋元明积染之习尽行洗濯，则天下永享太平”的雄心和强烈的“大一统”观念，以及包括鄂尔泰在内的西南封疆大吏表现出对“改土归流”的主动性，使得西南大规模改土归流得以实施。

改土归流三阶段

《清史稿》所言："自（雍正）四年至九年，蛮悉改流，苗亦归化。"雍正四年（1726）至雍正九年（1731），的确是雍正一朝"改土归流"最为重要的时期，从"改土归流"的全过程看，可以将其分为三个阶段。

相机"改流"　范围不广

第一阶段为雍正元年（1723）至雍正三年（1725）。清世宗在即位之初，对土司的不法行为是有所了解的，但此时还未打算立即实施"改土归流"。因此，他在新颁"上谕十一道"中给巡抚的上谕中宣称："云、贵、川、广奉公输赋之土司，皆当与内地人民一体修养，乃不虚朕怀保柔远之心"[1]，但同时又要求这些地方的封疆大吏，当严饬土司，爱恤土民，毋得视土民为鱼肉，毋得滥行科派，如不痛改前非，土司参革，从重究拟。所

① 《清世宗实录》卷3，雍正元年正月辛巳朔。

以，在此期间，西南的封疆大吏们，如广西提督韩良辅、云贵总督高其倬、贵州巡抚石礼哈、毛文铨等一再奏报当地土司的不法情形，请求将这些不法土司改土归流。但此时世宗面临的主要任务是巩固皇位，他把主要精力集中在对付允禩集团和推进各项改革上，还来不及顾及西南土司问题，对封疆大吏们奏请改土归流，世宗不仅不支持，甚至还责备他们好大喜功。如雍正二年（1724）八月，韩良辅奏报广西有的土司昏愚贪暴，土民困苦，提出，或改土归流，或仿流官三年大计之典以行黜陟，或增设学校以行教化。世宗在其奏折上批示："粤西土府承袭已久，若无故夺其职守，未免群起惊疑，殊非安边之道。若有藐法抗拒者，亦必先正渠寇，而后再议改流。"①雍正三年（1725）二月，韩良辅又一再奏报广西土司的不法情形，世宗一再警告他："柔远之道，安边为要，万万不可贪利图功，轻启边衅"，"开疆拓土之念，丝毫不可存于胸中"②。雍正三年（1725）元月，贵州巡抚毛文铨奏报安顺府仲苗焚劫地方，要求进兵讨伐，世宗批示："凡事贵协于中，不宜偏执。若贪功而妄逞兵威，断然不可！"③同年六月，署理贵州巡抚石礼哈奏请进取古州，世宗批示："将八万古州生苗俱令归诚之说断乎不可！……虽云从报效起见，岂宜锐意轻举妄动？"④在此时期，虽然改流的呼声很高，但由于世宗表明了他并不支持大规模"改土归流"的态度，虽然仍有一些土司被改流，但并非是有目的、有计划地进行的，没有以武力实现，基本未动官兵，或动兵很少，土司并没有明显反抗，且"改土归流"涉及面不大，仅限于云南、广西的部分地区。这成为第一阶段改流的特点。这一时期被改流的土司有9家，其中云南7家、广西2家。

① 《朱批谕旨》卷29上，《韩良辅奏折》，雍正二年八月十三日折。
② 《朱批谕旨》卷29上，《韩良辅奏折》，雍正三年二月初三日折。
③ 《朱批谕旨》卷13上，《毛文铨奏折》，雍正三年正月二十六日折。
④ 《朱批谕旨》卷8上，《石礼哈奏折》，雍正三年六月初三日折。

丽江土知府。雍正元年（1723），丽江土知府木兴病故，以其侄木崇为嗣，未及请袭，木崇又病故，最后以木兴的胞弟、木崇之叔木钟请袭。云贵总督高其倬以木兴在世时，派累土人，至今还未完结，仍控告不已，而木钟在地方上声名平常，没有威信，不能管束地方，奏请将其改流，将原设土知府1员改为流官，将土府改为流府，原设流官通判1员改为土官。

威远土知州。雍正二年（1724）五月二十八日，云贵总督高其倬奏称："云南威远州土知州刀光焕，将野贼头目普有才认为父子，伊子与之结为兄弟，任意藏匿，令其远遁。臣前已将情节及密拿土知州刀光焕，并改土归流、设汛防守之处具折奏明。但威远土州三面接壤外夷，地方颇大，人众亦多，刀光焕又与野贼交结亲密，狡猾难测，其第三子尤为凶恶，恐一时孟浪擒拿，致生事端。……遣守备杨国华选带壮健兵丁三十名，以稽查普有才为名，先到威远。……杨国华到彼，见土州已有防备，但所调之人未齐，乘其人尚未到，即将刀光焕及其四子三弟尽行拿住，并获其印信号纸，又搜出明景泰年间给与镀金符信一面，业已将刀光焕等解至省城。"[1]最后以纵匿野贼将刀光焕削职，将其安插江西，威远土州改流。

隶于永昌府腾越州的腊撒长官司、户撒长官司。此二长官司，雍正二年奉文裁革。其后，于乾隆三十六年（1771），副将军阿桂以该地需员管理，奏请复设。

隶于元江府新平县的结白巡检司巡检、了味巡检司巡检。此二巡检，原系"鲁魁山贼目"，雍正三年（1725），以二土司不能约束夷众，革除。兵部议复："云贵总督高其倬疏称：至于土官方、普二姓，纠众骚扰，所有二姓土巡检承袭之处，应永行停止。应如所请。"世宗朱批：从之[2]。将两巡

① 《朱批谕旨》卷176，《高其倬奏折》，雍正二年五月二十八日折。

② 《清世宗实录》卷31，雍正三年四月乙未，

检司改流。

阿迷州土催。雍正三年（1725）裁。雍正三年二月十二日，云贵总督高其倬奏：拿获抗欠正课、苛虐土人的云南阿迷州（今开远）土知州李纯，请求将李纯并其母、妻安插省城，地方“改流”。世宗批示：甚属合宜，应如是区处[1]。

永顺长官司。雍正三年（1725），广西庆远府属永顺长官司邓朝宸，串党杀其亲叔邓启慧，被参革职，安插于江南安庆府，以胞弟邓朝辅顶替袭职。其后，邓朝辅以土蛮乱，亦被革，永顺长官司改流。

龙州土知州。雍正三年（1725），广西太平府属龙州土知州赵殿红贪婪残暴被革职，安插安庆府。两广总督孔毓珣奏请析其地为上龙、下龙二巡检司，设土巡检二员，龙州土府遂废。

蛮悉“改流”　苗亦“归化”

雍正朝改土归流的第二阶段为雍正四年（1726）至九年（1731）。这一阶段是改土归流最为重要的时期，如《清史稿》所称：“四年至九年，蛮悉改流，苗亦归化。”

雍正三年（1725）十月，刚刚由江南布政使升任广西巡抚不久的鄂尔泰被世宗调往云南，任云南巡抚管云贵总督事，这成为其后西南改土归流的重要因素。正如其后世宗说明初期没有批准改流的原因是石礼哈等人“非能办理此事之人”，而鄂尔泰“才能办寇”，以其管理云贵事务，并委托其主持“改土归流”，当是世宗有意识的安排。雍正三年（1725）十二月，世宗向兵部发出上谕：“朕君临万方，中外一体，有功必赏，有罪必惩。天地莫

① 《朱批谕旨》卷176，《高其倬奏折》。

非王土，率土莫非王臣。番苗种类固多，皆系朕之赤子。各土官果能凛遵训诫，朕自加恩；若敢阳奉阴违，则国法具在。”①释放出了改土归流的信号。不久之后，即雍正四年（1726）二月二十四日、三月二十日、四月初九日，鄂尔泰连续上奏，请求在云贵地区实施改土归流。这三个奏折十分重要，被后世学者汇集在一起，称为“改土归流疏”。其要点为：以云贵土司毒派夷众，恣肆顽梗，提出“欲靖地方，须先安苗猓；欲安苗猓，须先制土司”。他奏请将四川所属东川府改隶云南，然后将此地方徐议改流。世宗指示鄂尔泰：当严饬土官土目，恪守法度，倘敢怙恶不悛，应作何惩治，应当悉心筹划，改土归流一切机宜务出完全。贵阳府所属广顺州之长寨等处仲苗抗拒阻修营房，鄂尔泰认为既然仲苗肆明“顽梗”，便杀之有名，借此可一举慑伏群苗。贵州文武闻此，莫不骇目惊心。贵州巡抚何世璂反对征缴苗人，上奏称：“若一旦骤行进剿，无论约束少宽，不无骚扰之累，路径不熟，不无蹉跌之虞，即使出动万全，而大兵所到，玉石难分。”世宗训斥道：“鄂尔泰非寻常督抚可比，其才既优，心复公诚，封疆大臣中实难多得者。类斯等事，当听其指挥而行，不可另立主见。”②其后，贵州总兵官丁世杰又以三不可剿反对进兵，鄂尔泰驳以三不可不剿。之后，世宗发出上谕：“治内地，当先宽而济之以严；治边夷，宜先威而继之以恩”③，完全站在了鄂尔泰一边，支持他的主张，表明此时他们君臣对西南的改土归流已做出整体的规划。

这一阶段西南改土归流的情形分年叙述如下。

雍正四年（1726）五月九日，清军三路会攻贵州长寨，由此拉开了西南大规模改土归流的序幕。六月初二，鄂尔泰派官兵讨伐云南镇沅土知府刀

① 《清世宗实录》卷39，雍正三年十二月乙酉。

② 《朱批谕旨》卷35，《何世璂奏折》，雍正四年四月初八日折。

③ 《清世宗实录》卷43，雍正四年四月戊子。

瀚，于六月十九日将刀瀚俘获，遂将镇沅土府改土归流。同月初三，川陕总督岳钟琪奏请将隶于四川的乌蒙土府改土归流。世宗批示："乌蒙土司甚属不法，必严惩。"二十日，鄂尔泰亦奏报，乌蒙土官惯常凶恶，可以威制，似难恩化，不改土归流，终非远计。由此展开对四川所属东川、镇雄、乌蒙三土府的用兵。七月九日，鄂尔泰奏称："滇黔大患莫甚于苗猓，苗猓大患实由于土司。其不法土司当尽行惩治，其地改土归流。"[①]遂使改土归流的范围进一步扩大。八月初五，平定贵州长寨及附近各寨，之后在此设营驻兵，又设长寨同知。九月十九日，鄂尔泰奏称：土司肆虐，汉民被其摧残，夷人受其荼毒，此边疆大害，故改土归流实为第一要务。改土之法，计擒为上策，兵剿为下策；令其自献为上策，勒令投献为下策。确定了改土归流的方法和策略。十一月十五日，鄂尔泰又奏：云南土官多半豪强，残暴横肆，无所不为；贵州土司单弱，苗患更大，当分别情况做不同处理，确定了云贵两省改流的不同重点。十二月二十一日，清廷议定：土司故纵苗猓残害土民者革职；鄂尔泰奏请将四川所属乌蒙、镇雄二府划归云南管辖。十二月二十七日，官兵得乌蒙土府。本年内，东川归滇，革云南大理府邓川州土知州、镇沅府者乐甸长官司，两地改流。

雍正五年（1727）正月十四日，清兵得镇雄土府。正月十七日，镇沅土目刀如珍煽动夷众，杀了署理镇沅府事的流官刘洪度，鄂尔泰檄调官兵讨伐，招抚土民3000余户。三月十二日，鄂尔泰奏：抚夷之法，须以汉化夷，以夷治夷；并称镇沅事件，是因刘洪度立法过严，而刀瀚族舍又冀图报复，酿成事端。三月十五日，贵州安顺府镇宁州康佐长官司改土归流。闰三月初七日，革乌蒙、镇雄二土知府职，将其地划归云南管辖。闰三月二十四日，鄂尔泰以贵州谬冲花苗专行劫掠，派遣黎平知府张广泗攻杀。于闰三月

① 《朱批谕旨》卷125，《鄂尔泰奏折》，雍正四年七月初九日折。

二十九日，获花苗200余户，附近各寨也被迫归附。六月初二日，广西泗城土知府岑映宸因清兵临境，投书鄂尔泰请降，被缴印、革职，泗城改流。七月，云南曲靖府沾益土州改流，以其地设宣威州。八月初一日，因云南姚安府土同知高厚德夺占民田，被革职，改设流官。十月初二日，确定改流土司安插原则：云南、贵州、四川、广西、湖广五省改土归流之土司，如犯斩、绞重罪者，土司及家口安插远省；如犯军流罪者，安插于近省，并令地方文武官员随时稽查，不许生事疏纵。十二月十八日，世宗上谕：云、贵、川、广及湖广土司，辟在边隅，肆为不法，令其改土归流，共遵王化，非以此土地、人民之可利。今土司俱已望风归顺，当与内地民人一视同仁，加以扶绥，文武官员不得丝毫苛索于土民。同日，湖广总督迈柱奏报，湖南永顺宣慰司自请改土归流。这一年，还改云南者乐甸长官司旧地为恩乐县，隶镇沅府；革贵州平越、都匀二府之平浪等3家土司。

雍正六年（1728）二月初一日，准四川建昌阿都宣抚司、阿史安抚司及纽姑、歪溪等土千户、土百户共56处一并归流，于建昌新设宁远府和西昌县，于宁番新设冕宁县。二月初十日，鄂尔泰奏称，土司改流原属正务，有应改者，有不应改者；有可改可不改者，有必不可改必不可不改者；有必应改而不得不缓改者，有可不改而不得已竟改者。审时度势，顺情得理，庶先无诚信而济公事。若不论有无过犯，一概勒令改流，无论不足以服人，兼恐既无以善后。二月十七日，乌蒙设流官知府，镇雄府降为州，亦设流官，隶乌蒙府。二月二十一日，准湖南永顺司及所属土司改土归流。三月初四日，茶山土目刀正彦被俘，后被枭首；窝泥被压服，澜沧江外仍归车里宣慰司管辖，江内之地全部改流。六月初九日，鄂尔泰命张广泗进讨八寨“生苗”。六月十二日，鄂尔泰奏请于云南元江府普洱地方新设一府。六月十八日，八寨地方百余寨“生苗”归附。同月，岳钟琪以四川米贴土妇陆氏勾连雷波土司杨明义等聚众抢劫，遣兵进讨。八月初七日，准湖南桑植、保靖二土司改流。九月十六日，擒获土司杨明义。十月十四日，世宗发出上谕：湖广土司甚多，若能循公守法，何必改土归流？至于土司实在不法，恶绩确著者，当据实参劾治罪。十一月二十一日，张广泗率兵下贵州小丹江。同月，以鄂尔泰为云贵广西三省总督。十二月十一日，张广泗讨平大丹江，70余苗寨就抚。本月，大小丹江诸寨悉平。

雍正七年（1729）三月初四日，鄂尔泰奏报：上下九股及清水、古州等处以次宁帖。三月三十日，贵州中曹司改流。四月初七日，四川天全土司改流，置天全州，所属雅州升为府。五月十四日，以原湖南保靖、桑植、永顺三土司地设永顺府，领永顺、桑植、保靖、龙山4县。六月十二日，准黄廷桂奏请，将雷波土司地改置雷波卫。七月，张广泗进兵古州，上、中、下三保苗就抚，古州平。闰七月二十五日，增设云南普洱府，设知府1员，以原普洱通判驻思茅，设攸乐同知1员。八月二十四日，四川布政使赵弘恩奏请于打箭炉设同知1员。十二月初八日，鄂尔泰奏请于贵州新设八寨同知1员，丹江同知1员，古州同知1员，清江同知1员。当年，革贵州贵阳、思南二土府之洪番等二土司；广西东兰土州改流。

雍正八年（1730）三月，平定贵州定旦、来牛诸寨。六月，古州同知滕文炯招抚百余苗寨；古州三保苗起而反抗，被清兵杀败；定旦、来牛之苗又复起事，派官兵讨伐。七月二十九日，鄂尔泰奏报，古州三保并各处山苗俱已帖服，两江河道开通。至此，所谓“新辟苗疆”约十余处，计地数千里。八月初二日，清兵攻打广西太平府属宁明州之邓横寨，败绩。当月，再平定旦、来牛；乌蒙土目禄万福叛，鄂尔泰调遣川、黔等处汉土官兵一万数千人分防堵御。十二月，乌蒙之乱平息。当年，革贵州贵阳、石阡、思南三府所属之把平等五土司。

雍正九年（1731）正月十二日，鄂尔泰调遣广西右江镇总兵蔡成贵往攻邓横寨。五月初六日，平定邓横寨。六月十二日，于贵阳府添设郎岱同知1

员。七月初六日，鄂尔泰回京入觐，清廷以高其倬署理云贵广西总督。本月，招抚古州、上下江诸苗，于诸葛营建城设镇。改乌蒙府为昭通府，设附郭恩安县。

至此，清廷改土归流的主要目标已经达到。这一阶段内，主要依靠武力革除了112家土司，不仅改流的土司数量众多，而且多数为地广势众者。除此之外，还开辟了十余处“化外”苗疆。

这次大规模的改土归流，清廷是有组织、有计划、有步骤地进行的，是雍正朝改土归流三个阶段中最主要的阶段。

重点转移　贵州“苗变”

雍正朝改土归流的第三阶段为雍正十年（1732）到十三年（1735），仍分年叙及。

雍正十年二月初二日，准广西归顺土州改土归流。四月四日，设贵州都匀理苗同知1员，驻都江。闰五月，普洱茶山土目刀兴国叛，云贵广西总督高其倬调兵征讨。七月，刀兴国被擒，斩于军前。九月，贵州九股苗围台拱大营，调湖南、广西兵进剿。十一月，清兵击败九股苗，解了台拱大营之围。是年，以贵州安顺府故康佐土司地置归化厅，设通判1员；湖北东乡土司改土归流；广西奉议土州改流。

雍正十一年六月十七日，贵州提督哈元生奏报九股苗悉平。八月二十九日，广西太平府恩城土司改流。十一月十一日，湖北容美土司田旻如因大兵压境，畏罪自缢，土目等遂将印信交出，呈请改流。当年，湖北忠建土司改流。

雍正十二年，准云贵广西总督尹继善所奏贵州九股“新辟苗疆”善后事宜八款，于镇远府添设理苗同知1员，驻清江，原清江同知移驻台拱。四月初二日，革容美土司世职，其地改流。五月初四日，湖北施南土司以罪革职，其地改流。五月二十九日，准四川总督黄廷桂奏，将酉阳土司革职，其地改流，并着黄廷桂将附近石耶、邑梅、地坝、平茶4长官司改流。当年，湖北保靖土司纳土改流；曾在雍正五年受到朝廷嘉奖的茅岗司土官覃纯一主动呈请改流。

雍正十三年二月，贵州古州、台拱、清江苗变。三月初九日，将湖北彝陵州改设为宜昌府，以原容美土司地设鹤峰州、原五峰土司地设长乐县，俱隶宜昌府。七月初一日，准石耶、邑梅、地坝、平茶长官司土官改流。八月二十四日，以总理苗疆军务大臣张照议弃"新辟苗疆"，使大兵云集至数月而未进，故召其回京，以张广泗总理苗疆军务。十月初二日，命张广泗为经略，办理"苗疆"事务。十一月，于施南、忠峒等土司地增设施南府，领五县；张广泗抵达贵州，贵州、广西、湖北三省清兵破上下九股苗；将张照革职拿问。十二月，张广泗率三路官兵进剿诸苗，数百苗寨就抚。当年，改平茶、石耶等4长官司地为秀山县，属黔彭直隶厅；准永顺上峒、慈利、茅岗长官司纳土归流。

这一时期，改土归流的特点有以下方面：改流的土司达到101家，数量非常可观，主要集中在湖广、四川和广西地区，但用兵并不频繁，在前一时期改流声势的冲击下，自请改流者较多，其中，以湖广的容美、四川酉阳二土司改流影响较大，同时，对改流地区的善后工作开始有计划地进行，而清廷的用兵主要是对"新辟苗疆苗乱"的镇压。

西南五省改土归流特点

打击云南土司　招抚贵州苗人

据李世愉《清代土司制度论考》的统计，雍正年间，通过大规模改土归流，被革除的土司达到230余家，涉及西南5省，其中云南17家、贵州15家、广西19家、四川69家、湖广109家，这一数字还不包括由土司任命的作为土司佐治官的土目以及“新辟苗疆”在内。“改土归流”的规模大、涉及地区十分广泛。湖北、湖南是清朝18行省中的两省，清朝设湖广总督管辖湖北、湖南两省，统称为湖广。在清代文献中，特别是有关土司和改土归流的记载中，如《清世宗实录》《朱批谕旨》等，大多泛称湖广，而不区分湖北、湖南，所谓西南五省即为此意。由于云南、贵州、广西、四川、湖广5省的情况不同，清政府在改土归流中采取的策略也不同，各地区表现出各自的特点。

云南和贵州两省是改土归流的重点地区，但这两省的情况又有很大区别：“云南土官多半豪强，所属苗众悉听其指使，残暴横肆，无所不为”，而“贵州土司单弱，不能管辖，故苗患更大”[①]。因此，在改土归流过程中，对云南而言，主要是打击不法土司；对贵州而言，主要是解决所谓苗患。

云南地处西南边陲，与缅甸、交趾（今越南）、南掌（今老挝）等国接壤，境内土司众多，且大多豪强、地广势大，如丽江、镇沅、乌蒙、镇雄等，因此对抗改土归流也最为激烈。在雍正年间革除云南土司17家，其中，在“改土归流”的第一阶段内，革除土司7家，包括丽江土知府、威远土知州在内的大土司；在改土归流的第二阶段，即鄂尔泰主政时期，革除土司10家。在所有革除的17家土司中，除者乐甸长官司为自请改流，剑川州土州判因遗失号纸而被革除外，其他土司均属以罪革除，而且都是通过武力强制改流的，即便如者乐甸长官司也并非情愿改流，也是在大兵压境的情况下不得已而畏罪呈请改流的。“改土归流”使得土司世代承袭的职位、土地和人民不复存在了，一些豪强势力不甘心于失败，他们希望土司制度能继续保留，自己继续拥有特权。正如参与乌蒙叛乱的禄鼎坤所说：“我家乌蒙土职，比不得别个土官，自周朝世袭到今几十代了”，“就是给我一个汉官，总不如做我的土官无拘无束，好不自在”[②]。雍正五年（1727）底，镇沅土目刀如珍杀流官知府刘洪度叛乱，后车里土目刀正彦对抗清军；雍正八年（1730），乌蒙土府禄鼎坤之子禄万福反叛。清政府调集重兵，在平叛过程中，战争规模迅速扩大，经历残酷战争，最终将土司叛乱平息。

雍正年间云南的“改土归流”，除动用武力以及改流后又发生土司反叛外，另一个特点，是所谓“江内宜土不宜流，江外宜流不宜土”之说，即澜沧江以内地区的土司悉数改流，而澜沧江以外的沿边土司，如车里（今西双

① 《朱批谕旨》卷125，《鄂尔泰奏折》，雍正四年十二月二十二日折。

② 中国第一历史档案馆藏：《朱批奏折·鄂尔泰奏折》，雍正八年十月十七日折。

版纳）、孟连、耿马、南甸（今云南梁河）、干崖（今云南盈江）等土司，则得以继续保留。

与云南不同的是，贵州土司的数量不少，但没有像云南那样的豪强土司，境内更多的是被称为“化外生苗”的地区。在鄂尔泰主持西南改流的几年中，贵州除镇远通判所属康佐司改流外，其他地方则均非废土设流，而“新辟苗疆”则有十余处。这一现象为西南五省中所仅见。

贵州居西南各省之中央，民族众多，地理位置极为重要。清康熙年间田雯所著《黔书》有“无黔则粤蜀之臂可把，而滇楚之吭得扼”，以及“黔治则有与之俱治者，黔乱则有与之俱乱者”的说法。魏源在其《圣武记》之《雍正西南夷改流记》中，对西南地区的民族以“苗”“蛮”加以区分：“无君长、不相统属之谓苗；各长其部、割据一方之谓蛮。”“若粤之僮、之黎，黔楚之瑶，四川之僰、之生番，云南之倮、之野人，皆无君长，不相统属，其苗乎！”[①]魏源所称的“苗”，即指俱不受郡县约束，又不受土司管辖，处于“化外”的生苗。历史上，以腊尔山为中心的湘西、黔东北地区和以雷公山为中心的黔东南地区，是苗族聚居地，被称为“苗疆”。这当然是狭义的“苗疆”，广义的“苗疆”，则泛指南方少数民族居住地。狭义的“苗疆”内又有“生苗区”和“熟苗区”之分。“生苗区”地处偏僻山区，与汉人隔绝，言语不通，生活习俗迥异，历代中央王朝不能对其进行实际控制，当地少数民族长期保持自立自主的状态，形同“化外”，成为典型的“内地边疆”。这些“化外生苗”尽管名义上已划归某府、某州、某县管辖，但他们“自古未归王化”，既未编户，也不纳粮，更“不知正朔”，政府实际上并未真正将其纳入封建统治体系之中，从未对他们实行过真正意义上的管理，属于流土俱不受之地。而苗疆犬牙相错于数省之中，或地

① 魏源：《圣武纪》下，第283页。

处险要，在政治、军事上占有重要地位；或位于数省交界处、水陆要冲，“其地险，其俗悍。宋元以来，屡动王师，时服时叛”，“滇黔粤蜀之民被其流毒者数百年”[①]。清廷要控制住西南民族地区，实现对这一地区的控制和经营，必须将其纳入封建统治之中，“将从来未服之苗薮同登版籍，共听约束”，使其同内地一样，无条件地置于自己的统治之下，才能使“三省之声教益通，边隅永靖”[②]。因此，在大规模改流过程中，清政府便将使“化外生苗”慑服为目的的“新辟苗疆”活动纳入“改土归流”的整个体系和计划之中，使“化外生苗”慑服和打击不法土司被视为同等重要的两个内容，成为维护西南边疆稳定不可或缺的要素。鄂尔泰在奏请改土归流时就指出：“欲靖地方，必先安苗猓；欲安苗猓，须先制土司。”他进一步指出：“若不及此清理，约定规程，即使拿几土官，杀几苗首，亦不过急则治其标。本病未除，恐终难宁帖。”[③]在统治者看来，使“化外生苗”慑服，使其归顺，与打击不法土司是联系在一起的。所谓“安苗猓”“杀苗首”，即针对“化外生苗”而言，且与“制土司”“拿土官”一样重要。魏源在论述雍正朝西南大规模改土归流的成就时称：“自（雍正）四年至九年，蛮悉改流，苗亦归化。”因此，以贵州为中心展开的征服“化外生苗”的“新辟苗疆”活动，也是雍正朝改土归流的重要组成部分，虽不属于“改土”，但确有“归流”的意义。

清政府开辟苗疆，虽一再宣称“剿抚并用”，但实际上是以剿为先、以剿为主的。在他们看来，“苗人亦人类，必专用剿，未免伤天地之和；苗多兽心，若专用抚，亦难慑凶顽之胆”，因此“二者不宜偏废”[④]。鄂尔泰曾

① 王履阶：《改土归流说》，引自《小方壶斋舆地丛钞》第八帙。

② 《朱批谕旨》卷125，《鄂尔泰奏折》，雍正七年七月十二日折。

③ 《朱批谕旨》卷125，《鄂尔泰奏折》，雍正四年十一月十五日折。

④ 《贵州通志》卷20，《前事志》。

总结说：过去对“边境夷情，非失之姑息，即失之决裂，非过于畏葸即过于张皇，论剿论抚，遂都无是处”[①]。但在具体过程中，则执行的是逆者剿、顺者抚和先剿而后抚的政策。清世宗指示：“剿抚名虽二事，恩威用岂两端。当抚者未妨明示优容，当剿者亦宜显施斩馘。”[②]并强调：“治内地，当先宽而剂之以威；治边夷，宜先威而继之以恩。”[③]“怙恶抗拒者，不得不惩以兵威。而革心革面者，悉加以扶绥，俾游乐土。”[④]而具体主持其事的鄂尔泰等封疆大吏则坚持先剿后抚、以剿为主，极力主张用兵。如其所言，“威不立则惠不从，剿不严则抚不定”[⑤]。他们认为：“苗蛮之畏威，每甚于感恩，若威无可畏，亦恩不知感。故必先创惩而后收服，庶足以慑其胆而坚其心。”[⑥]以他们的逻辑，“防猫亦如防虎”，只有先剿才能达到之后更好的抚，即所谓“剿之而夺其气，服其心，销其萌。……既剿之后，辑宁扶绥，使长治而久安”[⑦]。

因此，自雍正四年（1726）开始的使“化外生苗”慑服行动，即以用兵为先导，首攻贵州长寨，并成为西南大规模“改土归流”的先声。之后，在大规模改流期间，每年都对苗疆用兵。五年（1727），进剿贵州谬冲花衣苗；六年（1728），攻打贵州八寨、丹江；七年（1729），发起征服贵州清江、古州之役；八年（1730），重点进攻贵州来牛、定旦等寨以及广西邓横寨；九年（1731），以贵州古州上下两江诸苗悉被招抚，大规模用兵才告一段落。这一时期，贵州用兵比云南更加频繁，广西、湖南的官兵也参与其

① 《朱批谕旨》卷125，《鄂尔泰奏折》，雍正六年正月十九日折。
② 《朱批谕旨》卷233上，《尹继善奏折》，雍正十一年十一月二十九日折。
③ 《清世宗实录》卷43，雍正四年四月戊子。
④ 《清世宗实录》卷147，雍正十二年九月甲申。
⑤ 《朱批谕旨》卷125，《鄂尔泰奏折》，雍正九年二月初九日折。
⑥ 《朱批谕旨》卷125，《鄂尔泰奏折》，雍正六年六月三十日折。
⑦ 晏斯盛：《楚蒙山房集·上少保云贵》。

间，规模也更大，使得清世宗感到不安。在征讨古州期间，世宗上谕贵州巡抚张广泗："近闻尔在彼，……有干戈之举。但仓促胁以兵威，未免多伤苗命。且强所不愿，非朕本意。"[①]他又上谕令云贵总督鄂尔泰："八万古州原系化外，亦无甚大罪，非如土司恶苗之可比。……朕意撤兵而回，卿意以为如何？"鄂尔泰辩称："愚非好杀人者，人所共信。但恐今日不杀少，日后将杀多，反是罪过耳。如果恭顺，何须加兵？"[②]鄂尔泰每次进剿苗疆，都声称所谓"出师有名"。如攻打长寨，即以仲苗阻建营房、力拒官兵为由，是"杀之有名"；进剿丹江，则称"原欲示抚，故不须多兵。今丹江既敢抗拒，则非重兵不足以济事"[③]；进攻定旦寨，是因此地苗民"伏草截路"。将"化外"之区纳入封疆统治之中，这是实现"大一统"的必然要求。但以如此理由、用如此手段大加滥杀，确实应该受到指责！说到底，以强制手段"改土归流"，这是清世宗君臣一开始就定下的原则。鄂尔泰在主持云贵改流期间，将这一原则贯穿始终，在政策执行上没有出现摇摆，所取得的效果也较为显著。在清军的兵威之下，大量"生苗"被招抚：雍正四年，长寨之役招抚了57寨，500余户，3000余口；之后，雍正五年（1727）底，又招抚长寨后路及广顺、定番、镇宁3州生苗424寨，2831户，12903口；至六年，在都匀府之八寨招抚194寨，4600余户，丹江招抚141寨，1777户，7671口，镇远府之清江、九股共招抚4890余户，2万余口；至雍正七年，在3年时间内，在贵阳、安顺两府招抚生苗1298寨，5978户，35982口；黎平府之古州前后招抚571寨，31526户；至雍正十二年（1734），铜仁府招抚311寨。"化外生苗"慑服，"使自古未服王化之地均得沾被朝廷之声教"，有利于增强清政府对西南的统治，客观上促进了西南的整体发展。

① 《朱批谕旨》卷189上，《张广泗奏折》，雍正六年八月二十日折。
② 《朱批谕旨》卷125，《鄂尔泰奏折》，雍正八年七月二十四日折。
③ 《朱批谕旨》卷125，《鄂尔泰奏折》，雍正六年十月二十日折。

但之后，“新辟苗疆”又发生反复。雍正十三年（1735），贵州古州、台拱、清江发生苗变，清政府调集云南、广西、湖广兵进剿，而总理苗疆的军务大臣张照提议放弃“新疆”，使得大兵云集数月而未进。此时已入朝为大学士的鄂尔泰以新辟苗疆有变，认为是自己在任西南封疆大吏时没有做好，上疏自责，请辞伯爵。之后，清廷以张广泗为经略，分三路大军进剿，迫使数百苗寨就抚。为了更好地办理“苗疆”事务，于乾隆元年（1736）六月，清廷将云贵总督分置为贵州总督和云南总督，分别委以张广泗和尹继善分任，直到乾隆十二年（1747）才恢复云贵总督建制。

三省改土归流　各地特点突出

广西、四川、湖广的改土归流主要是在雍正九年（1731）后，虽不像云贵那样作为改土归流的重点地区，用兵没有云贵那样频繁，用兵的规模也没有云贵大，但改流的土司数量很大。这是有别于云贵改土归流的一大特点。

广西改土归流的一大特点是“先改土司，次治土目”[①]。雍正一朝，广西仅有10家土司被改流，几乎都是因肆恶不法被革除，其他多数土司则因为比较“恭顺”而被继续保留，改流数量是5省中最少的。广西没有像云南那样地广势强的土司，知府一级的土府只有泗城土知府和思明土知府两家。雍正五年（1727），泗城土知府岑映宸因横征滥派、肆意劫杀，清廷以大兵压境，迫使泗城土府缴印改流，岑映宸连同家口一起被安插浙江；雍正十年（1732），因思明州土知府黄观珠懦弱无能、不能管理地方被革职，降为土州。境内最大的两个土司的改流并没费多少事。而这一时期对广西的两次用兵，都与土目有关。所谓“土目”，是指作为土司的佐治官管理村寨的头

① 魏源：《圣武记》卷7，《雍正西南夷政流记上》。

目。一些土目“目无土官，不服拘管”。雍正六年（1728），发生了广西西隆州八达寨土目聚众对抗清军之事，右江镇官兵征剿不克，广西提督亲往督战，又请调云贵官兵赴援，仍不能克。后云贵总督鄂尔泰奏闻，遣兵进剿，破屯烧寨，最终才镇压了这次反抗。这也成为其后设置云贵广西总督三省总督的一个最大原因。只是这一设置，是清世宗“因人定制”，为鄂尔泰所专设，仅存在于雍正六年至十二年。而另一苗寨，即思明土府所属邓横寨，方圆不过三里，又无崇山峻岭，但在土目王兴运的经营下，“虽强贼不满千人，而巢穴险固，器械坚利，即论炮台竟多至百余座。黔苗、滇猓从无此凶悍”。自康熙朝到雍正朝，邓横寨土目肆行凶虐、烧杀抢掠，历数十年，官府“以全省兵力，不能克一邓横，任其顽抗”[①]。直到雍正八年七月，数千清军围困该寨，经历三个阶段，三易统帅，死伤兵丁数百人，历时9个月，才最终将邓横寨剿灭。消灭了这两个凶悍的土目，特别是邓横寨的王兴运后，给广西境内其他土目以极大震慑。而对未改流的土司，清廷则采取措施，加强对其控制。一是降职，或削地限权；二是在未设流官之地增设流官，或原设流官职位卑微，重新改设，增加其品级。

雍正一朝，四川的“改土归流”较为特别。前后有69家土司被革职改流，但部分土司在被革除后，又重新授职，只是新授土职已不是原来的，级别有所下降。如川西南的河东、河西、阿都等土司。四川一省在革除数量众多的土司的同时，又增设了不少土司。据乾隆《四川通志》记载，对“归诚”后重新授职的宣抚司、长官司、土千户、土百户就有96员。雍正朝改流后，四川是西南5省中保留土司最多的省份。这一时期，四川的改流与其他省相较，显得很不彻底，说明土司制度在一些地方还有其存在的客观条件，却也为乾隆年间征伐上下瞻对，以及号称乾隆“十全武功”之一的平定大小金

① 《雍正朝汉文朱批奏折汇编》第20册，云贵总督鄂尔泰九年五月二十六日折。

川战役埋下了伏笔。

湖广的“改土归流”又自有特点。湖广土司在清廷改流声势的冲击下，并由于土民反抗，迫切要求改流，土司难以再继续控制局面，于是纷纷自请改流。甚至出现土司呈请改流，而清政府不予批准的情况。如雍正六年，下峒长官司向鼎晟呈请仿永顺土司“自请改流”，并将所辖四至地界户口册送交湖南巡抚王国栋，王国栋报告世宗，但世宗认为条件和时机尚未成熟，未批准其改流。雍正十二年，下峒长官联合上峒长官再次呈请改流，并声称：“职等年来实难弹压土众，久欲呈请改土归流。……今闻湖北忠峒等十五土司得遂所请，不但职等仰邀仿例，而土民望风归化之念较职等尤为激切。为此，披肝沥胆，纳土投诚。”湖广总督迈柱奏请“应附顺舆情”[①]，支持改流。在此情况下，清世宗才批准上峒、下峒两长官司改土归流。雍正时期，在西南5省中，湖广改流的土司数量是最多的，达到109家，而且有103家是自请改流的，改流最为彻底，自此“湖广无土司”，这与四川的情况恰好相反，说明湖广的社会经济结构与西南其他地区存在较大差异，在湖广地区，土司制度已失去了其存在的社会基础，“改土归流”已是大势所趋，水到渠成。

① 《朱批谕旨》卷213，《迈柱奏折》，雍正十二年九月十五日折。

九州之大归于一统

消除割据 加强统治

“改土归流”是清世宗的一项重大政治改革，具有政治、军事、经济、文化等各方面的要求，其总目标就是要消除割据势力，把原来仅为间接统治的部分西南民族地区纳入直接统治，使其同内地一样，置于王朝的统治之下，实现国家的“大一统”。所以，封建文人颂扬这一时期的大规模改土归流：“置郡县，易封建，则九州之大归于一统。此长治久安之道也！”①

“改土归流”涉及的地方广大。时云南计有23府，改流即涉及16府；贵州计有13府，改流涉及12府；广西计有11府，改流主要涉及粤西5府；四川的改流涉及宁远、雅州、龙安、重庆、叙州5府和黔彭直隶州，占全省面积的一大半；湖广的改流则主要集中在湘西、鄂西部分地区。在西南广阔的区域内，流官取代了土司，改流后仍由土司控制的地区已十分有限。

① 《（光绪）普洱府志稿》卷9，《建置制》。

民国之人刘锡蕃在其《岭表纪蛮》一书中称：“康雍乾三朝，西南之土府州县改流接踵。在广西方面……改流面积，殆占土属全部幅员之五分之四。”云南、广西沿边各府，如永昌、普洱、临安、开化、广南、镇安、太平、南宁等，均改由流官控制，对边疆的稳定和边防的巩固均十分有利。湖广地区，《湖南苗防录叙》一书称：“雍正初，朝廷经略西南夷，威震黔粤。于时湖北容美，湖南永顺、保靖、桑植诸宣慰使悉为边人所怼，先后改流。于是湖广无土司。”武力开辟“苗疆”后，清政府设置了“苗疆十厅”，即凤凰厅、乾州厅、永绥厅、松桃厅、台拱厅、古州厅、八寨厅、都江厅、丹江厅、清江厅，其中在贵州境内设置了6厅，在湖南境内设置4厅。以“厅”作为地方行政管理体制的一部分，创制于雍正朝，多设置于边远、边疆地区或海疆地区，特别是有些少数民族地区，由于历史发展、地理环境、社会结构、民族构成等方面的特殊性，不适宜设置州县进行常态化管理，从而在这些地区采用“厅”这样一种灵活适用的特殊行政制度进行管理，目的是对包括“苗疆”在内的特殊地区进行强力控制和开发。“改土归流”所涉及的民族，则有苗族、彝族、傣族、侗族、布依族、水族、纳西族、独龙族、傈僳族、哈尼族、白族、拉祜族、藏族、羌族等。在西南5省革除土司的领地、“新辟苗疆”和原“流土”并存三类地区，新设流官152处，其中云南36处，贵州31处，广西20处，四川23处，湖广42处，而新设流官中，府、州、厅、县以上者达93处，其中府（含直隶州）14，厅42，州10，县（含卫所）27。如此规模的流官设置，使西南边疆绝大部分地区实现了同内地一样的管理体制。改流前这些地方虽有府、州、县、卫之名，地方皆土司管辖，以及流官徒拥虚名的情况被消除，尚存的部分土司，也仅存其名号而已，其势力已衰微，土司之乱已得到根本遏制，大大加强了封建国家的整体性。

清政府除了在改流地区和“新辟苗疆”设置郡县和流官加强管理外，还在这些地区增兵设营，布置汛塘，增强军事管控。地方大吏奏请于“新辟苗疆”如何安兵设营，世宗强调：“新定苗疆，正资弹压……应添兵之处，不可惜此小费，当谋一劳永逸，万不可将就从事。俟归化日久，一切安如内地一般时，再议减裁，未为不可。”[①]结果，仅在八寨就驻兵1600名，丹江驻兵1600名，清江驻兵2000名，古州驻兵3000名，控制力度不可谓不大。就云南而言，由于其为改土归流的重点地区，改流后又发生过两次大规模的土司叛乱，加之与邻国接壤，有漫长的边境线，不仅要加强对新改流地区的防控，还要增强沿边一线的防守力量，因此境内绿营镇营汛塘的调整和增设力度最大。

云南绿营兵形成了3标9镇3协13营的建制，马、步兵丁达48300名，在原来的基础上增设了2镇6营，兵额增加了6000名，增加的镇营和额兵均集中在滇东北和滇南这两个重点改流地区。滇东北是“改土归流”的重点地区，在雍正五年（1727）底，东川、乌蒙、镇雄相继从四川划归云南并实施改土归流后，鄂尔泰对滇东北的军事布防做出整体规划，上报朝廷获得批准。其核心是：裁贵州的威宁镇，增设云南乌蒙镇，设总兵一员驻扎乌蒙，下设镇标中、左、右3营，额兵2800名，并管辖贵州威宁和云南镇雄、东川3营，3营额兵3000名，加上原有的曲寻镇，滇东北地区就设有二镇，驻兵过万；在一些重要的改流区，如鲁甸、大关、米贴、彝良、威信等地，均分设营汛，派兵驻扎。雍正九年（1731），发生乌蒙土官禄鼎坤反叛事件，在叛乱被平定后，清廷又进一步增强了对乌蒙的军事防控：在全省仅有迤西一道的基础上，增设了迤东道，驻扎滇东北咽喉要地寻甸。“道”在清代的地方管理体系中，与督抚一样，具有无所不包、无所不统的地方事权，行政与军事相兼，并有巡查地方的责任。迤东道的设置，表明清廷对滇东北管理与控制的加强。同时，将乌蒙镇由3营增设为4营，在中、左、右的基础上增加了前

① 《朱批谕旨》卷125，《鄂尔泰奏折》，雍正五年三月十二日折。

营一营，增加额兵1600名；又添设云南唯一的骑兵营，驻扎寻甸，由总督直辖。经过两次调整，清政府对滇东北地区的管理和控制大大加强。

滇南地区既是改流的重点地区，同时又拥有漫长的边境线，是防控的重点。由于水土恶劣，瘴疠较甚，在当时的条件下难以克服，故长期以来，滇南一直是封建王朝统治的薄弱地区，特别是在沿边境一线，元明以来都只是采取羁縻政策或设置土司管理。入清以后，虽然在康熙初年设置了开化府，加强了与安南交界的边境地区的统治，但在与缅甸接壤的今思茅、版纳地区，统治依然薄弱。雍正朝以前，在这一广阔的地区，仅由元江协右营右哨三司把总带兵50名驻防普洱，兵力单弱。雍正二年（1724），在解决了一直以来为乱滇南的新平鲁魁山问题后，当时的云贵总督高其倬提出设置普威营，以参将一名统兵1200名驻扎普洱和茶山。在平定改流镇沅土司的反叛后，官兵深入车里地区，鄂尔泰奏请设置了普洱府、攸乐同知、思茅通判，并添设普洱镇驻扎普洱府，设镇标中、左、右3营，驻兵3200名，加上原有的临元镇，滇南地区也设置了二镇，驻兵近万名。虽然对以普洱为重点的滇南地区的管理和控制有很大增强，但总体上看，由于地方辽阔，仍然是“汛广兵单”。雍正十年（1732），元江土著夷人作乱，漫及元江、新平、思茅、普洱、镇沅等地，引发了整个滇南的动荡，清军四处剿捕，直到雍正十三年（1735），才最终将叛乱平息。云贵总督尹继善向朝廷上了著名的《筹酌普思元新善后事宜疏》，对整个滇南的行政设施和军事布防重新做了全面的规划调整：普洱镇兵从3200名增加到4100名，将分散驻兵改为集中驻防，定期会哨。原普洱镇中、左、右3营下设置了很多小汛，每汛驻兵从十几名到几十名不等，分路把守，汛广兵单。后将各小汛裁撤，归入大营、大汛，集中在一些重点地区驻扎，每月令各营汛将备与连界各路会哨一次。沿边土司地区的防务，责成土司、土弁负责，并责成土司、土弁于沿途设立土塘，传递公文。改普洱土城为石城，还修葺了思茅、镇沅二城，各城添设炮台。经过以上调整，清政府在这一地区布置了有史以来最强的军事力量，增强了对西南已改流或未改流区域的管控，强化了边疆防御，不仅有利于边疆的稳定，影响远及境外，时“老挝、景迈二国，皆来贡象，缅甸震焉”[①]。

除了行政和军事管控外，清政府还通过在改流地区推行保甲制度，加强对基层社会的控制。“改土归流”后，清政府将原来在土司统治下的各族人民按户稽查，登记编册，转到政府的直接控制之下；将原土司庄园内的奴仆开豁为良，成为自由的个体农民。土民有田者自行报出，发给印照，永为世业；无田者，则将籍没的部分土司田地发给其耕种，这样，原来土司与土民之间的主奴关系已不存在，土民对土司的人身依附关系大为松弛，成为清王朝的编户齐民。虽然二者都需向政府交纳税粮，但“较之土司陋规十不及一”，加之清政府对改流地方实行蠲免钱粮、在一定时期内采取“科粮从轻”的优惠政策，客观上缓和了社会矛盾，增加了土民对于清政府统治的认同。改流地区的社会结构发生变化后，为加强对基层社会的控制，清政府规定：凡是在人口稠密的区域，一律照内地情形编排保甲；对“土苗杂处，户多畸零”的地方，“无论民夷，凡自三户起，皆可编为一甲。其不及三户者，令迁附近地方，毋许独住”[②]。而对保甲长的选择，在苗疆，“择苗之老成殷实者”充当，在原土司地区，则由原来的守法土目改任。

开化边民　安定边境

改土归流促进了国家的统一，也促进了西南边疆社会的稳定，为边疆的社会文化发展和经济开发创造了条件。清朝统治者认为，要实现改流地区

① 魏源：《圣武记》卷7，《雍正西南夷改流记》。

② 《朱批谕旨》卷125，《鄂尔泰奏折》，雍正四年八月初六日折。

的长治久安，只有“收拾土人之心，始可坚其归流之念”。而要达到这一目的，必须将以儒家文化为核心的汉文化推广到这一地区，以“化其顽梗，期其善良”[①]，达到“以汉化夷”，使各少数民族“各尊王化”，知“君臣上下之礼”“明于顺逆之义”[②]，便于统治。而达此目的的最好方式就是兴办学校，开科取士，发展教育。

“改土归流”之前，包括土司统治地区在内的西南少数民族地区只有少量学校，在土司统治地区，土司不允许土民读书，“恐土民向学有知，不便于苛政，不许读书”[③]，或“恐其入学，与之抗衡”[④]，土民没有入学读书的权利，只有土司子弟才能接受教育。如丽江木氏土司，历代皆重学问，明代丽江土知府木公恕有《雪山诗选》存世，徐弘祖到丽江，木氏还请其教授子弟。但“木氏虑民用智而难治，因如秦人之愚黔首，一切聪颖子弟俱抑之奴隶中，不许事读书”。康熙四十年（1701），丽江府流官通判题请建学，遭到木氏百般阻扰，“事几寝”[⑤]。而在苗疆，“所属尽苗人，不知读书为何事”，开辟之初，清政府在此开科取士，“竟无一人入场应试”[⑥]。改土归流后，清政府在西南少数民族地区广设学校，凡是条件好的地方都建儒学，设教职，规定取进名额；条件尚不成熟的地方虽未建儒学，但在一些地方设教职，开蒙学，只是当地入学者需到附近府州县学应试，同样规定取进名额。此外，清政府还对少数民族制定了特殊教育政策，如在贵州、湖南等地的府州县学，专门设立苗童名额。特别值得注意的是在西南遍置“义学”。义学，俗称义塾，由所在地官民义捐创立，或由官司创建，或单殊属个人私

① 《清世宗实录》卷147，雍正十二年九月甲申。
② 晏斯盛：《楚蒙山房集·上少保云贵鄂制府书》。
③ 《（乾隆）贵州通志》卷35，《艺文志》。
④ 《（光绪）普洱府志稿》卷48，《艺文志》。
⑤ 《（乾隆）丽江府志略》卷下。
⑥ 《贵州通志·人物志》。

设；学生年龄为6岁至11岁，学习读书写字，为地方的基础教育。

清朝义学之设，系根据康熙四十一年（1702），“定义学小学之制”，及康熙五十一年（1712）发布的“令各省府州县多立义学，聚集孤寒，延师教读”之规定而办理。但康熙年间在西南地区所建义学数量还较少，而雍正年间改土归流后，所建义学数量得到大幅增加。以云南为例，据乾隆《云南通志》记载，云南所建义学，在康熙年间有99处，而在雍正年间建有463处，增长了近5倍，其中在改流的各府州县建有148处。雍正年间贵州建有义学24所，其中值得注意的是，“奉旨”建立者有14所，均设在“新辟苗疆”，说明统治者希望通过加强边疆民族教育，在改流地区推广儒家文化的愿望。教授义学的教师由州县中“老成谨慎、文品兼优”的生员充任，并规定：如训迪有方，义学日盛，该生员准作贡生；各族子弟果能通晓文理，即准应试，酌取入学。自此后，一些从来不知读书为何事的改流地区“邑人始知向学”。在苗疆地区，之前苗人“素不识字”，设学后，“苗民悉敦弦诵”，以致“入郡庠者接踵而起”[①]。在一些深山辟壤，出现“诗书弦诵，野有秀名”“人皆知礼仪而习诗书”的景象，若干年后，渐也出现学问精纯的“读书成名者”[②]。

随着儒学和义学的建立，读书应考、博取功名而后光耀门庭的价值观念逐渐深入西南各民族地区，甚至影响到土司。清廷规定，土司应袭子弟年龄在13岁以上者必须入学习礼。贵州亮寨长官司土司继承人龙绍俭，入府学为附生，后袭职为土司，因受多年汉文化熏陶，认为做土司不过是“致山鸡戢翼，莫同威凤云翔”，“以汉官前途远大，而土职之上进无阶，冀与汉人同列”[③]，宁愿放弃做土司，自请参加科举考试，得到世宗特许。此事在贵州民

① 《（光绪）古州厅志》卷9。

② 《贵州通志·人物志》。

③ 晏斯盛：《楚蒙山房集·上步保云贵鄂制府书》。

族地区产生了很大影响。另外，随着汉文化的传播以及清政府强制推行一些汉化政策，如剃发留辫，服饰要分男女，姓名、语言皆从汉俗，禁止火葬等，在西南改流区内，使得一些落后的习俗改变的同时，因一些做法违背了少数民族的传统和意愿，并未起太大作用。

“改土归流”消除了长期以来西南地区的社会动乱，为地方经济的发展和开发创造了一个相对安定的社会环境。而清朝统治者处于维护自身统治利益的需要，巩固对改流地区的统治，将恢复发展改流区的生产和边疆开发列入改流地区善后政策重点。云贵总督鄂尔泰在雍正九年八月滇黔地区改土归流基本完成后，即强调指出：“一切民事……如疏浚江河，挑挖勾坝，垦辟荒芜，焚列山泽，皆地方之远计，尤边省所急先。”[①]为此，清政府实施了一些积极的措施，并取得良好效果。例如，为招民开垦大量无主荒地，官府或配给牛种，或分给房屋，或给以银两，吸引了大批汉民的到来，开垦出大量荒地。政府出资兴修各地水利工程，尤其是云南的水利工程，成就最大。清政府要求云南通省“有水利之处，凡同知、通判、州同、州判、经历、吏目、县丞、典史等官”，俱“加水利职衔，以资分办”。据乾隆《云南通志》记载：雍正年间，云南全省所进行的疏河、开渠、筑堤、建闸、修坝等各项水利工程有近70项，作为改土归流重点地区的昭通府就有10项。水利设施的完善，加之改流后打通北可达川、东可至黔的道路，成为入滇要道，“乌蒙”变为“昭通”，吸引大量人口进入，经过短短几年，农业、商业、城市都得到较大发展，到雍正末年，这里已是“童叟忻忻，廛市嚷嚷，烟火万象，吠鸣千里，殷庶之象，宛然内地”的景象。

雍正“改土归流”后的三四十年间，是历史上西南社会经济发展最好的时期之一，尤其是云南、贵州，如果没有改土归流，包括“震古烁今”的

① 《雍正朝汉文朱批奏折汇编》第二十辑，雍正九年八月初一日鄂尔泰奏折。

滇铜开发在内的一系列重大开发活动即难以产生。正是由于实现了“改土归流”，“滇铜京运”才能纳入清朝的国家战略体系之中，从而带动整个西南地区农业、手工业、矿业、商业的发展，一些“舟车不通，商贾罕至”的地方，人口激增，面貌为之一新。之前还是土司、火头控制的东川府，到乾隆年间，已是“民夷商贾，四方辐辏，食货浩穰，屹然一都会”[①]；雍正初年的贵州，还是“人烟疏散”，改流后，逐渐“幅员日广”，至乾隆前期，“省会及各郡县，店铺稠密，货物堆积，商贾日集”[②]，就连“自无廛市”的苗疆，也“兴立市场，各寨苗民、商贩俱按期交易称便”[③]；而作为新辟苗疆的古州，自开辟后改食川盐，政府在此设立盐埠，使其变为水陆通衢，自“设盐埠以来，广东、广西、湖南、江西，贸迁成市，遂各省俱建会馆”，商贾络绎，其繁荣景象“不减内地”[④]。

通过大规模“改土归流”，清政府将西南大片原来只是施与羁縻或间接统治的区域纳入王朝的管理体系之中，大大拓展了在西南直接统治的区域，并通过行政建置、管理和军事控制的强化，实现了对西南的统治由内地到边疆、由平坝到山区、由汉族地区到少数民族地区的发展转化，打破了原来这些地区封闭、隔绝的状态，消除了长期以来的社会动乱，创造出一个相对安定的社会环境，增进了各民族间的交流，促进了多民族国家的统一和边疆稳定，加速了这一地区的社会发展、经济开发和西南边疆与内地的一体化进程，使得西南边疆与内地一起，同步进入盛世。

① 《（乾隆）东川府志·序》。

② 《清高宗实录》卷311，乾隆十三年三月癸丑。

③ 《清高宗实录》卷105，乾隆四年十一月壬申。

④ 《小方壶斋舆地丛钞》第七帙。

十

仓促辞世　盛世留名

SHUDU QINGSHI YONGZHENG BIANGE

以一人治天下

在封建时代，君主有着至高无上的权力。而在实际的国家管理运行中，皇帝会将部分权力让渡与大臣、后宫、贵戚、宦官等，有时相权、后宫等权力会侵夺皇权。纵观中国各历史时期，皇权稳固之时，社会便趋于稳定，反之，一旦皇权被侵夺，便会造成社会动荡。

清世宗是一位具有政治抱负的君主，有着强烈的君主至治思想。他于45岁的成熟年龄登上皇位，在藩邸多年，经历过残酷的皇位争夺，使其具有一定的治国理政实践和丰富的政治斗争经验。世宗一再强调“为君难”，但他深知，要推进他的各项改革，必须要巩固皇权，强化君主集权。据《日下旧闻考》卷17记载，清世宗即位之初，便写下“惟以一人治天下，岂为天下奉一人”的对联，悬于养心殿西暖阁，表明他的政治意志和求治决心。之后，通过完善密折制度、打击朋党、设置军机处等措施，在继承圣祖所采取的抑制满洲贵族特权措施的基础上，进一步削弱满洲贵族和满汉大臣的权力，使得议政王大臣会议无大政可议，内阁也不能再对行政事务行使票拟批答之权，议政王大臣会议名存实亡，内阁形同虚设，军机大臣则只是赞襄机务、承旨办事，没有太多实际的权力。京内外大小官员以密折提出施政的意见、建议，具体情形和个人私务，世宗用朱批做出具体指示。这样，便将京内外的大小官员置于严密的控制之下，国家大小事务，包括行政事务，也全都在皇帝一人掌握之中，即《上谕内阁》二年五月十三日条所称的："国家设官分职，各有专司，而总揽万机，全在一人之裁决。"在这样的情形下，所进行的国家政治以及各项大小政务，无一不是皇帝意志的体现，也使得君主专制政体下的封建皇权达到了顶峰。在特定的历史时期和一定的条件下，"一人治天下"的君主集权，在完善封建国家的体制，提高决策和行政效率，维护国家"大一统"等方面，会产生某种积极的意义。清世宗推行"一人治天下"，强化皇权，在客观上，奠定了雍正一朝的政治基础。正是具备了这样的政治基础，清世宗按照自己的意志推行的各项改革才能得以顺利施行，也才成就他作为历史上一位成功的改革者的名声以及在康乾盛世中的地位。

四 突出政治品行

清世宗在位13年，“以一人治天下”，总揽大小事务，强化封建君主集权，乾纲独断，推行各项改革，干了很多有利于封建国家发展和改善民生的事，继往开来，把圣祖开创的盛世继续向前推进，并为乾隆朝的兴盛奠定了坚实的基础。世宗是一个有作为的封建帝王，对此他十分自负。在一次上谕中，曾做过自我评价，自信地认为：“朕返躬内省，虽不敢媲美三代以上圣君哲后，若汉唐宋明之主，实对之不愧。”[①]作为帝王，世宗的自信和所取得的功业，来自他突出的政治品行和能力，归纳起来有四点：明确的政治理想、刚毅坚韧的性格特征、超凡的治国才能、务实勤政的为政风格。

政治理想明确　性格刚毅坚韧

世宗在藩邸40余年，特别是参与皇位的竞争，使他得到历练，对当时

① 清世宗“朱谕”第九函，中国第一历史档案馆藏。

清王朝所面临的各种问题均有深刻的了解。据《雍正朝起居注》二年九月二十五日条、五年一月十七日条、五年二月初三日条的记载，他曾对王大臣说，自己“于群情利弊事理得失无不周知”，尤其对圣祖晚年由于政事废弛带来的“人心顽愒已久，百弊丛生”的状况有深切的体悟，决心剔除积弊。他的目标是要“跻斯世于熙皞之盛”，即在他的统治下，使清王朝形成政治清明、国富民殷的盛世局面。为此，他提出要“澄清吏治，乂安民生……务期振数百年之颓风，以端治化之本”[①]，并立志改革，“将唐宋元明积染之习尽行洗濯，则天下永享太平”[②]。为实现上述政治理想和目标，必然要做出改变。据李绂《穆堂别稿》卷18记载，世宗即位后，很快便形成“雍正改元，政治一新”的局面。

世宗具有复杂而多重的性格，他为人自圣，“性高傲而又猜忌，自以为天下事无不知无不能者”[③]，对人既有苛刻残忍的一面，又有体贴关心的表现；做事急躁，但又透着细致；既十分自信，而猜忌心也重。但作为一个成功的政治家，刚毅坚韧是他性格的突出特征。雍正五年九月初二日，他在闽浙总督高其倬的奏折上有段朱批：“夫人之处事犹行路，断然不能至始至终尽遇坦途顺境，既无风雨困顿，又无山川险阻，所以古人多咏行路难，盖大有寓意存焉。凡举一事，他人之沮扰已不可当，何堪自复犹豫疑难，百端交集，如蚕吐丝，以自缚其耶！世间事，要当审择一是处，力行之，其余利害是非，概弗左盼右顾，一切扰乱沮扰，不为纤毫摇动，操此坚耐不拔之志以往，庶几有成。及事成后，害者利矣，非者是矣，无知沮扰之辈，不屏自息矣。”[④]世宗认为，要干的事，只要认准后，要不怕艰难，不顾险阻，不能

① 《雍正朝起居注》，雍正五年一月十七日条。

② 《雍正朝起居注》，雍正五年二月初三日条。

③ 《梵天庐丛录》卷2。

④ 《朱批谕旨》卷176，《高其倬奏折》，雍正五年九月初二日折。

瞻前顾后，犹豫不决。明着是批评高其倬的优柔寡断，实则是他自己刚毅性格的写照。世宗刚毅坚韧的性格，表现在政治上即是决策果断，雷厉风行，讲究功效，并能一往直前地实施既定的方针政策。这也是他即位后在短时间内就取得较好效果的重要原因。在他所实施的政策和推行的改革中，有一些由于牵涉利益的调整，阻力很大，而他一旦认准后，不管有何阻力，仍坚决实施，不达目的绝不罢休。冯尔康先生在《雍正传》中指出，世宗的性格刚毅，但不愎拧；自信，然有点过分。这当是定评！他这样的性格，是他能够最终取得成功的基础，使他能在皇位的争夺中韬光养晦，在即位后顶着压力果断决策，实施“摊丁入亩”、推行西南“改土归流”，不避承担加派恶名，坚定实行“耗羡归公”，为推行新政、整顿吏治，破格提拔重用人才，罢黜大批不称职官员，被人指为“进人太骤，退人太速”，也不为所动。

治国才能超凡　为政务实勤勉

关于世宗的才能，在鄂尔泰等所编纂的《清世宗实录》卷1中记为：“幼耽书史，博览弗倦，精究理学之原，旁彻性宗之旨。天章浚发，立就万言。书法遒雄，妙兼众体。每筹度事理，评骘人才，因端竟委，烛照入神。韬略机宜，皆所洞悉。”英国人濮兰德、白克豪斯在其《清室外纪》一书中称赞世宗的才能：“控驭之才，文章之美，亦令人赞扬不已。而批臣下之折，尤有趣味。所降谕旨，洋洋数千言，依笔立就，事理洞明，可谓非常之才亦。”显然，作为帝王，世宗具有出色的控驭群臣、洞悉韬略的政治才能，而书法、文章、经史造诣也尤为人称道，有大量诗文存世。世宗另一个突出的政治才能是对官僚集团、社会情形和当时清朝所面临问题的深刻了解。据《雍正朝起居注》四年十月初二日条的记载，世宗曾说：“朕在藩邸四十余年，凡臣下之结党怀奸，夤缘请托，欺罔蒙蔽，阳奉阴违，假公济私，面从背非，种种恶劣之习，皆朕所深知灼见，可以屈指而数者，较之古来以藩王而入承大统者，如汉文帝辈，朕之见闻更远过之”，“于群情利弊事理得失无不周知”，尤其对圣祖晚年由于政事废弛带来的“人心顽愒已久，百弊丛生”的状况有深切的体悟，这也成为他制定统治政策的基础。

清世宗堪称中国历史上最为勤政的封建帝王，他在位13年，每天起得早，睡得晚，吃得少，玩得少，几乎把全部的时间和精力都用于处理朝政上。他如此勤政，是因为有危机感，有维持清朝江山社稷的责任心。据《上谕内阁》二年四月初七日条记载，当日，世宗向群臣发出上谕称：“仰荷皇考怡谋之重大，夙夜祇惧，不遑寝食，天下几物，无分巨细，务期综理详明。朕非以此博取令名，特以列祖开创鸿基，体仰皇考付托至意，为社稷之重，勤劳罔懈耳。”特别在即位之初，所面临的形势也不容他有片刻的松懈。据《朱批谕旨·朱刚奏折》记载，雍正五年，藩邸旧人朱刚出任云南巡抚，陛辞时，世宗向他谈起勤政话题时说：“初御极时，诸臣多未识面，朕费无限苦心，鉴别人才，办事自朝至夜，刻无停息，惟以天下大计为重，此身亦不爱惜。”此后，世宗一如既往地勤政，孜孜不倦地做事。雍正六年十月初三日，他向群臣说：“朕每日办理政务，日朝至暮，精神倍出，身体从不困乏。倘稍闲片刻，便觉体中不舒畅。朕之勤于政事，实出于中心之自然，非勉强为之也。”世宗勤于政事成为自然，乐在其中，忘却疲劳，成为一种生活方式，处理朝政则成为他帝王人生的主要内容，完全将自己变成一个“工作狂”。世宗如此拼命地工作，必然会影响他的身体健康，为此，他的一些心腹大臣忧心忡忡，纷纷奏请他要节劳，保护龙体。雍正元年四月二十五日，两江总督查弼纳上请安折，“伏乞皇上茶饭按时，爱养圣躬，以理政务。窃闻皇上日理万机，直至夕阳西下，龙体甚为劳顿。臣忧难忍，不揣冒昧奏请”。世宗何止才工作到夕阳西下！他每天晚上还要批阅大量的奏折。有关这方面的情况，他在雍正五年云贵总督鄂尔泰的奏折上的朱批曾做出说明。他说："大概外来奏折，晚批者十之八九。此折亦系灯下。朕从幼夜间精神更好，非出勉强也。"世宗说劝他节劳的人是出于爱君之意，但不了解他的脾气。他认为如果臣下都能勤于政事，效忠为国，事情办得井井有条，就是章奏堆叠，他也乐于批览，不以为劳；若众人苟且塞责，以致政务废弛，日无以封章奏对，自己心里反到不安。

世宗以"朝乾夕惕"自励、自诩，日日勤慎，事无巨细，亲力亲为。"朝乾夕惕"出自《易经》传注，专用于形容勤政有为的帝王。世宗认为自己配得上"朝乾夕惕"。年羹尧在奏折中错把"朝乾夕惕"书为"夕阳朝乾"，世宗认为年羹尧是有意为之，不以"朝乾夕惕"许他，是大不敬，以此作为整治年羹尧的理由和罪状。

世宗强调为政务实，以实心行实政，注重解决国计民生问题，并以此教导臣下。在雍正二年二月二十二日河南巡抚石文焯的奏折上，世宗写有朱批："谚云：说得一丈，不如行得一尺，宣圣所以听言必观其行也。积年老吏之习，不合封疆责任之体，总要规模弘阔，志虑精白，不屑于市恩避怨，方为无忝厥职。"

世宗的政治理想、才能、性格和勤政务实的作风，配以密折、军机处等制度设计，产生出具有明显个人印记的朝政，形成了一个属于他自己的时代。

三 仓促辞世之因说

《清世宗实录》卷152记载，世宗于雍正十三年八月二十一日生病，二十二日晚病情加重，二十三日子时故世，所生何病并没有说明。张廷玉在其自撰年谱中记述：

> 八月二十日，圣躬偶而违和，犹听政如常。廷玉每日进见，未尝有间。二十二日漏将二鼓，方就寝，忽闻宣诏甚急，疾起整衣，趋至圆明园，内侍三四辈待于园之西南门，引至寝宫，始知上疾大渐，惊骇欲绝。庄亲王、果亲王、大学士鄂尔泰，公丰盛额、讷亲，内大臣海望先后至，同至御榻前请安，出，候于阶下。太医进药罔效，至二十三日子时，龙驭上宾矣。[1]

从生病到故世，只有3天时间，中间还照常办公，实为暴卒。而官方只说

① 《澄怀园主人自订年谱》卷3。

是因病而亡，但又不说明因何种病最终导致死亡，自然引起各种猜测，其中以下说法最为流行。

生病死亡说

此说即官书所载，世宗系因病而亡。

世宗在即位之前，身体应该很好，即位后，精力充沛，拼命工作，可能是过于操劳，雍正七年冬天生了一场大病，且持续时间较长。据《上谕内阁》八年五月二十日条，世宗自述："朕自去年冬即稍觉违和，疏忽未曾留心调治。自今年三月以来，间日时发寒热，往来饮食不似平时，夜间不能熟寝，如此者两月有余矣。即五月初四日怡亲王事出，朕亲临其丧，发抒哀痛之情，次日留心试察，觉体中从前不适之状一一解退，今日渐次如常矣。"症状是时寒时热，饮食减少，睡不好觉，但系何病症，并不清楚。他说此时自己病已痊愈，实则并非如此，而是病情加重了。一个月后的八年六月，因圣躬违和，召见王大臣等，交代了遗诏。他还要他的亲信大臣留心密访好医生和深达修养性命之人，或道士，或讲道之儒士俗家，并强调不可视为具文，慎密为之。九年秋天之后，世宗身体彻底调养好了。次年六月，添了第六子弘瞻，十一年正月，还亲往遵化谒陵，十三年二月又拜谒东陵，再过半年，便暴卒了。这次从生病到去世不过3天时间，郑天挺先生在《清史简述》中认为世宗"是因中风而死去的"。按现代医学分析，世宗暴卒的直接原因有可能是心血管方面出了问题，死于心肌梗塞或脑梗塞。究其根源，在于长期劳累过度，身体透支严重。

丹药中毒身亡说

这种猜测，得到一些学者的认可。金梁在《清帝外传》中说："世宗之崩，相传修炼饵丹所致，或出有因。”杨启樵先生在《雍正帝及其密折制度研究》一书中，论证了世宗是“服饵丹药中毒而亡”的观点。

世宗相信丹药能够养生和治病，曾把道士张太虚、王定乾等召至宫中为其炼丹。据《雍正朝汉文朱批奏折汇编》的记载，他不仅自己服用，还将丹药赐给鄂尔泰、田文镜等亲信大臣，让他们服用，君臣都说服用后效果不错。世宗长期服用丹药，最后因丹药中毒而死，也是有可能的。而据《清高宗实录》卷1记载，高宗即位后的第三天即下令驱逐张太虚、王定乾等人，并刻意回避世宗服用其所炼丹药之事，称世宗对张太虚等人“未曾听其一言，未曾用其一药”，并警告张太虚等人，如“捏称在大行皇帝御前一言一字”，“一经访闻，定严行拿究，立即正法，决不宽贷”。这便成为世宗服用丹药致死的一条重要证据。

被刺身亡说

传说有称世宗为吕留良的女儿吕四娘所刺（或称为吕留良之子吕葆中之女）。曾静案导致吕氏一门被杀，吕四娘携母逃出，为报父仇，拜一高僧为师，练得高超武艺，潜入宫中将清世宗杀死，并割下头颅。还有清世宗遭湖南卢氏妇人刺死的说法。卢氏因谋逆被处死，其妇剑术高超，为报夫仇，潜入畅春园，将清世宗刺死后自刎。清世宗遭吕四娘或卢氏妇人刺死的说法，特别是吕四娘杀死清世宗并砍下其头颅之说，流传颇广，至今仍有传播。1981年国家曾组织力量发掘泰陵地宫，但并未将棺椁打开，是否真的只有尸身而无头颅，只能待以后开棺后检验。还有一些说法，则更属子虚乌有。如传说在雍正九年，太监吴守义、霍成等伙同宫女，趁世宗熟睡之时用绳子勒其脖颈，但并未勒死，在即将断气时，服用太医张某之药后得以痊愈。

盛世一帝

继承大统　发展盛世

在中国封建社会的发展历史上，出现过四个历代史家所公认的“盛世”——西汉“文景之治”、唐代“贞观之治”、明代“永宣之治”、清代“康乾盛世”。这几个盛世的出现，有这样一个共同现象，即都出现在统治者为英锐之主、君权高度集中的时期。说明在封建社会，当君权高度集中时，统治集团内部便能协调一致，就可能使国家稳定、经济发展、文化繁荣；反之，一旦君权旁落，形成君弱臣强的局面，政治就黑暗，社会就可能陷入混乱之中。共同创造了中国封建社会最后一个盛世的清圣祖、世宗、高宗三位皇帝，皆属才能卓著、远见卓识、奋发有为的一代明君。他们乾纲独断，在政治、经济、文化、边疆民族和对外关系等国家政策方面的一些基本国策，三代一脉相承，并且不断巩固和加强，保持了治国大政方针的连续性、社会经济发展的持续性以及“盛世”的连贯性，并各有其特点和内容。

圣祖康熙皇帝是一位英明的封建帝王，他8岁登基，在位61年，在其统治期间，殚心竭力，励精图治，擒鳌拜，平“三藩”，统一台湾，和睦蒙藏，三次亲征漠北，平叛止乱，抗击沙俄，重农治河，兴修水利，停止圈地，招徕垦荒，恢复生产，推崇理学，发展文化教育，以其毕生精力，把清王朝从战乱引向大治，开创了一个政治稳定、空前统一、经济繁荣、文化发展的新阶段，并开启了中国封建社会的最后一个“盛世”。然而，圣祖在其统治的后期，实行“宽仁”之政，强调“以不生事为贵”，使各种矛盾不断积累，无力解决。如以储位争夺为主的朋党问题，满汉矛盾问题，吏治问题，钱粮亏空和库帑日绌问题，以及各种影响社会稳定的问题。

世宗即位后，公开肯定康熙朝的政治，并不断地表明他坚定遵守其父治国的大政方针和治国政策不予改变。这是清世宗的政治态度。他这样做，是因为他的即位不完全符合朝野的预期，初期政权还不稳固，他需要举起圣祖这杆大旗，以聚拢人心。在即位的当日，世宗就发布上谕，宣称：“圣祖临御以来，良法美政，万世昭垂，朕当永遵成宪，不敢稍有更张。”因此，当翰林呈文奏请新朝要“兴利除弊”时，世宗大加训斥，责问：“皇考圣治又有何弊？朕何以除之？”[1]雍正五年（1727），河道总督齐苏勒等奏报黄河水清澈见底，世宗君臣对此大加宣传，说这是上天和圣祖康熙所赐之福，是在世宗统治下海宇升平、政治清明的表现。一些文臣撰写贺词歌颂，其中太常寺卿邹汝鲁所作《河清颂》，内有“旧染维新，风移俗易”一句，本是想称赞由于世宗实行的新政，才有了黄河水清这样的天人感应，不想却惹得清世宗十分恼怒，说：“朕御极以来，用人行政，事事效法皇考，凡朕所行政务，皆皇考已行之旧章，所颁谕者，皆皇考所颂之宝训，初未尝少有增损更张也。”他质问邹汝鲁，要其指出：“所移者何风，所易者何俗，旧染者何

① 《上谕内阁》，雍正元年正月二十七日谕。

事，维新者何政？”[①]将其革职，发配到湖北荆州沿江河工处效力。世宗对其父圣祖康熙帝的政治做了许多改变，但又一直打着法祖的旗号。他说黄河水清是圣祖赐福保佑的结果，而邹汝鲁却认为是维新改革的新政所致，原想拍马屁，不想拍在了马腿上。然而，世宗对康熙朝后期出现的问题是有清醒认识的。他说："朕在藩邸四十余年，凡臣下之结党怀奸，夤缘请托，欺罔蒙蔽，阳奉阴违，假公济私，面从背非，种种恶劣之习，皆朕所深知灼见，可以屈指而数者。较之古来以藩王而入承大统者，如汉文帝辈，朕之见闻更远过之。"[②]并自负地认为："于群情利弊事理得先无不周知。"面对存在的问题，他要改革，要兴利除弊，但又不能公开否定康熙政治，因此要求大臣们"政事中有应行应革能裨益国计民生者，尔等果能深知利弊，亦着各行密奏"[③]。

清世宗在位13年，以卓越的政治家气度，继承了清圣祖康熙皇帝所开创的盛世基业，巩固了已有的成果，同时又以其革新的思想和务实的作风，清理了康熙朝后期遗留下的诸多弊端，创设和推行了一些在中国历史上有重大影响的制度和政策，如人们熟知的秘密立储、耗羡归公与养廉银、摊丁入亩与士民一体当差、军机处、密折制度的创设和完善等制度建设，以及从严整顿吏治、除豁贱民等社会变革，西北平叛、西南"改土归流"等增强边疆管理和控制的行动，每一项都有其独特的历史价值，为"盛世"发展增添了新的独特内容，使"盛世"发展到一个新的高度，为他的继任者清高宗治理的乾隆一朝继续发展夯实了基础。

① 《雍正朝起居注》，雍正五年九月二十五日条。
② 《雍正朝起居注》，雍正四年十月初二日条。
③ 《上谕内阁》，康熙六十一年十一月二十九日谕。

高宗即位　批判继承

高宗即位后，对其祖父和父亲的不同行政风格做出评价，称："（圣祖仁皇帝）久道化成，与民休息，而臣下奉行不善，多有宽纵之弊。皇考世宗宪皇帝整顿积弊，仁育而兼义正，臣下奉行不善，又多有严峻之弊。"[①]他认为祖父康熙帝实行的是宽仁政治，但晚年出现政事废弛的状况，父亲雍正帝则过严，因而，他表示要实行"宽严相济"的方针，以求达到中庸境界。他即位不久就上谕诸王大臣："治天下之道贵得其中，故宽则纠之以猛，猛则济之以宽"，要求诸王大臣与他一起"君臣惟日孜孜，交勉不逮。朕主于宽，而诸王大臣严明振作，以辅朕之宽"[②]。即位之初，他对雍正朝的政治，采取的是公开否定和反对的态度，对世宗所施行的一些改革措施和政策，也试图加以改变。

如世宗三次打击朋党案中受到处理的一部分人，高宗认为对他们的处理过于严厉，做出部分改变。阿其那（允禩）、塞思黑（允禟）的子孙曾被清世宗褫夺了黄带子，高宗给予他们红带子，收入玉牒，承认他们的宗室地位。乾隆四十三年（1778），最终恢复了阿其那、塞思黑的原名，允许将他们归入宗籍。对允禩集团的主要成员，如阿灵阿、揆叙等也恢复其名誉。对年、隆案件中涉及的一些人做出宽大处理。对年羹尧冒滥军功案件中被革职的文武官员予以起复，酌量降等使用。以汪景祺作《读书堂西征随笔》是在其出游陕西途中，与他在浙江故里的族属无关，令将流放宁古塔的汪景祺兄弟、子侄释放回原籍；又以查嗣庭已被正法，其子侄被拘禁配所将近十年，

① 《清高宗实录》卷12，乾隆元年二月癸酉。

② 《清高宗实录》卷4，雍正十三年十月甲戌。

也令释放回籍。高宗还接受了监察御史曹一士的建议，对其他因文字之祸而获罪之人进行复查。而对世宗曾宣布宽免，并要求他的子孙都不得加害的曾静、张熙师徒，高宗则说不能宽宥，命令将他们凌迟处死，并将世宗因曾静案而编纂的《大义觉迷录》一书列为禁书，停止在全国的宣讲，全部收缴销毁。

高宗以西北两路用兵之事已毕，便取消世宗设立的军机处，将其所办事务交由新设置的总理事务王大臣处理。他把雍正一朝献祥瑞、报羡余、奏开垦、“改土归流”等指斥为“揆之人事则悦耳，论之阴阳则伤化”①，贬得很低。他一即位便发出“凡庆云、嘉谷一切祥瑞之事，皆不许陈奏”的指示，要求“嗣后各督抚遇造报开荒亩段，必详加查核，实系开垦，然后具奏，不得丝毫假饰以滋闾阎之扰累”②。他说之前督抚对报垦异常积极，是想以此赢得政绩，而州县官则增多田亩升科数量以迎合上司，其实并未真正开垦。他还质疑世宗的“改土归流”“耗羡归公”政策，命令江南、四川、陕西等省督抚减少耗羡成数，废除了田文镜在河南实行的一些过激政策，解除铜禁，将直隶营田交所在州县管理，停止实行给予老农顶戴，改八旗井田为屯田。世宗惩治不法绅衿，之后又对他们采取一些严厉的控制管理政策。而高宗则对士人给予优恤，他把雍正朝施行的对举人、贡生、生员的杂色差徭全部豁除，降低对生员欠粮、包揽词讼等不法情事的处分力度，停开捐纳，驱逐宫内的道士、僧人，警告他们不得在外招摇生事，并重申有度牒才能出家的规定，以限制出家人的数量。

需要指出的是，高宗对雍正朝所创设的一些重要的制度和政策，并非全盘否定，一概反对。如密折制度、摊丁入亩和秘密立储制度等，被他完

---

①《清高宗实录》卷7，雍正十三年十一月癸亥。

②《清高宗实录》卷4，雍正十三年十月乙亥。

整地继承下来。高宗标榜自己行的是宽严并济之道，实则有些模棱。一方面，他公开否定其父亲清世宗的政治，改变雍正朝的政事，甚至刮起一股翻案之风，涉及的面很广，包括政治、经济、文化、社会管理等诸多方面，力度很大，“罢开垦，停捐纳，重农桑，汰僧尼之诏累下，万民欢悦，颂声如雷”[①]，被一些人称颂；另一方面，他又肯定和称赞乃父的一些改革措施，称：“昔我皇考临御之初，见人心顽愒，管理不知公事，宵小不知畏法，势不得不加意整顿，以除积弊”，还说他即位后，欲减去繁苛，与民休息，大臣们便认为他有意改变世宗的严厉政治，实行宽仁之政，于是“相率而趋于纵驰”，这样“势必至禁令废弛，奸宄复作，良善受其扰害，风俗渐就浇漓，将我皇考十三年教养整理之苦心功亏一篑”。所以，当署理四川巡抚王士俊直言上奏，称“今日条陈，惟在翻驳前案，甚有对众扬言，只需将世宗时事翻案，即系好条陈之说，传之天下，甚骇听闻”时，高宗对王士俊之说甚为恼怒，命令将其斩监候，秋后处决，并对诸王大臣、九卿没有对其及时参奏表示不满，表明他并不承认有翻案之一说[②]。

高宗出于多方面的原因，改变其父的一些政策，确有其必要性。例如，献祥瑞、旌表路不拾遗等，造假较为严重；奏报垦荒，最后变成为变相加赋；打击士人和不法绅衿，是非常必要的，但范围弄得太广，搞得政府与士人、绅衿的关系很紧张；整治朋党，手段也激烈了一些。高宗对其父所推行的一些政策、措施做出改变，部分纠正了世宗的败政，弥补一些过失，有其积极意义。但因为否定太多，反对太过，反而出了问题。因此，一段时间后，他又将之前曾否定过的政策恢复实施。

例如军机处，高宗即位即予取消，及至乾隆二年（1737）十一月，居丧

① 《啸亭杂录》卷1。

② 《清高宗实录》卷23，乾隆元年七月辛酉。

期满后，又以西北两路军机尚未全竣，需要人佐理这一事务，军机处对新皇帝集权也有很大好处，于是取消之前设立的佐理政务总理事务王大臣，恢复了军机处设置，命令鄂尔泰、张廷玉、讷亲、海旺、纳延泰、班第等人为军机大臣。

对于西南“改土归流”，高宗当时曾受命参与筹划平定雍正末年爆发的苗疆叛乱事宜，即位后他对雍正年间施行的“改土归流”提出反对，但仍坚持对苗疆用兵，继续平乱，维持“改土归流”的成果，实际上是继承了此项政策。

“耗羡归公”政策，高宗即位就提出异议，并对这一政策做出部分调整。一段时间后，高宗可能觉得“耗羡归公”及与之相关联的养廉银制度仍有实施的必要，但又有些犹疑不定，于是在乾隆七年（1742）会试时，以此为题策问贡士，又命九卿、翰林、科道以及督抚等官提出意见。朝臣们认为，“耗羡归公”的施行，将各省火耗提解到司库，用于各级官吏的养廉及地方公费，革除了州县存在的陋习，从此上级无勒索之弊，州县无苛派之端，小民无重耗之累，以天下之财为天下之用，消除了将国有的资金转为私有的弊端，这是可以行之久远的善政，是良法美意，切不可轻易改变。高宗经过权衡，最终发出上谕说：“耗羡在下，则州县所入既丰，可以任意挥霍；上司无养廉，可以收纳馈遗；上行而下效，又不待言矣”，还说之前对耗羡归公提出反对，是听了那些愿意耗羡在下以便他们可以继续将之占为己有之人所说的话，认为自己常以廉洁训诫臣工，如果轻易更改成例，不仅会导致官员的贪腐，还有负世宗惠民课吏的圣心，要求“此事当从众议，仍由旧章”[1]。他改变了之前的态度，继续坚决地实行“耗羡归公”和官员的养廉银制度。

① 《清高宗实录》卷178，乾隆七年十一月乙丑。

高宗认为其父世宗的行政过于严苛，部分否定和改变雍正朝的一些政策，这不仅是因为新皇帝即位，或多或少都会对老皇帝的政策进行一些调整，更主要的原因，是出于他们政治理想与治国理念的不同。

但总的来说，高宗对其父世宗所创设的重要制度和治理国家的主要措施，都保留和继承了下来，表明雍正、乾隆两朝在制度和政策上具有连贯性和继承性。世宗所创设的在中国历史上有重大影响的制度和政策，以及其本人的革新精神，成为清朝的重要政治遗产和后期帝王励精图治的精神力量。嘉庆皇帝以“整纲饬纪，立政明伦”概括雍正一朝的政治和改革成就；道光皇帝甚至要求各级地方官将世宗关于“为政之道，以爱民为本”的上谕恭录后悬于大堂之上。在清朝后期，当社会问题严重，朝政难以为继，欲革新变法时，往往就追忆清世宗的改革，希望从他那里找到革新的力量，改善朝政，但清朝后期的帝王缺乏他们的先祖世宗的才能和勇气，最终未能成功。

承前启后　居功至伟

对清世宗在“康乾盛世”的发展中所起到的承上启下、继往开来的历史作用，古今中外学者都给予了积极评价。乾隆中期河南巡抚阿思哈曾对康雍乾三朝的贡献有过总结：“圣祖仁皇帝涵濡煦育六十余年，久道化成；世宗宪皇帝整饬纲纪，通变宜民，凡闾阎疾苦，靡不周知；我皇上缵承三圣，善继善述。”[①]清代学者章学诚说：“康熙末年积弊，非宪皇帝不能廓清至治。”日本学者佐伯富称：“谚云：王朝基础多奠定于第三代。雍正帝正为清入关后第三代君主，有清二百数十年的基盘，即为其所奠定。”[②]杨启樵

① 《（乾隆）河南通志·序》。

② 《雍正帝及其密折制度研究·佐伯富序》。

在《雍正帝及其密折制度研究》一书中说："康熙宽大，乾隆疏阔，要不是雍正的整饬，'满清'恐早衰亡。"萧一山先生在其《清史大纲·结语》中说："世宗刚毅明察，完全是政治家的作风，任法治，尚廉洁，吏治澄清，海宇乂安。倘使厥年克永，可为吾国政治变换一种积极性质，扫除几百年颟顸无为的消极思想，社会也不至于停滞腐化而不进了。"冯尔康先生在其《雍正传》中，则把康熙、乾隆两朝的功业比喻为两座对峙的山峰，认为雍正一朝是夹在这两峰之间的又一座山峰，康、雍、乾三朝的功业，构成了一组不可断裂的绵延群峰。

清世宗自己则自信地认为："朕返躬内省，虽不敢媲美三代以上圣君哲后，若汉唐宋明之主，实对之不愧。"他应该有这样的自信！不论从"康乾盛世"发展的历史进程，还是从整个清代历史发展的角度来考察，雍正一朝都是一个非常重要的历史阶段。它居于康熙、乾隆两朝之间，虽然只有短短的13年，但产生了许多在中国历史上有重大影响的政治经济制度和事件。可以说，如果没有清世宗的奋发有为，康熙开创的"盛世"很可能就会停顿或消失，也就难有乾隆朝的辉煌。著名清史学者萧一山先生在其《清史大纲》中，对乾隆朝出现的鼎盛曾有过评价：清高宗乾隆皇帝一生并无可取之处，学术德行不如清圣祖，政治能力不如清世宗，但在外表上看，乾隆一朝是清朝国运的鼎盛时代，这是因为清朝经康、雍两朝的培植芟理，到这时才开花结果，花之盛，果之实，是园丁的功绩，而不是看花食果人的功绩。他把盛世归功于圣祖和世宗，而不是高宗。

清世宗是一位改革家和政治家，是清朝盛世的创造者之一，在"康乾盛世"的关键时刻做出了承前启后的历史性贡献。雍正朝虽然只有短短的13年时间，与康熙朝61年、乾隆朝60年较之相对短暂，但确是一个承前启后、继往开来的时代，它以其鲜明的历史特点，成为"康乾盛世"的重要组成部分。我们应该给予清世宗这样一位在"康乾盛世"发展的关键时期起过关键作用的封建帝王应有的尊重，重视属于他的时代。清世宗是中国封建时代最后一个“盛世”的缔造者之一。因此，严格地说，称“康乾盛世”是不准确的，应该称为“康雍乾盛世”，不能简称，不能因为雍正一朝相对短暂而有所忽视，更不能因部分社会舆论不喜欢世宗这个人物而有意为之。

主要参考文献

[1] 冯尔康：《雍正传》，人民出版社，2003年。

[2] 冯尔康：《雍正帝》，中华书局，2009年。

[3] 杨启樵：《雍正帝及其密折制度研究》，上海古籍出版社，2003年。

[4] 李治亭：《康雍乾盛世》，江苏教育出版社，2005年。

[5] 李国荣、张书才：《实说雍正》，紫禁城出版社，1999年。

[6] 李世愉：《清代土司制度论考》，中国社会科学出版社，1998年。

[7] 李天鸣主编：《雍正其人其事及其时代论文集》，台北故宫博物院，2010年。

[8] 梁希哲：《雍正帝》，吉林文史出版社，1996年。

[9] 常建华：《清代的国家与社会研究》，人民出版社，2006年。

[10] 萧一山：《清史大纲》，上海古籍出版社，2005年。

[11] 郭松义、李新达、杨珍：《中国政治制度通史》，人民出版社，1996年。

[12] 苏发祥：《清代治藏政策研究》，民族出版社，2001年。

[13] 孟森：《清史讲义》，中国人民大学出版社，1998年。

[14] 郑天挺：《清史简述》，中华书局，2005年。

后记

《数读清史丛书》历经七年的艰辛，终于得以付梓，真是值得高兴的事。作为主编，我们深感编辑这部有一定特色的“清史丛书”实非易事，个中甘苦，唯亲历者知之。

本套丛书的编辑工作启动于2012年，两位主编在深思熟虑之后，明确宗旨，确定选题，拟就编写计划，制订《编写则例》。接着，又约请京内外九位中青年学者承接编写工作。作者们对于本丛书的写作十分认真，兢兢业业，数易其稿，付出了艰辛劳动。编纂伊始，还承蒙北京青年政治学院（通过作者之一谭绍兵）赞助，使得来自四面八方的作者能齐聚一堂，共襄盛举。

由于多种原因，原接洽的出版社临时变卦，致使丛书出版中途搁浅。面对意外变故，我们作为主编没有气馁，又积极与辽宁民族出版社沟通。承蒙不弃，该社社长兼总编辑李凤山先生、副总编辑吴昕阳女士鼎力相助，慨然允诺出版本套丛书。责任编辑李璜女士及杜璐珊、黄金刚等编辑负责联系、审稿，多有辛劳。此外，又通过邹建达、张立程两位作者得到了云南师范大学和浙江大学的出版资助，最终得以克服困难，仅仅用了不到一年时间就把此书奉献给广大读者，这是我们全体编著者要特别感谢的。在丛书编撰过程中，编著者的家人、朋友给予了大力的支持和帮助，杨阳、黄彦震等同志也协助做过一些事务性工作，在此一并致谢。

2019年4月于北京